Stephan B. Poulter
**DER EX-FAKTOR**

FÜR:

*Madison, Jonathan und Lisa, die mich immer ermutigt haben,*
*wenn ich es am dringendsten brauchte.*

*Meinen Eltern Peter Brett und Charlotte Elizabeth,*
*deren Ehe mein Leben geformt und verändert hat.*

*Ich möchte all den Paaren danken, die Scheidung, Trennung*
*und erschütternde Verluste durchlebt haben und mich großzügig*
*an ihren Erfahrungen teilhaben ließen. Es ist hier nicht genug*
*Raum, um all den Menschen zu danken, die mir – in den letzten*
*fünfzig Jahren – beruflich und persönlich geholfen haben, dieses*
*Buch zu schreiben. Ich begann mit dem Schreiben, als ich ein*
*Kind war, und der Prozess ist noch nicht zu Ende.*

STEPHAN B. POULTER

**DER EX-FAKTOR**

6 Strategien für ein neues Leben nach der Trennung

Aus dem Amerikanischen
von Andreas Nohl

Titel der amerikanischen Originalausgabe:
Your Ex-Factor – overcome heartbreak & build a better life
© 2009 by Stephan B. Poulter
Das Werk erschien erstmals 2009 bei Prometheus Books

www.stephanpoulter.com
ww.beltz.de

Wichtiger Hinweis
Die im Buch veröffentlichten Ratschläge wurden mit größter Sorgfalt und nach
bestem Wissen vom Autor erarbeitet und geprüft. Eine Garantie kann jedoch
weder vom Verlag noch vom Verfasser übernommen werden. Die Haftung des
Autors bzw. des Verlages und seiner Beauftragten für Personen-, Sach- oder Ver-
mögensschäden ist ausgeschlossen. Wenn Sie sich unsicher sind, sprechen Sie
mit Ihrem Arzt oder Therapeuten.
Das Werk und seine Teile sind urheberrechtlich geschützt. Jede Nutzung in anderen als den gesetzlich zugelassenen Fällen bedarf der vorherigen schriftlichen
Einwilligung des Verlages. Hinweis zu § 52 a UrhG: Weder das Werk noch seine
Teile dürfen ohne eine solche Einwilligung eingescannt und in ein Netzwerk
eingestellt werden. Dies gilt auch für Intranets von Schulen und sonstigen Bil-
dungseinrichtungen.

Alle Rechte der deutschsprachigen Ausgabe
© 2010 Beltz Verlag, Weinheim und Basel
Umschlaggestaltung: Büro Hamburg
Umschlagabbildung: © Stockbyte/Getty Images
Lektorat: Dominik Jäckel
Layout und Herstellung: Nancy Püschel
Satz, Druck und Bindung: Beltz Bad Langensalza GmbH, Bad Langensalza
Printed in Germany

ISBN 978-3-407-85912-9
3 4 5  15 14 13

# Inhalt

Vorwort    7

## TEIL 1
## DAS ENDE EINER BEZIEHUNG – IN ZEITLUPE    11

1 WIE KONNTE DAS NUR GESCHEHEN?
Der Prozess der Auflösung    12

2 DER EMOTIONALE PEITSCHENHIEB UND SEINE FÜNF PHASEN
Der Schmerz, verlassen zu werden    44

3 DER SCHMERZ DES VERLASSENS
Das Schuldsyndrom    79

4 DIE MACHT VON ENTTÄUSCHUNG, BETRUG UND AFFÄREN
Wie Ihr Herz gebrochen wird    108

## TEIL 2
## DAS TAL DER VERZWEIFLUNG    143

5 DAS AUFSAMMELN DER SCHERBEN
Schadensbegrenzung    144
DIE SECHS GESICHTER DER LIEBE –
SECHS STRATEGIEN FÜR EIN NEUES LEBEN    170

**6 WEN VON MEINEN ELTERN HABE ICH GEHEIRATET?**
Lebenslange Muster 173

**7 DER NEUANFANG IHRES LIEBESLEBENS**
Von der Fähigkeit, sich lieben zu lassen 205

**8 IHR BEZIEHUNGSSTIL**
Fünf Liebesstile – der Bau eines neuen Hauses 231

**TEIL 3
WIE MAN DEN »EX-FAKTOR« VERÄNDERT** 251

**9 PARTNERSUCHE UND DAS FINDEN EINES NEUEN
LEBENSPARTNERS**
Ihre unverhandelbaren Faktoren 252

**10 EIGENVERANTWORTUNG**
Ihre neuen Möglichkeiten 278

**11 DIE REISE IN IHR NEUES LEBEN** 303

Nachwort des Autors 317

Danksagung 317

Anmerkungen 319

# Vorwort

Wenn Sie dieses Buch lesen, dann werden Sie vor einen besonderen Spiegel treten. Er zeigt nicht Ihre äußere Gestalt, sondern
er wird Orte unter Ihrer Haut, in Ihrem tiefen Inneren, in Ihrem
Herzen und in Ihrer Seele sichtbar machen. Manches wird Ihnen
vertraut vorkommen, manches eher fremd und manches – dem
Thema entsprechend – unangenehm und sogar beängstigend.
Doch diese Orte müssen wir alle aufsuchen, wenn wir wieder genesen und eine neue und andere Gegenwart und Zukunft für uns
schaffen wollen.

Liebe und Akzeptanz sind für das menschliche Glück grundlegend. Wenn wir uns geliebt fühlen, haben wir eine fast uner-
schöpfliche Energiequelle, um mit dem verworrenen und unvorhersehbaren Geflecht von Problemen und Ängsten fertig zu
werden, die unser tägliches Leben bestimmen. Ein ebenso großer
Verlust an Energie begleitet die Auflösung einer Liebesbeziehung.
Der Weg von »Tank leer« bis »alles startklar« ist eine individuelle
Reise. Jeder hat seinen eigenen Fahrplan, aber zu den ersten Dingen, die in den Koffer gepackt werden, gehört der Ex-Faktor. *Wir
alle haben einen Ex-Faktor.* Wie kamen Sie zu Ihrem? Wer war er
oder sie? Wann haben Sie das letzte Mal mit ihm oder ihr geredet? Lieben Sie ihn oder sie noch? Der Ex-Faktor hat nichts mit
der sexuellen Orientierung oder Präferenz zu tun. Jede Beziehung
zwischen zwei erwachsenen Menschen besteht aus vielen Facetten, die eine intime Partnerschaft definieren. Jede Beziehung ist
ein Wagnis und eine Herausforderung, und die Erfahrung der
Trennung ist nie leicht.

Wie oft beklagen wir Erwachsene den Verlust unserer Träume? Emotionales Unglück, psychisches Leid und der Verlust unseres Kindheitstraums von dauerhafter Liebe und Ehe sind geeignet, alle Überbleibsel jugendlicher Unschuld, die wir als Erwachsene immer noch wertschätzen, auszulöschen. Die Welt um uns herum wird anscheinend immer komplizierter und manchmal auch emotional belastender. Unser eigenes Leben oszilliert in dem rastlosen Zeitabschnitt zwischen Schulabschluss und Ruhestand – wo die Dinge hoffentlich wieder einfacher werden – wie eine Lichtwelle. Beruf, Ehe, Kinder – und für viele gehört auch Scheidung dazu – bilden eine zunehmend komplizierte und anspruchsvolle existenzielle Gemengelage. Die Fragen, die mich ständig verfolgen, lauten: Was ist mit meiner Ehe passiert? Wo ist die Liebe meines Lebens hin? Wie konnte das geschehen? Was hätte ich anders machen können? Werde ich mich je wieder wohlfühlen? Diese Fragen treiben jeden um, der eine Liebesbeziehung verloren oder verlassen hat. Die emotionalen Wogen des Lebens bringen uns offenbar immer wieder an diesen Punkt der Selbstbefragung zurück.

»Es ist schwierig, einfach zu sein« lautet einer der Lieblingssätze eines meiner Mentoren. Ich glaube mittlerweile, das liegt an diesem seltsamen Organ, unserem Gehirn. Mit seiner Gabe, uns denken zu lassen – und es nicht selten damit zu übertreiben –, macht das Gehirn die Dinge komplizierter, als sie sind. In Bezug auf intime Liebesbeziehungen ist es noch einmal schwieriger, einfach zu sein und Schmerz zu vermeiden. Aber gegen das Gehirn tritt das Herz in die Arena, und es kommt zu einem Kampf der Titanen. Am Ende des Tages tut mir das Herz weh und mein Hirn grübelt zwanghaft. Wer hat gewonnen? Mein Hirn sagt »auf keinen Fall« und mein Herz sagt »weitermachen«.

Als ich *Der Ex-Faktor* im Manuskript las, war ich gerade frisch geschieden – nach vierundzwanzig Jahren Ehe, aus der zwei wunderbare Jungen (jetzt im Teenageralter) hervorgegangen waren. Ein Gedanke kam mir bei der Lektüre immer wieder: *Ja, das stimmt!* Während des Lesens sprang mir die eigene Erfahrung, eine Scheidung überlebt zu haben, aus dem Text entgegen. Ich fand auf jeder Seite Empathie mit meiner Situation und gedankliche Klarheit, und daraus entstand eine gemeinsame Basis, auf der die Emotion des Herzens und die Einsprüche des kritischen Gehirns miteinander koexistieren konnten. Nach zweieinhalb Jahren der Beschäftigung mit meinem Ex-Faktor war ich in einer Position wesentlich größerer Ruhe und Objektivität, als ich es ohne die Hilfe dieses Buches gewesen wäre.

Wo immer Sie sich auf Ihrem Weg befinden, wenn Sie dieses Buch zu lesen beginnen: Sie werden auf diesen Seiten viel von sich und Ihren Erfahrungen wiederfinden. Darüber hinaus wird dieses Buch Sie an Orte führen, die noch vor Ihnen liegen. Sie wissen, dass Sie Heilung brauchen, um Verständnis zu finden und in Richtung einer neuen Liebe aufbrechen zu können. Sie müssen einfach wissen, dass Sie nicht der Erste sind, der tiefe Verzweiflung empfindet, noch werden Sie der Letzte sein, der diese Reise aus dem Tal der Enttäuschung und des Leids hinter sich bringt.

Das Bedürfnis, zu lieben, und die Hoffnung auf Gegenliebe sind einfache und fundamentale Antriebe des menschlichen Lebens. Entscheiden Sie sich für eine neue Liebe und lassen Sie Ihren Ex-Faktor einfach eine Stufe auf Ihrem Weg zur Ganzheit sein. Wenn Sie die letzte Seite dieses Buches umgeblättert haben, werden die Augen, die zurück in den Spiegel schauen, klarer, heller und glücklicher blicken als zuvor – dessen bin ich mir sicher!

Geben Sie nicht auf!

James Myerson, Vater, geschieden und Single
Herbst 2008

## TEIL 1

# DAS ENDE EINER BEZIEHUNG – IN ZEITLUPE

*Ihre Kraft liegt in Ihren Gedanken und Handlungen,*
*also bleiben Sie wach. Mit anderen Worten –*
*vergessen Sie nicht, sich zu erinnern.*
– Rhonda Byrne

# 1 WIE KONNTE DAS NUR GESCHEHEN?
## Der Prozess der Auflösung

*Wir hatten seit Jahren Probleme. Sie drohte regelmäßig, sich von mir scheiden zu lassen. Diesmal schrieb mir Tamara einen Brief und bat mich, auszuziehen. Ich hätte es verhindern können, aber dieses Muster von Kommen und Gehen war unser Stil, seit wir uns kennengelernt hatten. Ich möchte meine Familie nicht verlieren oder als Versager dastehen.*

– Tom, 56 Jahre alt, 28 davon verheiratet, geschieden.

*Wir waren sieben Jahre lang verliebt, drei Jahre lang verlobt und lebten zwei zusammen – dann hat er mich verlassen. Ich wusste, dass wir Probleme hatten, aber ich dachte immer, wir würden sie überwinden. Wir gingen zur Eheberatung, und ich dachte, wir machten Fortschritte. Dann kam ich dahinter, dass Daniel eine Affäre mit seiner Trainerin im Fitnessstudio hatte. Ich bin immer noch verzweifelt – sechs Monate danach!*

– Tracy, 39 Jahre, Single und auf der Suche.

## Das Ende

Mit diesem Buch beginnt für Sie eine große Reise. Manches werden Sie auf diesem Trip brauchen, mit dem Sie vielleicht nicht gerechnet haben, das aber wirklich notwendig ist. Es beginnt damit, dass Sie vollkommen aufrichtig sein müssen, und es endet mit Ihrer persönlichen Wahrheit und Ihrem wiedererlangten Lebensmut. Sie haben dieses Buch gewählt, weil Sie eine intensive

Beziehungskrise hinter sich haben, eine traumatische Trennung, einen unvorhergesehenen Verlust oder eine große Enttäuschung in Ihrem Liebesleben. Aber gleichgültig, wie verzweifelt, betrogen, bitter, wütend oder hoffnungslos Sie sich fühlen, gleichgültig, welchen Hass Sie für das andere Geschlecht empfinden, tief in Ihrem Herzen glauben Sie an Beziehungen und ihre heilende Kraft.

Liebesbeziehungen sind der Maßstab, nach dem wir Erfolg oder Misserfolg in unserem Leben messen. Beruf und Karriere kommen und gehen, aber nichts ist so zeitlos wie die Erfahrung einer stabilen Ehe, ein lebenslanger Partner und eine zärtliche Beziehung. Ein weiser Mann sagte einmal, unser Leben sei die Summe all unserer Beziehungen. Ich würde gern hinzufügen: Es ist die fortlaufende Summe all unserer intimen Liebesbeziehungen. Trotz aller Verzweiflung, Furcht und Enttäuschung, die Sie erfahren haben, können Sie Ihre Lebensfreude zurückgewinnen und ein neues Beziehungsleben aufbauen, das besser zu der Persönlichkeit passt, die Sie heute sind.

Auch Enttäuschung, Beschämung und tiefes seelisches Leid ändern nichts an der Tatsache, dass Liebesbeziehungen für uns wichtig sind. Wir wissen es alle, und diese Wahrheit ändert sich nicht. In Wirklichkeit hören wir nie auf, nach neuen emotionalen Bindungen zu suchen, wenn eine Beziehung zu Ende gegangen ist. Ironischerweise führt gerade der Versuch, uns vom Schmerz zu erholen und ihn zu überwinden, oft dazu, dass wir die Hindernisse errichten, die unseren zukünftigen Liebesbeziehungen im Wege stehen.

**Wenn die Probleme, die mit Ihrem Ex-Faktor zusammenhängen, nicht gelöst werden, wird der Schmerz Sie weiterhin durchs Leben begleiten.**

Der Schlüssel liegt darin, die alte Enttäuschung und Bitterkeit aus der Beziehung mit Ihrem Exmann oder Ihrer Exfrau nicht mit in die nächste Liebesbeziehung zu nehmen. Sie können Ihren Ex* nicht zu den Flitterwochen mitschleppen. Das wird nicht funktionieren. Natürlich wissen Sie das längst – aber wie schaffen Sie es, aus dem Teufelskreis von Schmerz und Enttäuschung auszubrechen? Mit dieser Frage werden wir uns in diesem Buch wiederholt befassen, wir werden sie aus allen möglichen Perspektiven betrachten und versuchen, Antworten darauf zu geben. Die kurze Antwort lautet, dass Sie in der Tat aufhören können, immer die gleichen selbstzerstörerischen Entscheidungen zu treffen, die gleichen schmerzhaften Beziehungen einzugehen und in die gleichen Muster liebloser, koabhängiger Liebesbeziehungen zu geraten.

Nie zuvor war das Konzept des »Ex« so wichtig für Familien, Kinder, neue Ehen und zukünftige Partner. Laut einem Artikel im Magazin *Time* vom November 2007 sind ungefähr 66 bis 70 Prozent aller amerikanischen Familien mittlerweile auf die eine oder andere Art »Patchworkfamilien«.[1] In solchen Familien leben Kinder einen Teil der Zeit mit einem leiblichen Elternteil zusammen. Eine Patchworkfamilie hat nichts mit dem ehelichen Status zu tun, sondern vielmehr damit, dass die Eltern von leiblichen oder adoptierten Kindern nicht mehr zusammenleben. Zweitehen, zwei Erwachsene, die zusammenleben, Stiefkinder, keine neuen Kinder, neue Ehefrauen, neue Ehemänner und angeheiratete Verwandte – sie alle sind betroffen von diesem wachsenden sozialen Familienphänomen. Dass man sein seelisches Leid überwindet, ist die wesentliche Voraussetzung für die Chance, in der Zukunft neue Liebesbeziehungen aufzubauen. Scheidung oder emotionale Ablehnung durch einen Liebespartner ist längst

---

\* Anmerkung des Verlages: Selbstverständlich wendet sich dieses Buch an weibliche wie männliche Leser. Wenn im Text der Einfachheit halber und der besseren Lesbarkeit zuliebe an manchen Stellen nur die männliche Form verwendet wird, ist die weibliche Form selbstverständlich immer mit eingeschlossen.

kein Todesurteil für zukünftige Beziehungen mehr. Heutzutage können Verzweiflung und tiefe emotionale Enttäuschung regelrechte Katalysatoren für eine erfülltere Beziehung und die Art von Familie sein, die Sie sich eigentlich wünschen. Die emotionale und psychische Fähigkeit, nach dem Zerbrechen einer Liebesbeziehung im Leben voranzuschreiten, ist genauso wichtig wie körperliche Gesundheit. Das Ende einer Beziehung bedeutet keineswegs das Ende Ihres Liebeslebens, es ist nur eine Abzweigung auf Ihrem Lebensweg. In der heutigen Welt haben Sie Optionen, sich neu zu verlieben, und jede Menge Möglichkeiten, von denen man früher nicht zu träumen wagte.

## Fakten zum Ex-Faktor

Ein Artikel im *Time*-Magazin vom 24. Januar 2008 stellt fest: »Während all dieser Extrajahre nach dem 62. Lebensjahr leben Verheiratete länger und sind gesünder. Mehrere Studien haben eine Verbindung zwischen der Ehe und geringeren Rate von Herz-Kreislauf- und Atemwegserkankungen, Krebs und mentalen Erkrankungen festgestellt. Die Ehe hilft beiden Lebenspartnern, mit Stressbelastungen besser umzugehen, allerdings profitieren Männer mehr davon als Frauen.«[2] Es besteht kein Zweifel – weder medizinisch, psychologisch noch biologisch –, dass wir für emotionale Nähe und intime Liebesbeziehungen programmiert sind. Männer äußern gewöhnlich das höchste Maß an Zufriedenheit in langfristigen Beziehungen. Frauen äußern ein höheres Maß an emotionaler Zufriedenheit und ein geringeres Maß an Angst in eheähnlichen Liebesbeziehungen als Frauen, die nicht in solchen Beziehungen leben. Es bedarf keines universitären Forschungsprojekts, um zu wissen, dass sowohl bei Männern als auch bei Frauen das Gegenteil eintritt, wenn ihre Liebesbeziehungen enden. Das Ende jeder Art von Liebesbeziehung stellt für alle Beteiligten eine große emotionale, mentale und körperliche Krise dar. Niemand ist gegen seelischen Schmerz gefeit, wenn eine Beziehung in Scheidung oder Trennung endet.

**Einer der ersten Leitsätze des Ex-Faktors lautet:**
**Es gibt kein Scheitern einer Beziehung.**

Die Tatsache, dass Ihre Ehe zu Ende ging, bedeutet nicht, dass Sie als Frau, Mutter, Partnerin, Mann, Vater oder Partner gescheitert sind. Es bedeutet vielmehr, dass die Beziehung ihre natürliche Lebenszeit überschritten hat und jetzt beendet ist. Jede Beziehung hat einen Zeitplan. Es bedarf enormer Courage und Kraft, schweres emotionales Leid (leider unumgänglich) auszuhalten, um die Beziehung abzuwickeln und das eigene Leben weiterzuleben. *Ein Ende ist nicht gleichbedeutend mit Versagen!* Versagen wäre die Unfähigkeit, zu erkennen, dass Ihre bisherigen Grundannahmen über Beziehungen und wie Sie darin agiert haben, erweitert, verändert und neu bewertet werden müssen. Beziehungen ändern sich, und das ist ein natürlicher Prozess, wie alles im Leben.

*Ein Ende ist ein Ende* – nicht mehr und nicht weniger –, und nur, was Sie ihm zuschreiben, ist von Bedeutung. Für Ihren momentanen Kampf und Kummer spielt es eine große Rolle, wie viel Scham- und Schuldgefühle Sie empfinden und wie Ihre früheren Beziehungen verlaufen sind. Die jetzige Trennung kann alte Verlustgefühle und Ablehnungsängste zum Vorschein bringen, die Sie schon Ihr ganzes Leben lang hatten. Erinnern Sie sich noch an den Schmerz Ihres ersten Liebeskummers? Es war eine gewaltige emotionale Eruption damals, und heutiges Liebesunglück unterscheidet sich davon nicht. Im Gegenteil, Beziehungsbrüche neigen zur *Kumulation,* wenn wir sie ignorieren und in die nächste Liebesbeziehung mitschleppen. Wissen Sie wirklich, was

Sie auf Ihrem Liebesweg alles angesammelt haben? Das Gedeihen Ihrer zukünftigen Beziehungen hängt von Ihrer Fähigkeit,
Einsicht, Courage und Ihrem Willen ab, Ihre Vergangenheit von
Ihrer Gegenwart zu trennen. Für Ihre emotionale, psychische
und körperliche Gesundheit ist es enorm wichtig, dass es Ihnen
gelingt, die Muster der Vergangenheit nicht zu wiederholen.[3]
Sie sind die einzige Person, die entscheiden kann, ob Ihr Ex-
Faktor ein positives Vermächtnis wird oder eine fortdauernde
dramatische, spannungsgeladene Seifenoper. Sie werden nicht
der Star in Ihrer eigenen Seifenoper sein wollen. Sie werden vor
Ihren Kindern oder vor Ihrem neuen Partner das emotionale
Drama, die Streitereien und wutentbrannten Gespräche mit
Ihrem Ex nicht aufführen wollen. Wenn es zu dieser Art von
Drama kommt, dann tragen Sie alte Verhaltensweisen und Ent-
täuschungen aus Ihren vergangenen Trennungen in Ihr gegen-
wärtiges Liebesleben hinein.

Das Ende einer Beziehung kann abrupt, langsam, überra-
schend oder traumatisch vonstattengehen – aus Gründen, die
Ehemänner, Ehefrauen und Liebende oft ignorieren, abstreiten
oder verdrängen, bis die Beziehung aufgelöst oder »in die Brüche
gegangen« ist. Der emotionale und psychische Schaden, den diese
tragischen Trennungen anrichten, ist für erwachsene Menschen
nur schwer zu ermessen. Das Ziel unserer ganzen Diskussion ist,
Ihnen dabei zu helfen, Ihre traumatischen Trennungen zu verarbeiten und Ihre jetzige oder zukünftige Beziehung in die Richtung
zu entwickeln, die Sie sich selber wünschen. Wenn man ständig
Bestandteile früherer Beziehungen wiederkäut, sobald eine attraktive Person auftaucht, ist dies selbstdestruktiv und sinnlos.
Es ist extrem problematisch, emotional frustrierend und lebens-
feindlich, fortwährend die Geschichte der eigenen Liebesbeziehungen zu replizieren. Unglücklicherweise ist die Wiederholung
alter Beziehungsmuster weit verbreitet.

## Emotionale Schwere

Der große emotionale Preis, den das Ende einer Ehe (oder jeder Art von Liebesbeziehung) fordert – verbunden mit einem dreijährigen Scheidungskrieg –, wirft alle Beteiligten auf Jahre hin seelisch aus der Bahn. Das Paar gibt schließlich Tausende von Euro für irgendwelche Streitfragen aus: Wer bekommt die Rosenbüsche, die Bonusmeilen und die Kinder zu Weihnachten und zu Ostern? Diese Art der Scheidung verschärft nur die tiefe emotionale Krise, in der die Beteiligten stecken. Manchmal ist es auch das Ende einer langjährigen Beziehung noch vor der Eheschließung. Die Exgeliebte ist vielleicht eine Frau von 42 Jahren, die sich Kinder wünscht – und nun das Ende ihres Traums erlebt, da ihr Partner mit seiner neuen Geliebten auf und davon gegangen ist. Der gleichzeitige Verlust von Traum und Partner erzeugt ein tiefes Gefühl von Hoffnungslosigkeit und bodenloser Enttäuschung. Doch der ungelöst fortschwelende Effekt einer solch gewaltigen Enttäuschung wird allgemein übersehen oder verharmlost (wir werden in unserem Buch immer wieder auf dieses Thema zurückkommen). Die unaufgelöste Enttäuschung wird dann zum Hauptgrund für Frustrationen und Leid in zukünftigen Beziehungen.

Das tatsächliche Ende einer Beziehung ist gewöhnlich ein Schock für alle Beteiligten. Und doch gibt es eindeutige Muster, ungelöste Konflikte und unterschwellige »Signale«, die sich im Lauf der Zeit entwickeln und eine Beziehung untergraben – bis zu ihrem tragischen Ende. Diese Elemente einer Trennung führen zu einer tiefen Enttäuschung bei beiden Partnern. Der Verlust der Beziehung, der Träume und der Partnerschaft wird zum Motor neuer Enttäuschungen.

# Was ist der Ex-Faktor?

Da wir nun besprochen haben, wie das Ende einer oder mehrerer Beziehungen Ihren Ex-Faktor prägt, ist es wichtig, klar zu bestimmen, was der Ex-Faktor eigentlich ist.

**Die Akkumulation verlorener Träume, gebrochener Versprechungen, Desillusion, Reue, emotionale Rückschläge, Verdrossenheit über ehemalige Liebespartner und unrealistische Erwartungen bilden zusammen Ihren Ex-Faktor. All diese Elemente – ob sie allein wirken oder zusammen – sind Hindernisse für das Glück und Gelingen zukünftiger Beziehungen.**

Die Dauer der Liebesbeziehung spielt für die Bewältigung des enormen Gewichts Ihres Ex-Faktors und der bleibenden unterschwelligen Folgen und der Myriaden von Empfindungen keine Rolle. Das Grauen, die »Liebe Ihres Lebens« zu verlieren – sei es durch Scheidung, durch den Bruch der Verlobung oder durch die Beendigung einer langen Liebesbeziehung –, ist immer gleich groß: Es ist *verheerend*. Trennungen von Liebesbeziehungen kennen keine Rücksicht auf sexuelle Orientierung, Rasse, Bildungsniveau, sozioökonomischen Status, Alter oder Geschlecht. Niemand ist vom Kreislauf der Verzweiflung, Hoffnungslosigkeit und Wut, den das Ende einer Liebe bedingt, ausgenommen. Nicht ohne Grund gilt die Scheidung als eines der bedeutsamsten Ereignisse im Leben erwachsener Menschen.[4] Tatsächlich wird nur noch der Verlust eines Kindes als traumatischer angesehen. Man muss keine Toderfahrung haben, um zu wissen, dass man nach dem Bruch einer Liebesbeziehung seine eigene emotionale Beerdigung durchlebt. Wenn man in den Spiegel sieht und sich selbst nicht mehr erkennt, dann ist dies ein Zeichen, dass man sich mitten in einem Lebenstrauma und Umbruch befindet. Diese Wahrnehmung ist ein Schlüssel für die Erkenntnis, dass sich das persönliche Leben, das Intim-, Familien- und Sozialleben grundlegend verändern.

## Warum so viel Schmerz?

Die emotionale Achterbahn aus Verzweiflung und Verlust der Lebensstabilität ist so traumatisierend, dass die Menschen, die dies durchleiden, häufig unter Depressionen, Angstzuständen, emotionaler Abstumpfung leiden oder körperlich erkranken. Das Gefühl der Verlassenheit, der Ablehnung und Verzweiflung ist so übermächtig, dass manche Menschen Selbstmord in Betracht ziehen. Psychologisch steckt hinter solchen Selbstmordgedanken die Hoffnung, dem extremen emotionalen Leid und der Hoffnungslosigkeit, die endlos scheinen, zu entkommen. Aber das Leid *hat* ein Ende. *Gleichwohl unterschätzen viele Menschen den enormen seelischen Druck, dem beide Partner bei einer Trennung ausgesetzt sind.* Beispielsweise ist die Geburt eines Kindes meist das Ergebnis einer starken Liebesbindung, die sich in dem besonderen Ziel, ein neues Leben zu schaffen, vollendet. In dem Kontext der intimen Liebesbeziehung werden alle persönlichen Unsicherheiten, Ängste, emotionale Kraft, Schwäche, positive und negative Gefühle, Wünsche und bewusste wie unbewusste Hoffnungen ausgetragen. Unser gesamtes Leben wird in der Liebesbindung und im Kontext der sich gegenseitig unterstützenden Beziehung transformiert. Aber oft kommt uns die Beziehung, nachdem sie vorüber ist, so vor, als ob sie eine gewaltige Enttäuschung und Lüge gewesen sei. Dass dieser Verlust tief ins Herz trifft, ist mit Händen zu greifen.

Das Leben ist eine Anhäufung unterschiedlicher Beziehungen – beruflicher, sozialer, familiärer und persönlich-intimer. Die Intimbeziehung ist die ultimative Beziehung zu einem Menschen, nach der wir uns alle sehnen. Sie ist der einzige Ort, wo wir vollkommen und ohne Furcht vor Verurteilung wir selbst sein können. Intime Liebesbeziehungen sind das emotionale Fundament für unser Funktionieren in der Welt draußen. Wenn diese bedeutsamen Bindungen gekappt werden, können die psychischen Folgen mitunter fatal sein. Dies erklärt, warum wir mit solch emotionaler Wucht reagieren, wenn diese Beziehungen zerbrechen. Es gibt nichts in Ihrem Leben, das nicht von Ihren Liebes- oder Ehebeziehungen oder emotional bedeutsamen Bindungen (z.B. lang anhaltende Freundschaften) beeinflusst wird. Auf der persönlichen Ebene ist so gut wie alles mit dieser Erfahrung verknüpft. Die Geburt Ihrer Kinder, Ihr beruflicher Erfolg, die Auswahl Ihrer Haustiere, was Sie gemeinsam aufgebaut oder geleistet haben – alles das wurde von dem Menschen geteilt, der nun fort ist.

Der Wunsch nach einem liebenden, unterstützenden Lebenspartner in einer dauerhaften Beziehung ist so natürlich wie das Atmen. Das Problem dabei ist nur, dass die Enttäuschung, die dieser Wunsch zuweilen nach sich zieht, Millionen von erwachsenen Menschen isoliert, einsam und beschädigt zurücklässt. Eine Frage, die meine Klienten, Freunde und Kollegen, häufig stellen, lautet: *Werde ich mich je wieder gut fühlen?* Die kurze Antwort heißt: Ja. Und die lange Antwort heißt ebenfalls: Ja. Nach dem Ende einer Beziehung wollen sich die Betroffenen besser fühlen und in ihrem Leben einen Schritt vorwärts tun – aber das ist fast unmöglich, wenn sie emotional verletzt sind und alle Faktoren ignorieren, die dem im Wege stehen (z.B. Verlust der offenen Kommunikationsfähigkeit, Wut, Verlust des sexuellen Intimlebens, Verbitterung, Verlust des Respekts vor dem Partner). Leugnen, Vermeiden und Schuldzuweisungen schaffen nur mehr Probleme und komplizieren die Situation zusätzlich. Immer wieder werden wir in diesem Buch auf Mittel und Wege hinweisen, wie wir aufhören können, die Probleme zu verschlimmern.

Im Streben nach einer neuen Liebe können unsere Expartner zu ständigen Stolpersteinen werden, die eine zukünftige Erfüllung blockieren. Niemand möchte natürlich, dass der oder die »Ex« einen noch größeren negativen Faktor darstellt, als er oder sie es ohnehin schon ist. Aber die bleibenden Auswirkungen einer so tiefen Enttäuschung machen die Betroffenen – unabhängig von Geschlecht, Alter, finanziellen Umständen oder Bildungshintergrund – emotional unsicher. Niemand kann über Enttäuschung, Betrug und Hoffnungslosigkeit hinweggehen und so tun, als ob nichts geschehen wäre. Die Aufnahme einer neuen Beziehung im Kielwasser einer Scheidung oder schwerwiegenden Trennung ist fast eine Garantie für noch mehr emotionale Probleme und Leid. Das Springen von einer Beziehung in die nächste, ohne Zeit dazwischen, ist ein emotionaler Schutzmechanismus gegen Gefühle des Verlassenseins, der Ablehnung und Enttäuschung. Dieses defensive Vermeidungsverhalten wird auch als »Rebound«-Beziehung bezeichnet (*rebound* bezeichnet so viel wie Rückprall, Rückstoß, Rückfederung; Anm. d. Übs.). Männer betreiben dieses Beziehungshüpfen offenbar häufiger als Frauen. Tatsächlich ziehen sich Frauen eher zu lange von der Beziehungsszene zurück. Keine dieser Verhaltensweisen ist dazu angetan, seelisches Leid zu heilen oder eine andere Beziehungszukunft aufzubauen.

## Das Ende

Das Grauen, unsere Träume, unseren Liebespartner und unser Unterstützungssystem zu verlieren, ist eigentlich die Gelegenheit für eine große Veränderung. Indem wir zurückschauen, lernen und uns befragen, indem wir Verantwortung für unsere Rolle in diesen monumentalen Trennungen übernehmen, finden wir den Weg, der uns aus dem Tal der Verzweiflung herausführt. Es braucht Zeit, Unterstützung, Einsicht und Mut, um vorwärtszugehen. Aber vergessen wir nie, dass wir in jeder Liebesbeziehung – und das gilt selbstredend auch für jede andere Beziehung – hundertprozentig für 50 Prozent der Beziehung verantwortlich sind. *Ihnen gehören 100 Prozent von Ihren 50.* Niemand ist verantwortlich für die Handlungen oder Gefühle der anderen Person, gleichgültig, was gesagt, getan oder missverstanden wurde. Sie können Einfluss ausüben und Dinge bewegen – aber Sie sind nicht für alle Probleme in Ihrer Liebesbeziehung verantwortlich. *Das wäre schlicht ein Ding der Unmöglichkeit.* Unsere Verantwortung hat einen Anfang und ein Ende, aber manchmal sind wir so verzweifelt und verunsichert, dass wir nichts unversucht lassen, um unseren potenziellen Expartner nicht zu verlieren. Wir hassen natürlich alle dieses Gefühl der Verzweiflung und Panik, aber es ist nachvollziehbar und kommt bei den meisten Trennungen und Scheidungen vor.

Jeder weiß, dass die innere Qualität unseres Lebens unmittelbar davon abhängt, wie gut unsere persönlichen Beziehungen funktionieren. Wenn man eine schwere Trennung erlebt, dann fühlt sich das an, als würde einem das Fundament des eigenen Lebens unter den Füßen weggerissen. Der Gefährte, der beste Freund, die große Liebe, der Partner – und wie all die Begriffe lauten, die unsere emotionale Bindung bezeichnen – ist nicht mehr Teil unseres täglichen Lebens. Dieser Verlust macht uns verzweifelt, enttäuscht, depressiv und wütend. Oft leeren wir, um die Trennung zu überleben, den Kelch der Wut. Das ist eine kurzfristige Lösung für ein langwieriges Problem. Menschen, die sich an den Wutzustand gewöhnt haben, die beinahe gegen jedermann wettern und Kleinkrieg führen, sind unfähig, ihre vielfältigen Gefühle gegenüber Beziehungen zu verarbeiten oder zu kontrollieren.

**Sich an die Wut zu klammern, ist wie die Einnahme von Rattengift in der Hoffnung, der Ex würde daran sterben.** Letztendlich tötet – oder schädigt – die Wut nur die Person, von der sie ausgeht, und das sind Sie.

Ehedem beruflich erfolgreiche Männer und Frauen, die ihre Karriere im Blick hatten, intelligente Erwachsene, Mütter, Väter und Großeltern denken, sagen, tun plötzlich Dinge und verhalten sich auf eine Weise, wie sie es normalerweise nie getan hätten. Nehmen wir als Beispiel die beiden Zitate vom Anfang dieses Kapitels. Tom nahm zehn Kilo in einem Monat ab, er aß manchmal tagelang nichts. Er war entschlossen, nicht eher wieder zu essen, bis Tamara zu ihm zurückkehrte. Schließlich musste Tom wegen einer schweren Essstörung ins Krankenhaus eingeliefert werden. Und Tracy beschloss eines Nachts, nach ein paar Gläsern Wein, zum Haus Ihres Ex zu fahren und ihn um drei Uhr früh zur Rede zu stellen (nach Alkoholgenuss oder der Einnahme bewusstseinsverändernder Drogen kommt bei dieser Art von Gesprächen nie etwas Gutes heraus). Unglücklicherweise fuhr Tracy mit ihrem Auto in seine Garagentür, als sie ankam, und wurde wegen Alkohols am Steuer festgenommen. Weder Tom noch Tracy zeigten das positive, emotional kontrollierte, stabile Verhalten, das sie normalerweise an den Tag legten – zu dem sie allerdings schließlich wieder zurückkehrten. Beide erzählten mir, sie hätten gefürchtet, ihren Verstand zu verlieren, und sich unglaublich »miserabel« gefühlt. Das Gefühl von Panik und plötzlicher emotionaler Leere war für beide fast unerträglich. Diese Art von Gefühlen, Erfahrungen und Verhaltensweisen sind die Grundlage Ihres Ex-Faktors.

Der Schmerz, der dem Verlust eines Partners folgt, ist in den meisten Fällen schwer zu ertragen und in manchen Fällen unerträglich. Niemand braucht Ihnen zu sagen, dass Ihr Liebes- oder Ehepartner für Sie nicht das Richtige oder nicht gut für Sie war.

Sie wollen nur wissen, ob sie je wieder glücklich sein werden. Wird Ihre Welt sich je wieder anders als emotional entleert, kalt und überwältigend trostlos anzufühlen? Wann wird der Schmerz aufhören? Die Vorstellung von Leben und Blühen – Gefühle der Begeisterung, Freude, Liebe, Hoffnung und Zufriedenheit – scheint wie ein verlorenes Kapitel in Ihrem Leben. Ihr Lebenstraum ist dahin, und er kehrt nie mehr zurück. Sie kommen sich zu alt, zu verletzt vor, um sich noch einmal auf jemanden einzulassen oder sich zu verlieben. In vielen Fällen scheint die Vorstellung, sich noch einmal gut oder normal oder emotional erfüllt zu fühlen, einfach unmöglich.

Sie kennen die Verzweiflung und das leere Gefühl, die sich einstellen, wenn man zusehen muss, wie die wichtigste Liebesbeziehung vor den eigenen Augen unaufhaltsam zerfällt. Aus diesem Grund haben Sie zu- oder abgenommen, sind umgezogen, haben sich einen neuen Job gesucht und für sich beschlossen, Ihre Einstellung zu intimen Liebesbeziehungen zu ändern. Obgleich viele um das intensive emotionale Leid wissen, das eine Trennung auslöst, ist das tatsächliche Erleben einer solchen Krise mit ihrer Panik, Verzweiflung und Hoffnungslosigkeit noch einmal etwas ganz anderes. Und man braucht nicht verheiratet zu sein, um diesen tiefen Schmerz zu empfinden. Um uns die Diskussion zu erleichtern: »Ehe« und »Scheidung« sind hier nicht wortwörtlich gemeint. Man kann mit einer Person ohne Trauschein fünfzehn Jahre lang emotional verheiratet sein. Es geht nur um die emotionale Beziehung und Partnerschaft: Kinder haben, zusammenleben, ein gemeinsames Heim schaffen, über Jahre jede Nacht nebeneinander schlafen, Reisen unternehmen, Geburtstage feiern, zusammen um Tote trauern – kurzum: das Leben mit jemandem teilen. Das ist der Stoff, der eine Ehe ausmacht – ob sie nun offiziell sanktioniert ist oder nicht – und der uns verbindet.

Der Begriff »Scheidung« wird so häufig gebraucht, dass seine wahre Bedeutung oft übersehen oder banalisiert wird. Nur weil die Scheidung mittlerweile mehr soziale Akzeptanz findet und unglücklicherweise häufiger stattfindet als noch vor fünfunddreißig Jahren, verringert das keineswegs die wahrhaft destruktive Wirkung auf die Beteiligten. Scheidung ist eine private emotionale Hölle, die beide Partner durchmachen, wenn sie sich an den langwierigen Prozess begeben, ein getrenntes Leben zu führen. Die Phase vor der Trennung (siehe unten zum Thema der Warnsignale), all die Beziehungsprobleme und die daran beteiligten Menschen (Kinder, Verwandte, Freunde, Eltern) sind genauso vielfältig wie die herzzerreißenden Geschichten von Paaren, die, einst eine Einheit, einander nun schmerzhafte und destruktive Dinge antun. Man darf nie vergessen, dass keine zwei Scheidungsgeschichten sich gleichen, auch wenn die emotionalen Probleme, die seelische Belastung und andere Begleitumstände oft ähnlich sind.

## Übersehen der Warnschilder – Achtung Gefahr!

Toms Verhalten ist typisch. Er wusste, dass seine Ehe mit Tamara sich immer am Rand des Zusammenbruchs bewegte. Er wusste, dass ihre Probleme allgegenwärtig waren und sich ohne Ende wiederholten, aber er wusste nicht, wie er angemessen darauf reagieren sollte. Als Tom zur Therapie kam, um über seine Verzweiflung und Hoffnungslosigkeit wegen der bevorstehenden Scheidung zu sprechen, erzählte er folgende Geschichte:

>*»Ich weiß, sie ist weg und mit einem anderen Mann zusammen. Ich fühlte mich von ihr immer unter Druck gesetzt, perfekt sein zu müssen. Sie hasst meinen Beruf (Anwalt) und dass ich so viel Zeit da hineinstecke. Ich hatte das Gefühl, ich konnte nie genug tun, um sie glücklich zu*

*machen und ihr Sicherheit zu geben. Ich wusste, es war nur eine Frage der Zeit, wann sie mich verlassen würde. Seit wir uns an der Universität kennenlernten, habe ich immer versucht, sie glücklich zu machen. Ich werde nie unser zweites Rendezvous in New York City vergessen, an einem wunderschönen Herbstnachmittag. Tamara sprang aus dem Taxi und lief die Straße hinunter, weil sie wütend auf mich war wegen irgendeines kleinen Missverständnisses. Als ich sie da weggehen sah, hatte ich plötzlich die Vision, dass sie mich irgendwann wegen irgendeines nebensächlichen Problems oder Konflikts verlassen würde. Ich rannte hinter ihr her, lud sie in ein kleines Café ein und bestellte eine Flasche Dom Perignon. Ich verdrängte die Vision vollständig und heiratete sie trotzdem. Wir verstanden uns sexuell gut, aber es war nie genug. Heute ist sie mit einem Mann zusammen, der fünfzehn Jahre jünger ist als sie. Ich will auf keinen Fall meine Familie verlieren (zwei Jungen im Teenageralter) und werde keine Scheidung einreichen.«*

Drei Monate nach unserer ersten Therapiesitzung erhielt Tom die Scheidungspapiere. Innerhalb der nächsten achtzehn Monate kam er mit seiner Verzweiflung, Wut und Koabhängigkeit – seinem Bedürfnis, Tamara ständig zu gefallen und all ihre Probleme zu lösen – zurande. Natürlich wollen wir unserem Partner alles erdenklich Gute tun und für ihn »Sorge tragen«. Probleme entstehen in einer Beziehung, wenn dieses »Sorgetragen« das Einzige ist, was Sie an Ihrem Partner und sich selbst wertschätzen. Tom begann plötzlich, für alle Probleme in ihrer Beziehung Verantwortung zu übernehmen, die er zuvor jahrelang ignoriert, verleugnet und ausgeklammert hatte. In letzter Konsequenz hätte er seine Ehe wahrscheinlich in eine andere Richtung lenken können, wenn er früher versucht hätte, sich den Problemen zu stellen, die der Beziehung mit Tamara zugrunde lagen. Seine zunehmend positivere Einstellung zu sich selbst und seiner Zukunft resultierte daraus, dass er die volle emotionale Verantwortung für seine Rolle in der Ehe und für seine Verzweiflung übernahm. Tom hörte auf, Tamara die Schuld zu geben, und er hörte damit auf, sie »retten« zu wollen. Die Beziehung zu seinen beiden Söhnen wurde nach der Scheidung deutlich besser. Er verbrachte intensiv Zeit (*quality time*) mit ihnen, wenn sie vier Tage in der Woche bei ihm waren, und er ließ sich von den Spannungen mit Tamara nicht beeinträchtigen. Wir werden uns Toms Genesung und die exzellente Prognose für sein zukünftiges Beziehungsleben in diesem Buch noch öfter vor Augen führen. Toms Situation spiegelt sich in einer zunehmenden Zahl von Familien in den westlichen Ländern, wo Kinder bei einem Elternteil leben, wenngleich dies nicht immer durch Scheidung bedingt ist. Dass Tom im Zuge der Überwindung seiner Leidenskrise emotional genas, war nicht nur für ihn wertvoll, sondern ebenso für Tamara und ihre beiden Söhne.

Tracy repräsentiert eine weitere große Gruppe erwachsener Menschen: Sie sind unverheiratet, entweder geschieden oder immer schon Single, haben keine Kinder, hätten aber gern welche. Vor ihrer Beziehung mit Daniel war Tracy vier Jahre lang mit einem anderen Mann zusammen gewesen, der ebenfalls keine Kinder wollte. Daniel befand sich in einer Phase der beruflichen Neuorientierung, und es schien ihm in dieser Zeit nicht sinnvoll, zu heiraten oder eine Familie zu gründen. Tracy kam zur Therapie, um ihrer Enttäuschung und Traurigkeit darüber Herr zu werden, dass sie vierzig Jahre alt wurde, ohne Kinder zu haben. Sie erzählte Folgendes:

*»Ich habe immer geglaubt, dass ich Kinder will. Meine beiden letzten Liebesbeziehungen hatte ich mit Männern, die keine Kinder wollten. Ich habe ihnen Vorwürfe gemacht, weil ich sie egoistisch fand und gefühllos mir gegenüber. Ich denke mal, ich weiß nicht, ob ich wirklich Kinder wollte, denn dann wäre ich wohl mit einem entsprechenden Mann zusammen. Ich bin so enttäuscht von meinem Leben. Ich habe*

*nie damit gerechnet, vierzig, unverheiratet und kinderlos zu sein. Viele meiner Freundinnen fühlen genauso und sind jetzt geschieden. Ich habe das Gefühl, zweimal geschieden zu sein. Ich hatte nur einfach nie eine Hochzeit, kein Fest und keine Geschenke. Ich habe einfach nie erwartet, dass ich so enden würde. Ich glaube nicht mehr daran, dass ich an diesem Punkt in meinem Leben noch einmal einen Mann treffe und bekomme, wonach ich mich immer gesehnt habe. Ich glaube nicht, dass es da draußen überhaupt gute Männer gibt.«*

Tracy besuchte weiterhin regelmäßig die Therapiestunden und konnte die Enttäuschung über ihr Leben und ihre verschiedenen Fehlentscheidungen langsam überwinden. Sie begann zu erkennen, dass sie unbewusst ihrem Kinderwunsch ambivalent gegenübergestanden hatte und aus diesem Grund nie eine Beziehung mit einem Mann eingegangen war, der Kinder wollte. Sie gewann Einsicht in ihren eigenen Anteil an ihren gegenwärtigen Lebensumständen und hörte damit auf, ihre beiden vergangenen Liebhaber für ihre Situation verantwortlich zu machen. Sie begann, die Dinge zu unternehmen, die notwendig waren, um die Richtung ihrer Beziehungen zu ändern und ihre Gefühle des Zukurzgekommenseins, der Verbitterung und Ambivalenz zu heilen. (Siehe Teil III, dort mehr zu diesem Thema.) Tracy übernahm die volle Verantwortung für ihre Lage. Sie erkannte an, dass ihr Singlestatus und ihre Kinderlosigkeit ihre eigenen Entscheidungen waren, kein persönliches »Pech« oder der Mangel an »guten Männern«.

## Der Trennungsprozess – Eine Liste mit Fragen und Antworten

Die folgenden Fragen sollen Ihnen dabei helfen, zu erkennen, wo Ihre Rolle in einer Liebesbeziehung beginnt und wo sie endet. Es handelt sich dabei um einen offen formulierten Fragebogen, der den tatsächlichen Problemen hinter der Auflösung Ihrer Beziehung auf den Grund gehen will. Es geht nicht darum, Ihr öffentliches Ansehen zu retten oder Ihrem Partner die Schuld zu geben, sondern darum, die Wahrheit über Sie herauszufinden. Vor allem wollen wir, dass Sie eine gewisse emotionale Klarheit gewinnen und verstehen, warum Ihre Beziehung an ein Ende kam. Die Liste der Fragen ist sehr neutral, weil sie Ihre Verantwortung und Ihren Beitrag zu diesem Ende ermittelt. Wie Sie an diesen Punkt in Ihrer Beziehung kamen, ist keine Frage von Richtig oder Falsch, Gut oder Böse, und es hat auch nichts mit Urteilen über emotionale Schwächen zu tun. Vielmehr bietet sich hier die Chance, Ihre Beziehung auf eine vollständigere und weniger reaktive Weise zu verstehen. Wenn Sie Ihre Rolle in der Trennung Ihrer Beziehung verstehen, können Sie Ihre zukünftigen Liebesbeziehungen auf eine sehr wirkungsvolle, mutige und positive Weise umlenken. Eine Änderung von Verhaltensmustern und emotionale Entlastung sind erst möglich, wenn Sie fähig sind, zwei Dinge zu erreichen: eine nicht reaktive emotionale Perspektive und ein klares Bild Ihres Beitrags zu Ihrer vergangenen Beziehung und Ihres Anteils daran.

### Denken Sie über die folgenden Fragen nach:

- Haben Sie offensichtliche Zeichen, dass Ihre Beziehung ihrem Ende entgegenging, übersehen?
- War die Kommunikation seit Monaten oder Jahren angespannt, oder war sie nie gut?
- Haben die Kinder Ihr Leben monopolisiert?
- Haben Sie es Ihrem Partner insgeheim übel genommen, dass er sich nicht um sie gekümmert hat?
- Haben Sie Ihre Kinder als Vorwand benutzt, um eine emotionale Distanz zu Ihrem Partner aufrechtzuerhalten?

- Haben Sie Ihrem Partner sein unberechenbares Verhalten übel genommen?
- Hatten Sie das Gefühl, bei Ihrem Partner nicht »Sie selbst« sein zu können?
- Haben Sie das Gefühl, dass Sie emotional und mental Ihrem Partner entwachsen sind?
- Wollten Sie nicht in einer lieblosen oder sexlosen Beziehung bleiben?
- Wollten Sie keine Beziehung wie die Ihrer Eltern haben?
- Hat Ihr Mann Sie wegen einer jüngeren Frau verlassen?
- Hat Ihre Frau oder Ihr Mann Sie wegen jemandem verlassen, der vollkommen anders ist als Sie? Zum Beispiel wegen des Fitnesstrainers oder der Bankberaterin?
- Hat Ihr Partner Sie emotional misshandelt?
- Hat Ihr Partner Sie körperlich und mental misshandelt?
- Fühlten Sie sich von einem Arbeitskollegen, einem Yogatrainer oder einem Grundschullehrer Ihres Kindes emotional angezogen?
- Haben Sie sich in der Fantasie ausgemalt, mit anderen Partnern zusammen zu sein – auch sexuell?
- Haben Sie länger gearbeitet, um Ihrem Partner auszuweichen?
- Können Sie sich daran erinnern, wann Sie das letzte Mal Sex mit Ihrem Partner hatten?
- Sind Sie wegen der Kinder zusammengeblieben?
- Sind Sie trotz Misshandlung in Ihrer Ehe geblieben, weil Sie nie geschieden sein wollten?
- Wollten Sie vermeiden, sich durch eine dritte Scheidung wie ein dreimaliger Versager zu fühlen?
- Haben Sie Ihren Partner vor allem geheiratet, um Kinder haben zu können, und nicht aus Liebe oder wegen der emotionalen Partnerschaft?
- Sind Sie und Ihr Partner in den Ferien getrennt verreist statt zusammen?
- Haben Sie den Expartner Ihres Partners gehasst wegen der emotionalen Bindung, die deren gemeinsame Kinder darstellten?
- Waren Sie je wirklich glücklich über Ihren oder begeistert von Ihrem Partner?

- Haben Sie sich in Ihrer Beziehung wohlgefühlt, ohne in Ihren Partner verliebt zu sein?
- Hatten Sie das Gefühl, dass Ihr Partner für Sie emotional nicht erreichbar war?
- Haben Sie schon lange Zeit heimlich an eine Beendigung der Beziehung gedacht?
- Haben Sie nie erwartet, dass Ihr Partner Sie verlassen könnte?
- Leiden Sie darunter, keine Kontrolle mehr über die Beziehung zu haben?
- Haben Sie eine Aversion gegen Ihre Stiefkinder?
- Wollen Sie Kinder, Ihr Partner aber ein neues Haus?
- Hassen Sie die Exfrau Ihres Partners wegen der Unterhaltszahlungen?
- Hassen Sie es, Single zu sein?
- Haben Sie Angst davor, alleine zu sein?
- Wollen Sie nicht wie Ihre Mutter sein: geschieden mit zwei kleinen Kindern?
- Wollten Sie warten, bis die Kinder aus dem Haus sind, bevor Sie sich scheiden lassen?
- Ist es Ihnen nie in den Sinn gekommen, dass Ihr Partner so unglücklich sein könnte wie Sie selbst?

Diese Liste ist mit dem Ziel entworfen, Ihnen zu helfen, Ihr eigenes emotionales Zentrum wiederzufinden und zu erkennen, dass der Bruch Ihrer Beziehung nicht in einem Vakuum geschah. Vielmehr hat er sich wahrscheinlich schon seit Langem vorbereitet, bevor er schließlich stattfand. Doch kam er unerwartet, weil die Probleme so alt waren wie die Beziehung. Sie können natürlich jederzeit eigene Fragen, Ideen, Ängste, Wünsche und unausgesprochene Gefühle, die mit Ihrer Scheidung zusammenhängen, zur Liste hinzufügen. Bitte formulieren Sie eigene Fragen und Gedanken, die Ihre Scheidung am besten beschreiben. Und noch einmal: Wenn ich das Wort »Scheidung« gebrauche, dann meine ich damit das Ende jeder Art von Liebesbeziehung, ob mit Trauschein oder ohne. Eine emotionale Katastrophe ist eine emotionale Katastrophe. Wie Sie an diesen Punkt gekommen sind, ist Ihr eigener Weg und Ihre persönliche Geschichte.

Unter anderem sollen diese Fragen aufzeigen, wie wir alle dazu neigen, einige der offensichtlichsten, schmerzvollsten und eindeutigsten Zeichen für eine Beziehungskrise zu übersehen. Dieses Buch konzentriert sich darauf, wie Sie Ihr Leben wieder in den Griff bekommen und sich selbst neu erfinden können und dabei die Probleme mit sich und mit Ihrem Partner nicht aus den Augen verlieren. Eine der wesentlichen Voraussetzungen, um mit Ihrer tiefen emotionalen Enttäuschung fertig zu werden, ist, sich vollkommen ehrlich und offen den Problemen und Spannungen zu stellen, die es in Ihrer Liebesbeziehung gab. Ihre Liebesaussichten in der Zukunft hängen unmittelbar mit Ihrer Fähigkeit zusammen, zu erkennen, was in Ihrem Leben und in Ihrer Liebesbeziehung tatsächlich geschah. Nichts von dem, was in Ihren ehemaligen Liebesbeziehungen vorgefallen ist, muss sich in der Zukunft wiederholen. Um dies zu vermeiden, müssen Sie sich diesmal die Zeit nehmen, Ihren vergangenen Beziehungsmustern auf den Grund zu gehen und zu klären, welche Ansprüche Sie an sich und Ihren nächsten Partner stellen. Um diesen Heilungsprozess in Gang zu setzen und den emotionalen Rückschlag einer Scheidung zu verarbeiten, sollten wir zunächst einige der verbreiteten Beziehungsmythen diskutieren.

## Wahrheiten und Fehlwahrnehmungen

Bitte tragen Sie bei jeder der folgenden Behauptungen aufgrund Ihrer ehrlichen Überzeugung ein, ob Sie sie für wahr oder falsch halten. Niemand braucht zu wissen, was Sie wirklich über sich,

Ihren Expartner oder Ihre ehemaligen Beziehungen denken oder fühlen. Es ist nur normal und üblich, am Ende einer Ehe oder Beziehung ein bestimmtes Maß an Vertraulichkeit zu wahren. Ihr emotionaler, psychologischer und persönlicher Heilungsprozess basiert nicht darauf, dass Sie alle Elemente Ihrer Ehe oder Intimbeziehung »offenlegen«. Es ist schwierig und emotional verzehrend, jedem, den Sie kennen, Ihre »Geschichte« zu erzählen. Ihre eigene Ansicht über die Gründe der Trennung ist von größter Bedeutung (nur sie zählt), und es ist notwendig, klar zu sehen und weniger emotional reaktiv zu sein, ohne Scham, Schuld oder Wut. Ihre Antworten auf jede dieser zehn Aussagen enthalten eine Fülle von Aufschlüssen über Sie selbst.

1. Es ist alles meine Schuld.
2. Irgendetwas stimmt mit mir nicht.
3. Ich werde nie über diese Trennung bzw. diesen Betrug hinwegkommen.
4. Ich werde nie wieder jemanden lieben.
5. Ich kann ohne Liebesbeziehung leben.
6. Männer sind ätzend.
7. Frauen sind kalt.
8. Wut ist nützlich, um über eine Exbeziehung hinwegzukommen.
9. Scheidung ist ein Makel. Die Kinder, meine Familie und ich sind unser Leben lang emotional gezeichnet.
10. Ehen gehen immer schief.

### Antworten

**1. Falsch.** Sie können nur für Ihre Hälfte der Beziehung verantwortlich sein. Es ist für Sie unmöglich, zu erklären, warum Sie verlassen wurden, oder sich um all das zu kümmern, worum sich Ihr Partner nicht kümmern wollte oder konnte. *Beziehungen sind* *wie ein Tennisspiel.* Sie sind nur für die 100 Prozent Ihrer Seite des Spielfelds verantwortlich. Sie können den Ball nur schlagen oder zurückgeben, wenn er zu Ihnen geschlagen wurde; Sie können nicht auf die andere Seite des Platzes rennen und den Ball für Ihren Partner schlagen. Ihr Partner muss seinen eigenen Schläger benutzen und den Aufschlag retournieren – oder nicht. Die Tennis-Analogie beschreibt eine koabhängige Beziehung: *Sie tun alles und wundern sich, warum Sie nie das bekommen, was Sie sich in einer Beziehung wünschen.* Der Grund ist, dass Sie alleine spielen. Sowohl Tennis als auch Beziehungen brauchen zwei Teilnehmer, nicht nur einen.

**2. Falsch.** Das Ende einer Beziehung bringt es oft mit sich, dass alle ungelösten persönlichen Probleme der Vergangenheit aufgewühlt werden. Zweitens verdunkeln Trennungen jedes klare Bild oder jede Hoffnung auf zukünftige Liebesbeziehungen. Scham, Schuld und Schmerz wegen der Trennung von Ihrem Expartner können sehr verwirrend und emotional desorientierend sein. Es ist leicht, sich zu sagen, dass »Ihre Probleme« die Beziehung zerstört oder ihr Ende herbeigeführt haben, doch die Wahrheit lautet, dass jede Beziehung eine Mischung aus den Geschichten, Problemen, Interessen, Wertvorstellungen und Wünschen beider beteiligten Personen ist. Sie können sich Ihre eigenen emotionalen Sorgen und Wünsche bewusst machen, um sich in Zukunft anders zu verhalten. Oft fühlt man sich nach einer Trennung richtig beschädigt. Der anderen Person die Schuld für den eigenen Schmerz und das Leid zu geben ist ein emotionaler Schutzmechanismus, der Ihnen helfen soll, sich besser zu fühlen und die überwältigenden schlechten Gefühle zu kompensieren. Aber in Wahrheit haben die Dinge in der Beziehung nicht funktioniert, und Sie können daraus lernen – wenn Sie wollen. Ihr Ziel ist es, wertvolle Lehren aus all dem Leid und Elend Ihrer Ehe oder Liebesbeziehung zu ziehen.

**3. Falsch.** Eines in diesem Leben ist sicher: *Alles ändert sich, auch Ihre Traurigkeit, Ihr gebrochenes Herz und Ihr Gefühl, betrogen worden zu sein.* Zeit heilt nicht, aber sie schafft eine emotionale Amnesie, und der intensiv pochende Schmerz in Ihrem Herzen beginnt nachzulassen. Zeit schafft eine emotionale Distanz, bis wir in unserem Partner nur noch den bzw. die »Ex« sehen. Zum Glück sind wir genetisch so programmiert, dass wir mit der Zeit die belastenden Erinnerungen an unsere Trennung verdrängen. Dies ist ein Selbsterhaltungsmechanismus, den wir alle besitzen. Mit der Zeit nimmt der Schmerz ab, und Sie werden entdecken, dass es möglich ist, einen Schlussstrich unter die Beziehung zu Ihrem Expartner zu ziehen. Ihre tiefere Einsicht, Ihre Aufmerksamkeit für Beziehungsdinge und die neu gewonnene Klarheit sind die Schlüssel, die es Ihnen erlauben, Ihren emotionalen Schmerz zu verarbeiten und in Ihrem Leben vorwärtszuschreiten. Je früher Sie aufhören, Ihren Partner anzuklagen, und beginnen, Ihre eigene Rolle in der Beziehung zu hinterfragen, desto schneller werden Ihr Schmerz und Ihre Hoffnungslosigkeit schwinden.

**4. Falsch.** Der größte Beziehungsmythos ist, dass jeder Mensch den einen Seelengefährten habe – eine Person, die für uns und unser ganzes Leben die »richtige« ist. *Die Wahrheit lautet, dass es in unterschiedlichen Lebensabschnitten perfekte Beziehungen gibt.* Die Erwartung, dass eine gegebene Beziehung länger halten muss, als sie kann, führt regelmäßig zu Verzweiflung und Wut. Manche Beziehungen halten sechs Wochen, manche sechs Monate, manche sechzehn Jahre und andere wiederum sechsundsechzig Jahre. Es ist unmöglich, die Dauer irgendeiner Beziehung vorauszusagen. Dieses »Zeitkonzept« für Beziehungen mag sich sehr kalt anhören, aber es enthält eine wesentliche Einsicht. Entscheidend ist hier, sich über die Zeit, die Sie mit Ihrem Expartner hatten, zu freuen und sich darüber klar zu sein, dass Ihre Zukunft weitere – und größere – Beziehungsmöglichkeiten bereithält. Jede Beziehung hat einen Anfang, eine Mitte und ein Ende. Das Ende muss keineswegs bedeuten, dass Sie für immer allein und isoliert bleiben und an Liebeskummer leiden müssen. In Kapitel 9 werden wir das Syndrom des bzw. der »einzig Richtigen« genauer unter die Lupe nehmen und überlegen, welchen positiven und negativen Einfluss es auf Sie hat.

**5. Wahr.** Sie können ohne eine intime Liebesbeziehung leben. Ihr Leben bricht nicht zusammen und wird auch nicht zerstört, wenn Sie keinen Liebespartner haben. Für Ihre emotionale Heilung ist es wesentlich, dass Sie sich darüber im Klaren sind: *Liebesbeziehungen sind Entscheidungssache.* Wenn Sie Ihr Herz, Ihr Leben und Ihre Gefühle jemand anderem öffnen wollen, dann ist es Ihre Entscheidung, dies zu tun. Die Entscheidung, mit einem anderen Menschen emotional verbunden zu sein, ist der Mühe wert. Wir alle haben die Möglichkeit, in unseren Liebesbeziehungen aufzublühen. Wie sich diese Dynamik fördern und vermehren lässt, schauen wir uns in Teil II an. Es ist ein natürlicher emotionaler Trieb und eine psychologische Tatsache, dass fast jeder von uns nach einer Liebesverbindung und Intimbeziehung strebt. Tatsächlich wird das Bedürfnis, sich vollständig von anderen abzukapseln, als mentale Störung oder Persönlichkeitsstörung eingestuft. Der Wunsch nach Isolation ist ein Schutzmechanismus, um von anderen Menschen nicht »verletzt« oder »zurückgestoßen« werden zu können. Unsere Lebensqualität und mentale Gesundheit hängen unmittelbar von unserer Fähigkeit ab, alle möglichen Beziehungsarten zu gestalten – persönliche, private, intime, berufliche, soziale und familiäre Beziehungen. Menschen sind für Partnerschaften geschaffen, sie müssen Beziehungen eingehen, sie brauchen sichere Bindungen zu Menschen in ihrem Leben. Gleichgültig, wie die Umstände Ihrer Trennung aussahen, in jedem Fall ist es möglich, eine neue Beziehungsgrundlage für Ihren zukünftigen Partner zu schaffen.

**6. Falsch.** Vorurteile gegenüber Männern zu äußern ist schon fast so etwas wie eine olympische Disziplin. Wenn Sie von dem Mann in Ihrem Leben emotional verletzt, zurückgewiesen oder misshandelt wurden, ist es außerordentlich wichtig, Ihre schlechte Erfahrung nicht pauschal allen Männern anzulasten. Wenn Sie alle Männer hassen, dann ist das, als ob Sie zwei Gräber ausheben würden: eines für Ihren Ex und eines für Sie selbst. Keiner von Ihnen profitiert davon. Wenn Sie Ihren Groll auf alle Männer projizieren oder ein Verhaltensmuster des Misstrauens und Hasses gegenüber Männern entwickeln, dann kann das genau zu dem führen, was Sie nicht wollen: *mehr Kummer und mehr Enttäuschung.* Sie können aber den Teufelskreis der Enttäuschung über Männer durchbrechen. Als Erstes sollten Sie Ihre eigene Vater-Tochter-Beziehung unter die Lupe nehmen. Bedenken Sie, dass der erste Mann, den Sie in Ihrem Leben geliebt haben, Ihr Vater war – unabhängig davon, wie seine Beziehung zu Ihrer Mutter aussah. Die Beschäftigung mit Ihrem Vater kann eine enorm wertvolle Informationsquelle über die Männer sein, mit denen Sie als Erwachsene Beziehungen eingehen. Die Wünsche, Sehnsüchte, das Positive und Negative, alles das, was Ihre Vater-Tochter-Beziehung ausmacht, kann ein Fundus für neue Einsichten sein, was die Wahl Ihres neuen Partners und die Entwicklung einer Beziehung mit ihm betrifft. Zweitens: Je mehr Sie wissen, was Sie von Ihrem Vater wollten und brauchten, desto genauer können Sie vielleicht einschätzen, was Sie von Ihrem Liebespartner wollen und brauchen. Drittens: Sie sind dann in der Lage, Ihrem Partner zu erklären, was Sie von ihm wollen. Und schließlich: Nichts mehr mit Ihrem Ex zu tun haben zu wollen kann eine sehr gesunde Entscheidung sein, aber deswegen *alle* Männer zu verdammen ist etwas ganz anderes. Wenn

Sie schon seit sehr langer Zeit eine Aversion und Misstrauen gegen Männer empfinden, dann hängt das wahrscheinlich mit Ihrer Vater-Tochter-Beziehung zusammen. Je besser Sie die Beziehung zwischen sich und Ihrem Vater verstehen, desto mehr Einsicht gewinnen Sie für Ihre Beziehung zu Männern im Allgemeinen. Ihre Vater-Tochter-Beziehung ist das Grundmodell für alle »Männer-Beziehungen«, die Sie in Ihrer Kindheit und Jugend hatten. Im Fall Ihrer letzten Liebesbeziehung jedoch ist das Geheimnis Ihrer Heilung und Ihres Überwindens der Vergangenheit eng mit Ihrem Vater und dieser ersten Liebesbeziehung verknüpft. Nicht alle Männer sind schlecht, und Sie verdienen eine wunderbare Liebesbeziehung mit einem Mann, der Ihrer würdig ist.

**7. Falsch.** Auf Frauen zu schimpfen ist, als ob man sich mit einer Gabel ins Auge sticht und sich dabei fragt, warum es wehtut. Der Mann, der Frauen ablehnt, der sie verunglimpft und abwertet, ist so gut wie immer ein Sohn (vergessen Sie nicht: Wir Männer sind alle Söhne, egal, wie alt wir sind), der schwer an einer unverarbeiteten Mutterbeziehung zu tragen hat. Die Beziehungen von erwachsenen Männern sind meist eine emotionale Fortsetzung der Mutter-Sohn-Beziehung. Männer müssen es schaffen, eine signifikante Liebesbeziehung zu entwickeln, die das »Mutterersatz«-Syndrom vermeidet, das wir in Teil 2 ausführlich besprechen wollen. Kurz gesagt geht es bei diesem Syndrom darum, dass Männer Beziehungen entwickeln, in denen sich die gleichen emotionalen Probleme und Spannungen spiegeln, die sie bereits mit ihrer Mutter hatten. Dabei geht es nicht um den klassischen Ansatz der freudschen Psychoanalyse, sondern eher um eine einsichtsorientierte, auf Problemlösung abzielende Vorgehensweise. Ihre noch nicht abgeschlossene Mutter-Sohn-Bindung, der Ablösungsprozess und Ihr Kommunikationsstil, der auf dieser Beziehung basiert, bilden zusammen eine Goldmine nützlicher Informationen über Sie. Wenn Sie zum Beispiel Frauen gegenüber Misstrauen hegen, dann liegt die Wurzel dafür wahrscheinlich in der Mutter-Sohn-Bindung, die Sie in Ihrer Kindheit erfahren haben.

**8. Falsch.** Es ist ein Missverständnis, emotionalen Schmerz dazu zu benutzen, ständig Ihren Ex für all Ihr Leiden anzuklagen. Viele Leute sind felsenfest davon überzeugt, sie bräuchten Wut, Bitterkeit, Enttäuschung und Verletzung, die sie an ihrem Ex »festmachen«, nicht zu überwinden. Sie fühlen sich durch ihre starken negativen Gefühle »mächtig« und »im Recht«. Der kurzfristige Trost, sich »stark« zu fühlen und aus der verzweifelten Opferrolle herauszukommen, ist sicher nützlich und sinnvoll. Doch ist Wut ein generalisiertes Gefühl, das sehr viel tiefere emotionale Verletzungen, Beziehungsverstöße, Enttäuschungen und Leiderfahrungen überdeckt. Wut ist nur das Symptom Ihrer Gefühle, nicht ihre Ursache. Unter dem dünnen Schleier der Wut liegen Ihre Verzweiflung und Desillusionierung, Ihr Verlust und Ihr Gefühl des Verratenseins, die Sie vergiften, wenn sie unbewältigt bleiben. Viele Menschen, die eine Scheidung oder Trennung durchmachen, erholen sich nie wieder davon – weder emotional noch psychisch noch in neuen Beziehungen. Diese Art tiefer emotionaler Wunden kann aber durch psychologische Klarheit und neu gewonnene Einsicht gelöst und überwunden werden. Ihr Ex-Faktor muss nicht zu Ihrem »Liebeshass-Faktor« werden. Sie können sich aus dem emotionalen Schiffbruch Ihrer ehemaligen Beziehung befreien und müssen sich nicht ständig so fühlen, als ob zehntausend Ampere unbeherrschbarer Wut durch Sie hindurchrasen, wenn Sie den Namen Ihres Expartners hören oder ihn auf dem Schulfest Ihres Kindes oder auch nur auf der Straße sehen. Wut kann sehr viel über die Tiefe Ihres Leids und Verlusts sagen. Versuchen Sie, Ihre Wut zu verstehen. Ihre Wut kann außerdem sehr viel darüber sagen, was Sie zur Liebe empfinden, von einer Beziehung wollen und erwarten.

**9. Falsch.** In dysfunktionalen Ehen, bei ungütlichen Scheidungen und feindseligen Trennungen sind eheliche Spannungen ein ständiges Problem. Eine Ehe oder eine intakte Familie garantiert Ihnen und Ihren Kindern keineswegs emotionale Gesundheit. Für Ihre emotionale Gesundheit und Ihr Wohlergehen ist es entscheidend, *nicht* in einem emotional, körperlich oder psychologisch feindseligen Umfeld zu leben und auch Ihre Kinder *nicht* in einem solchen Umfeld großzuziehen. Beziehungskonflikte zwischen Eltern sind das Problem Nummer eins für die psychische Entwicklung eines Kindes. Studien haben wiederholt gezeigt, dass Kinder aus Konfliktfamilien mehr emotionale Probleme und Störungen aufweisen als Kinder aus weniger belasteten Familien.[5] Oft gelingt es Eltern, eine »gute Scheidung« ohne Spannung und Feindseligkeit über die Bühne zu bringen, und die Kinder zeigen keine Anzeichen übergroßer emotionaler Belastung. Es ist der fortgesetzte Streit zwischen den Eltern – ob sie nun zusammenbleiben oder nicht –, der sich für alle Beteiligten katastrophal auswirkt. Kinder, Eltern und andere Familienmitglieder leiden, wenn Scheidungskonflikte zu einem andauernden Familienthema und zu dem emotionalen Klebstoff werden, der sie zusammenhält. Scheidung, Trennung oder Enttäuschung in einer Beziehung muss sich für Kinder nicht notwendig verheerend auswirken, aber wenn zwei Eltern unbewusst und reaktiv ihre Kinder als Verbündete gegen den anderen Elternteil benutzen, können die Probleme überwältigend werden. Solche unreifen Verhaltensweisen können bei Kindern lebenslange Probleme verursachen. Schlussendlich: Die Scheidung ist kein Todesurteil für Ihr Leben, Ihr Glück oder Ihre Zukunft. Ob Sie mit dieser größten Beziehungskrise fertig werden können, liegt *in Ihrer Entscheidung.* Es lohnt Ihre Zeit und Energie, Ihr Liebesleid zu bewältigen, sodass Sie und Ihre Kinder es nicht in die Zukunft mitschleppen müssen.

**10. Falsch.** Die pessimistische Ansicht, dass Liebes- oder Ehebeziehungen nicht funktionieren, sagt mehr über die Person, die sie vertritt, als über die Beziehungen selbst. Jede Art von Beziehung ist »riskant«, sei sie geschäftlicher oder sozialer Natur. Nur weil es zu Liebeskummer kommen kann, heißt das noch nicht, dass man nicht nach Kontakten und Bindungen streben sollte. Ehen und Liebesbeziehungen funktionieren nur so gut wie die Leute, die sie eingehen. Wenn also zum Beispiel Ihr Partner Frauen hasst und Sie eine Frau sind, dann lässt sich aus gutem Grunde annehmen, dass es bei Vertrauen und Intimität Schwierigkeiten geben wird. Aber diese Art von Beziehungsproblemen hat nichts mit Ehen an und für sich zu tun, sondern vielmehr mit der Kombination der Personen in einer gegebenen Beziehung. Alles kann in Ihrem Leben funktionieren, wenn Sie gute Entscheidungen treffen, sich Mühe geben und verstehen, wie Sie sich in dem besonderen Kontext mit einem emotional zugewandten Partner verhalten. Ihre Beziehungswünsche, Erwartungen, Bedürfnisse und emotionale Zuneigung haben Einfluss auf Ihr Berufsleben, Ihre Stiefelternschaft, Ihre zweite Ehe, Ihr Verhältnis zu Ihren Kindern und auf Ihre Liebesbeziehungen. Es gehört keine Magie oder kein Wunschdenken dazu, eine dauerhafte Liebesbeziehung oder Ehe zu formen und aufrechtzuerhalten. Je besser Sie Ihre Beziehungsgeschichte und Ihren Beziehungsstil, Ihre emotionalen Bindungen, Ihre Eltern und sich selbst verstehen lernen, desto größer ist die Wahrscheinlichkeit, dass Sie befriedigende und erfüllte Liebesbeziehungen eingehen werden.

\* \* \*

Ich habe die Hoffnung, dass Sie nach der Lektüre und Begründung dieser Aussagen beginnen, einige Ihrer blinden Flecken und Neigungen hinsichtlich Ihres Beziehungslebens zu erkennen. Für Ihre künftigen Beziehungen ist es entscheidend, dass Sie sich Ihrer Grundüberzeugungen hinsichtlich des Beziehungslebens bewusst werden. Was immer Sie bis heute erlebt oder geglaubt haben, Sie müssen keineswegs diesen Glauben automatisch fortsetzen. Veränderung liegt in der Luft, und Sie sind bereit dafür. In den folgenden Kapiteln wollen wir genau untersuchen, wie Sie sich in Ihren Liebesbeziehungen weiterentwickeln können – emotional, mental, spirituell und psychisch. Die Überwindung von Untreue und Liebesleid in einer zerbrochenen Beziehung ist eine der größten Herausforderungen, die es für Erwachsene gibt. Der Umgang mit den komplexen Folgen einer Scheidung – einschließlich neuer Ehe, Stiefkindern, neuer Kinder mit einem neuen Partner, der neuen Ehe Ihres Expartners oder der Abneigung Ihrer Kinder, die Ihnen die Scheidung nicht verzeihen: *Alles beginnt und endet mit Ihnen.* In dem Maße, wie Sie diese großen emotionalen Herausforderungen meistern, wird Ihr zukünftiges Liebesleben gedeihen und zu dem werden, was Sie sich wünschen und ersehnen.

Bei der Lektüre der folgenden Kapitel sollten Sie folgende wundervolle Weisheit beherzigen:

*Wer ein Vermögen verliert, verliert viel; wer einen Freund verliert, verliert mehr; wer seinen Mut verliert, verliert alles.*
Miguel de Cervantes

# 2 DER EMOTIONALE PEITSCHENHIEB UND SEINE FÜNF PHASEN
## Der Schmerz, verlassen zu werden

*Ich werde nie den Sonntagnachmittag vergessen, als Karen von Ihrem Yoga-Wochenende nach Hause kam und mir in der Küche, Kartoffelchips aus der Tüte kauend, mitteilte, sie wolle die Scheidung. Ich hatte das Gefühl, ich würde auf der Stelle sterben. Vielleicht wäre es einfacher gewesen, wenn ich wirklich gestorben wäre. Ich hatte das Gefühl, mein Leben wäre vorbei. Ich hatte eine Scheidung überhaupt nicht erwartet.*

– Eric, 45 Jahre alt, 24 Jahre verheiratet, seit drei Jahren geschieden.

*Wir gingen seit sieben Jahren miteinander und hatten schon Ringe ausgesucht. Ich war bereit für den nächsten Schritt in unserer Beziehung: Ehe und Kinder. Mein Geburtstag kam und ging, Weihnachten kam und ging, und es gab keinen Antrag, keine Verlobung, keinen Ring. Zwei Tage nach Weihnachten besuchte mich Ron und machte mit mir Schluss. Ich blieb den Rest des Jahres im Bett und weinte unaufhörlich. Ich hatte immer gedacht, Ron würde sich ermannen und diesen Schritt tun.*

– Linda, 37 Jahre, Single.

### Phase eins: Der Peitschenhieb

Man muss nicht 24 Jahre verheiratet gewesen sein oder jahrelang mit der Liebe seines Lebens »gegangen« sein, um zu wissen, welch unglaublichen Schmerz Todesurteile auslösen wie »*Ich will mich scheiden lassen!«* oder *»Ich will Schluss machen!«*. Ab diesem Moment gibt es absolut nichts mehr, was Sie tun können, um den Verlauf des Liebeslebens mit Ihrem Partner noch zu beeinflussen. Die Liebesbeziehung zwischen Ihnen und Ihrem Partner wird nie mehr dieselbe sein. Die Tür zwischen Ihnen und Ihrem Partner ist zugeschlagen, und Sie stehen außen vor. Der natürliche Reflex – *»Ich werde das reparieren und wieder zum Laufen bringen«* – ist gewöhnlich wirkungslos und kommt zu spät. Ihr Partner hat den Entschluss gefasst, dass Ihre Beziehung nicht länger lebensfähig ist und er nichts mehr damit zu tun haben will. Es kann Jahre dauern – oder auch gar nicht lange –, bis es zu einem solchen Moment kommt. Es hängt nicht unbedingt von der Dauer einer Beziehung ab, welchen Grad an Niedergeschlagenheit oder Verzweiflung beide Partner empfinden. Eher sind die Stärke und Tiefe Ihrer emotionalen Verbindung das wirkliche Barometer dafür, wie tief der Schmerz sein wird. Unabhängig von den Umständen und Spannungen, die zu der Trennung führen, bleibt am Ende nur die quälende Gewissheit: *Die Beziehung ist zu Ende.*

Es gibt nur sehr wenige Dinge in unserem Leben, an die wir uns bis auf jede Einzelheit erinnern. Der Moment des »Todesurteils« wird bei dem Empfänger dieser das Leben umstürzenden Worte für immer im Gedächtnis eingebrannt sein. Viele von uns erinnern sich an den ersten Kuss, den Schulabschluss, das erste Auto – aber nichts ist mit dem Ende einer bedeutenden Liebesbeziehung vergleichbar. Solche Augenblicke verjähren nicht. Doch verringert die Zeit in der Regel den Schmerz und mildert die Erinnerung, und damit wird auch der lebensverändernde Effekt dieses Tages kleiner. Die Zeit wird Ihren Schmerz begraben – so lange, bis es wieder geschieht. Schmerz, Angst und Verzweiflung werden sofort zurückkehren, wenn Ihre alten Wunden durch eine neue Trennung wieder aufgerissen werden.

Die Erinnerung an den Trennungsmoment verschwindet

niemals ganz. Er kann zwar vergessen werden, doch eine neue Trennung oder Scheidung weckt den schlafenden Schmerz Ihrer unverarbeiteten Vergangenheit (Ihren Ex-Faktor) auf. Manche Menschen brechen in einer automatischen emotionalen Verteidigungsreaktion sofort auf und finden einen neuen Partner, bevor sich der Staub gelegt hat. Aber es gibt keine Abkürzungen oder Leugnungsstrategien, die den Schmerz oder den Verlust einer Liebesbeziehung erleichtern könnten. In der Tat versuchen viele Erwachsene, die psychisch robust und erfolgreich sind, alles in ihrer Macht Stehende, um zu verhindern, dass so etwas je geschieht. Gewöhnlich haben Menschen ein Gespür dafür, wenn ihre Beziehung zu Ende geht. Beispielsweise können sich neue Verhaltensmuster bilden: Ein plötzlicher Arbeitsauftrag ist kein wirklicher Auftrag, sondern nur eine bequeme Ausrede, nicht mit dem Partner zusammen sein zu müssen; ein neues Hobby, an dem Sie nicht beteiligt sind; Reisen ohne Sie oder die Verlängerung eines Aufenthaltes, vermehrter Drogen- oder Alkoholkonsum, selbst geschaffene Ablenkungen (ein hyperaktives soziales oder berufliches Programm), plötzlich auftretende Gesundheitsprobleme oder Sorgen um Familie und Kinder, ungewöhnliches Kaufverhalten oder der Kauf eines neuen Hauses oder einer neuen Wohnung sind allesamt Ablenkungen von Beziehungsproblemen und Spannungen. Diese neuen und im Übrigen sehr verbreiteten Verhaltensmuster entstehen, um mehr Zeit in der Beziehung zu »kaufen« oder um zu klären, wie »tot« diese eigentlich ist. Viele dieser Muster sind unbewusst motiviert, manchmal werden sie aber bewusst eingesetzt, um zu prüfen, ob sich die Beziehung noch »retten« lässt. In manchen Fällen kann das neue Verhaltensmuster oder plötzlich neu entflammte Interesse am Partner oder an der Partnerin tatsächlich seit Langem bestehende Probleme lösen und eine neue und tiefere Liebesbeziehung begründen. Doch in den meisten Fällen sind sie nur ein weiterer Versuch, das unvermeidliche Ende hinauszuschieben. In diesen Fällen hat die Beziehung ihre Lebensdauer überschritten, und das ist außerordentlich schwer zu akzeptieren.

Die meisten von uns – trotz Bildung, beruflichen Erfolgs und emotionaler Reife – haben nicht das psychische Rüstzeug, um mit Trennungen umzugehen. Wir geraten in eine persönliche Krise, weil all unsere verdrängten negativen Selbsteinschätzungen – unsere noch aus der Kindheit stammenden Liebesdefizite, unsere tief sitzende Furcht vor Ablehnung, Scham, Scheitern, Vernachlässigung – im Nu aktiviert werden. Die Beendigung einer Liebe hat die erstaunliche Macht, sämtliche negativen Gedanken und Gefühle, die wir je über uns selbst hatten, mit einem Schlag zurückzubringen. Unser Gefühl der Abweisung reicht bis zu unserer ersten Liebe zurück, zu Kindheitsenttäuschungen und allen Liebesbeziehungen bis zu diesem Zeitpunkt unseres Lebens. Das ist einer der Hauptgründe, warum diese Trennungen für diejenigen, die sie erleiden, eine so tief greifende Erfahrung sind. Von seinem Partner gesagt zu bekommen, dass er die Beziehung beenden möchte, ist wie eine Rakete, die auf Ihre Wohnung abgeschossen wird; und plötzlich liegt alles in Schutt und Asche. Ihr Leben fühlt sich nach der niederschmetternden Nachricht wie ein »emotionaler Schutthaufen« an. Alles in Ihrem Leben wird infrage gestellt.

Gleichgültig, wie es zu diesem Moment kam, wie viel Energie aufgewendet wurde, um ihn zu vermeiden, zu verschieben oder zu akzeptieren, oder wie viele Hundert Stunden in Partnertherapien verbracht wurden – wenn die Zeit Ihrer Beziehung abgelaufen ist, dann ist sie vorbei. *Ihr Leben ändert sich augenblicklich* und saust plötzlich mit Lichtgeschwindigkeit in eine andere Richtung. In den kurzen Zitaten, die diesem Kapitel vorangehen, haben weder Eric noch Linda wirklich geglaubt, dass ihre Liebesbeziehungen sich in einer schweren Krise befanden oder gar kurz vor dem Ende. Ihr Schock und ihre Überraschung sind eher die Norm, als dass sich beide Partner einvernehmlich scheiden lassen oder trennen. Der symbolische Tod ist in mancher Hinsicht eine ähnlich schwere Erfahrung wie der tatsächliche Tod eines geliebten Menschen. Das Ende des Beziehungstraums ist herzzerreißend und oft äußerst verstörend. Vielleicht hat es Jahre, viele Liebesaffären, eine finanzielle Krise, aufgelöste Verlobungen, Paartherapie, ständige Streitereien und schließlich den Verlust jeglicher Leidenschaft zwischen Ihnen und Ihrem Partner gebraucht, aber Ihre Beziehung ist unwiderruflich vorüber! Diese bittere emotionale, mentale, psychologische und körperliche Wirklichkeit wirkt wie ein »Peitschenhieb«.

Der emotionale Peitschenhieb ist dramatisch und unbeschreiblich schmerzhaft, wenn Sie auf der Empfängerseite der Trennung stehen. Jeder von uns war entweder schon einmal selbst Opfer einer solchen Trennung, kennt einen Freund oder eine Freundin, die sie durchgemacht haben, oder hat seine Mutter oder seinen Vater darunter leiden sehen. Aus jeder Perspektive ist es qualvoll und tief bedrückend, Menschen in einem solchen Prozess zu sehen oder ihn selbst zu erleben. Im nächsten Kapitel wollen wir auf den Schmerz dessen eingehen, der das »Todesurteil« spricht. Es ist wichtig, sich bewusst zu sein, dass es zweier Menschen bedarf, um eine Beziehung aufzubauen – und der beiden gleichen Menschen, um sie zu zerstören. Keiner der Beteiligten geht aus einer solchen Trennung ohne Narben, emotional unbeschädigt oder mit einem guten Gefühl hervor. Unabhängig von den Umständen ist der Peitschenhieb hart, und er verändert das Leben. Man braucht ein hohes Maß an emotionaler Reife und Einsicht, um beide Seiten der Beziehung und die Perspektive beider Personen zu verstehen. Und doch *müssen* wir unsere Rolle im Trennungsprozess erkennen, sodass sich unser Beziehungsleben mit so viel Einsicht und Hoffnung wie möglich weiter nach vorn entwickeln kann.

## Phase zwei: Verdrängung

Wenn das Liebesleben umhergeworfen wird wie ein Ball in einem Basketballspiel, dann entstehen emotionale Wunden. Es fällt uns schwer, das emotionale Trauma auszuhalten, das wir durchleiden müssen, bevor wir seelisch akzeptieren können, dass unsere Beziehung zu Ende ist. Es kann Jahre dauern, bis die Trennung vollständig vollzogen ist, während wir jeden Schritt des Weges dagegen ankämpfen, oder es braucht nur eine Stunde, bis einer der Partner ausgezogen ist. An beiden Enden des Spektrums ist die körperliche Trennung schmerzhaft und schwierig.

**Der Hauptzweck der Verdrängung ist es, die Aussicht auf eine emotionale, mentale, körperliche und sexuelle Trennung von Ihrem Expartner zu vermeiden.**

Der Ablösungsprozess ist der problematischste und traumatischste Teil bei Trennungen. Das Gespräch, das die Beziehung beendet, kann fünf Minuten oder fünf Stunden dauern, doch der emotionale, psychische und körperliche Ablösungsprozess von Ihrem Expartner kann Jahre dauern. Die Loslösung von der ehemals geliebten Person ist nie ein rascher, zeitlich begrenzter Vorgang. *Trennung ist ein Prozess, der Zeit und Verständnis braucht.*

### Keine Vorbereitungen treffen – der Freund der Verdrängung

Derjenige, der die Trennung vollzieht, hat einen gewaltigen emotionalen Vorsprung vor dem Empfänger der Nachricht. Der »Sender« hat vielleicht schon vor Wochen, Monaten oder Jahren mit der Ablösung begonnen, bevor er den letzten Schritt tut und das Ende der Liebesbeziehung verkündet. Dieser zeitliche Vorsprung der sich trennenden Person macht einen gewaltigen Unterschied. Es ist nicht ungewöhnlich oder seltsam, wenn erwachsene Menschen, die verlassen werden, fast alles unternehmen, um den langen emotionalen und psychologischen Prozess der Trennung von ihrem Partner zu verdrängen. Aber wenn es einmal geschehen ist, lässt sich nicht mehr viel tun. Wenn Sie gesagt bekommen, dass Sie wirklich bald die Scheidungspapiere erhalten werden (nicht mehr nur die Warnung, die Beziehung zu beenden), sind Sie wahrscheinlich auf die Überraschung oder den Schock emotional nicht vorbereitet. Selbst wenn es vorher Diskussionen und Vereinbarungen hinsichtlich des Beziehungsendes gegeben haben sollte, ist es nach wie vor ein absoluter Tiefschlag. Die ganze emotionale Gewalt, die eine solche Trennung auslöst, lässt sich kaum in Worte fassen. Tatsächlich wird sie an emotionaler Schwere nur von der Erfahrung des Todes eines Kindes übertroffen.[1]

Die meisten Menschen erkennen die Warnsignale nicht, welche die dramatische Veränderung in ihrem Beziehungsleben ankündigen. Weder Eric noch Linda haben sie erkannt. Beide sagten mir in der Therapie, sie hätten gewusst, dass es Beziehungsprobleme gab, aber diese Probleme schienen nicht verhängnisvoll. Eric fragte: »Dr. Poulter, gehen nicht alle Paare durch Höhen und Tiefen?« Die Antwort ist Ja – und viele dieser Probleme signalisieren kein Ende, sondern eher, dass eine Veränderung notwendig ist, um die emotionale Verbindung zwischen den Partnern zu stärken. Gleichwohl *gibt* es Vorzeichen, die das nahe Ende einer Beziehung signalisieren. (Wir führen sie weiter unten in einer Liste auf.)

Wenn Sie der Empfänger der Trennungsnachricht sind, sind Ihre gesamte persönliche Kraft und emotionale Stärke, ist Ihr Mut mit einem Schlag gebrochen. Die Wirkung des Vorschlaghammers der Zurückweisung auf das Herz ist unbeschreiblich. Es spielt keine Rolle, ob Sie selbst ebenfalls ein Ende der Beziehung wollten. Die Tatsache bleibt, dass Sie es nicht getan haben, während Ihr Expartner es getan hat. Die Empfänger der verheerenden Nachricht glauben häufig, es gäbe noch Hoffnung für die Beziehung. Andernfalls hätten sie selbst die Trennung in die Wege geleitet. Die Machtlosigkeit, auf der Empfängerseite zu sein, ist bestenfalls schwer zu ertragen und schlimmstenfalls traumatisierend, insbesondere wenn Sie gar kein Ende der Beziehung wollen. Der Glaube, die Hoffnung und der Wunsch, trotz aller Probleme die Beziehung fortzusetzen, führen zu erheblichen Spannungen zwischen Mann und Frau. Der Wunsch, die Beziehung fortzusetzen, während sich Ihr Partner schon daraus zurückgezogen hat, ist der Anfangspunkt Ihrer Verzweiflung und Ihrer Reise in ein neues Lebenskapitel.

Niemand verfolgt oder erstrebt bewusst das Ende einer Beziehung. Niemand verliebt sich, um sich Gedanken über den Zeitpunkt eines Endes zu machen. Wenn dieses so außerordentlich schmerzhafte Ende kommt, muss es verstanden werden. Niemand ist dagegen gefeit, verlassen, enttäuscht, betrogen oder »sitzen gelassen« zu werden. Es ist wichtig, Ihre Trennung oder Scheidung als einen abstrakten emotionalen Prozess anzusehen (d.h. Empfindungen wie Enttäuschung, Wut, Zurückweisung, Erleichterung oder Hoffnungslosigkeit), während es gleichzeitig ein lineares Geschehen ist (d.h. Auszug, getrennte Haushalte, Beantragung der Scheidung, Sorgerecht für die Kinder). Gefühle des Zurückgewiesenseins sind unvermeidlich, wenn man die Entlassungspapiere erhält, und viele Menschen bleiben aufgrund einer erschütternden Trennungserfahrung jahrelang allein und ohne neue Liebesbeziehung. Es ist wichtig, sich vor Augen zu führen, dass eine intim-emotionale Isolation nichts mit unseren Alltagsverrichtungen oder unserem Beruf zu tun hat. Unsere emotionalen Beziehungen zur Familie, zu unseren Freunden und den Menschen, die uns am nächsten stehen, sind von der

Beziehung zu einem Liebespartner sehr verschieden. Das Funktionieren im Beruf oder in den familiären und sozialen Beziehungen und das Funktionieren im Liebesleben erfordern sehr unterschiedliche Talente und emotionale Einsichten. Viele Erwachsene führen anscheinend ein normales Leben – sie gehen zur Arbeit, haben Freunde und besuchen Verwandte –, und doch leben sie in vollkommener emotionaler Isolation, was ihr Liebesleben anbetrifft. Die aus der Trennung hervorgegangene Furcht vor dem Verlassenwerden kann lebenslange emotionale Narben hinterlassen und ein Vermeidungsverhalten, Persönlichkeitsstörungen und Depressionen verursachen. Sie kann sogar zu einer suizidalen Einsamkeit führen. Aber vergessen wir nicht, dass diese schwerwiegenden persönlichen Probleme, die mit Vertrauen, intimer Liebe und Hoffnung zu tun haben, gelöst und geheilt werden können. Der Schlüssel dazu ist, den eigenen Ex-Faktor und alle damit verbundenen Probleme zu verstehen.

Entscheidend für das Überwinden der Verdrängungshaltung und für die Heilung des emotionalen Peitschenhiebs ist das Wiedergewinnen der eigenen emotionalen Perspektive. Das kann die Hinzuziehung einer dritten Partei nötig machen – eines Psychologen, neutralen Freundes oder von jemandem, der Ihre Beziehungsgeschichte mit Ihrem Expartner gut kennt. Als Teil des Heilungsprozesses ist es wichtig, dass Sie zusammen die Signale erforschen, die darauf hinwiesen, dass in der Beziehung etwas nicht stimmte. *Keine Trennung findet in einem Vakuum statt.* Es gibt immer Warnsignale und jede zerbrochene Beziehung hat ihre eigene Kombination von Umständen, die zu der Trennung geführt haben. Sie müssen diese Signale oder Vorzeichen verstehen, um Ihre eigene Verstörung und das Gefühl der Selbstentwertung durch die Trennung zu verringern. Häufig gibt es Beziehungsmuster, immer wiederkehrende Themen, die mit ihren ehemaligen Liebesbeziehungen und Trennungen zu tun haben und die durchschaut werden müssen, wenn Sie notwendige Veränderungen in Ihrem Liebes- und Beziehungsleben erreichen wollen. Je mehr Sie sich mit den Gründen für das Zerbrechen Ihrer Beziehung beschäftigen, desto mehr Einsichten gewinnen Sie, die Ihnen bei der Heilung und bei der Gestaltung einer neuen und anderen Zukunft helfen.

## Signale für das Ende von Beziehungen

Die folgende Liste enthält einige der üblichen Signale und Beziehungsprobleme, die mit der Zeit zur Auflösung von Beziehungen führen können. Bevor Sie diese Liste durchlesen, fragen Sie sich: Was war der Hauptgrund für das Ende Ihrer Beziehung? Was waren die fortdauernden Probleme, Vorkommnisse und Facetten Ihrer Liebesbeziehung, die schließlich zur Trennung führten? Haben Sie geglaubt, dass das je geschehen könnte?

- Ihre sexuelle Beziehung wurde ein Problem. Sie haben aufgehört, mit Ihrem Partner Sex zu haben. Das normale sexuelle Verhalten nahm ab. Sie oder Ihr Partner verloren das Interesse an gemeinsamer Sexualität.
- Sie hatten das Gefühl, sich emotional von Ihrem Partner immer weiter zu entfernen.
- Sie und Ihr Partner waren zu jung und unerfahren, als Sie sich kennenlernten. Im Lauf der Zeit »entliebten« Sie sich.
- Ihr Partner hat mehrmals zuvor schon verlauten lassen, dass er oder sie eine Scheidung oder Trennung wolle.
- Kinder waren der einzige Sinn für die Ehe oder Partnerschaft.
- Sie hatten Angst, die Beziehungsprobleme anzusprechen, weil Sie fürchteten, sie könnten zum Ende der Beziehung führen.

- Ihr Partner hat Ihnen wiederholt gesagt, dass die Beziehung sich ändern müsse. Doch eine Änderung trat nie ein.
- Sie wussten, dass Ihr Partner sich von jemand anderem angezogen fühlte. Sie haben die Affäre oder Verliebtheit nie angesprochen. Ihre sexuelle Beziehung ließ danach dramatisch nach.
- Sie wollten den Status Ihrer Beziehung nicht verändern, bis Ihre Kinder größer waren oder das Haus verlassen hatten.
- Ihr Partner hat im letzten Jahr eine ihm nahestehende Person verloren.
- Sie und Ihr Partner haben immer mehr Zeit getrennt voneinander zugebracht.
- Sie und Ihr Partner haben aufgehört, über persönliche Probleme zu sprechen oder wichtige Informationen auszutauschen.
- In Ihrer Beziehung ging es ständig um Macht, Kontrolle und Aggression.
- Ihr normaler intimer Kommunikationsstil hatte nachgelassen. Sie und Ihr Partner hatten seit geraumer Zeit nicht miteinander geredet. Schweigen war an die Stelle der intimen Kommunikation getreten.
- Ihr Partner war bindungsscheu bzw. hatte Angst vor Nähe. Er hatte Ihnen immer gesagt, dass er keine feste Beziehung oder Ehe wolle.
- Sie fühlten sich von Ihrem Partner kontrolliert – emotional, mental, sozial oder ökonomisch.
- Sie und Ihr Partner hatten – und haben – unterschiedliche Ziele, Werte und moralische Vorstellungen.
- Sie mochten die Eltern, Kinder, Geschwister und Stiefkinder Ihres Partners nicht.
- Sie hatten immer den Eindruck, nicht in das Leben Ihres Partners zu passen.
- Sie dachten immer, Sie könnten Ihren Partner ändern. Das ist Ihnen nie gelungen.
- Sie haben immer gewusst, dass Sie und Ihr Partner als Liebespaar im Grunde nicht gut zusammenpassten.

- In Ihrem Kommunikationsstil vermieden Sie ständig das Ansprechen persönlicher Probleme, heikler Fragen und intimer Wünsche.
- Sie wussten, dass die Beziehung schon vor langer Zeit hätte beendet werden müssen, aber es fehlte Ihnen der emotionale Mut, es zu tun. Sie glaubten, Ihr Partner habe den schlechten Zustand Ihrer Beziehung nicht erkannt.
- Sie haben Ihren Partner geheiratet, weil die Umstände in Ihrem Leben (z. B. Alter, Einsamkeit, Kinderwunsch) Sie zum Eheschluss drängten. Sie haben Ihren Partner nicht gewählt, weil die Chemie stimmte oder weil Sie sich gut verstanden oder die emotionale Bindung zwischen Ihnen so stark war.
- Sie haben sich manchmal heimlich gewünscht, wieder allein zu leben, und bedauerten, in dieser Beziehung festzustecken. Sie wollten die Beziehung verlassen, wussten aber nicht, wie Sie sie beenden sollten.

### *Fragen der Verdrängung*

Viele von uns standen in der Küche oder saßen mit ihrem Partner bei einem Drink und redeten, als eines oder mehrere dieser Signale unübersehbare Wirklichkeit wurden und schließlich zum Bruch führten. Er oder sie will die Beziehung verlassen. Die Probleme zwischen Ihnen und Ihrem Partner werden nicht mehr unter den Teppich gekehrt, sondern Grundlage für die Trennung. Die Probleme, Spannungen und Differenzen sind nicht länger tragbar. Viele Erwachsene vermeiden danach Beziehungen, in denen es emotionale Intimität und Verletzlichkeit gibt, weil sie sich davor fürchten, noch einmal das Ende einer Beziehung durchleben zu müssen. Niemand will den harten, kalten Fakten ins Auge sehen, dass eines oder mehrere der oben genannten Signale wie eine Warnlampe in der Beziehung aufleuchteten. Es ist wichtig, sich klarzumachen, dass Menschen in der Regel Liebesbeziehungen nicht wegen ihrer Probleme vermeiden, sondern weil sie keine Scheidung erleben wollen. In Wahrheit brodeln häufig mehrere ernste Beziehungsprobleme unter der Oberfläche, und es ist nur eine Frage der Zeit, wann sie unter dem Druck belastender Umstände ans Tageslicht kommen. Angenommen, Sie wussten, dass es in Ihrer Beziehung Probleme gab – was waren die entscheidenden Signale, Vorkommnisse, Probleme? Wenn Sie von diesen Problemen wussten, warum, glauben Sie, haben Sie die Signale übersehen? Zu wissen, dass es in einer Beziehung vielfältige Streitpunkte, Belastungen und Sorgen gibt, ist manchmal nicht genug. Oft werden Sie und Ihr Partner hinsichtlich der Problempunkte übereinstimmen, aber jeder von Ihnen ihre Schwere anders empfinden. Es ist das Maß dieser Schwere, das häufig einen der Partner dazu bringt, die Beziehung zu beenden. Glauben Sie, dass Sie trotz der gegebenen Probleme den Verlauf Ihrer Beziehung hätten ändern können? Der Glaube, den Partner ändern zu können, kann eine stete Quelle des Unmuts sein und schließlich zur Trennung führen. Trennungen bzw. Scheidungen sind sehr komplex und in viele Problem- und Konfliktschichten eingebettet. Es gibt nie nur eine eindeutige Ursache oder einfache Erklärung für eine Trennung. Es ist eine Kombination aus vielen Faktoren und Elementen zwischen Ihnen und Ihrem Partner. Greifen Sie vier oder fünf der oben aufgeführten Signale oder Ihrer eigenen Warnsignale, die zum Ende Ihrer Beziehung beigetragen haben, und stellen Sie sich folgende Fragen: Was war der heftigste, offensichtlichste und größte Problem-, Streit-, oder Konfliktpunkt in Ihrer Beziehung? Worüber haben Sie sich mit Ihrem Partner am meisten gestritten? Wie sind Sie mit diesem Problem umgegangen? Haben Sie darüber in irgendeiner Form von Entschlossenheit, Verständnis- und Kompromissbereitschaft gesprochen? Wie oft spielten gegenseitige Vorwürfe eine Rolle in Ihrer Beziehung? Haben Sie sich in Ihren Partner hineinversetzt und versucht, zu verstehen, wie schwer er an den Problemen zu tragen hatte? Hielten Sie die »Paar«-Probleme für unüberbrückbar und unlösbar? Vertrauten Sie darauf, dass Ihr Partner die Liebesbeziehung niemals aufgrund des Problemdrucks aufkündigen würde?

Alle menschlichen Interaktionen folgen einem Prozess und Muster, mit denen sie sich Veränderungen anpassen, und das Ende unserer Beziehungen ist darin nicht anders. Je besser wir verstehen, wie wir uns individuell an Veränderungen anpassen, desto besser können wir uns auf solche lebensverändernden Beziehungsereignisse einstellen. Wenn man die Trennungsphase einer Liebesbeziehung durchlebt, stellt sich fast immer die Frage: *»Warum ist mir das passiert?«* Die grundlegende Antwort darauf lautet, dass alle Beziehungen einem Wandel unterworfen sind. Das Problem ist, dass wir uns nicht immer der notwendigen Veränderungen bewusst sind, die unser Partner von uns wünscht oder braucht. Unser Mangel an Bewusstheit unserem Partner oder uns selbst gegenüber kann ein blinder Fleck sein oder etwas, das wir vermeiden, weil wir uns vor den Konsequenzen fürchten, wenn wir uns damit befassen. Wir sind uns manchmal leider nicht bewusst, was wir von unserem Partner wünschen oder brauchen. Oft bleibt ein »Paar« über Jahre in ein und derselben frustrierenden Phase stecken (d. h. immerzu Streit, kein Sex, keine intime Kommunikation). Die Anforderungen des »Lebens« können der Beziehung den Vorrang streitig machen, und rasch entstehen Probleme. Die Notwendigkeit für Beziehungen, zu wachsen und sich weiterzuentwickeln, kann verloren gehen, vergessen oder aufgegeben werden, weil die Partner sich emotional auseinanderentwickeln. Emotionale Verdrängung bedeutet, nicht zu erkennen oder zu glauben, dass die Beziehung sich auf dem Abwärtsweg befindet. Noch schlimmer, wir hören nicht auf, unserem Expartner Vorwürfe zu machen, oder wir fangen an, unseren Kollegen, Freunden oder Verwandten die Schuld für

Veränderungen in der Beziehung und für die Trennung zu geben. Je mehr wir den Prozess der Ablösung, der emotionalen Abkopplung von unserem ehemaligen Ehepartner oder Liebespartner akzeptieren, desto besser können wir genesen, lernen und eine andere Zukunft aufbauen.

## Phase drei: Wut

Wann immer wir eine tiefe emotionale Bindung mit einem anderen Menschen eingehen, laufen wir Gefahr, uns später so zu fühlen, als ob man uns das Herz auf einem Teller servieren würde. Der Bruch einer solchen Liebesbeziehung ist ein niederschmetterndes Erlebnis, das jedem widerfahren kann. Man darf dabei nie vergessen, dass das Leben eine Sammlung vieler einschneidender Ereignisse ist – Katastrophen, Erfolge, glanzvolle Momente und schmerzhafte Lernerfahrungen. Erst die Mischung all dieser Ereignisse und Erlebnisse gibt unserem Leben Substanz, Tiefe und Reichtum.

Ihr Leben ist gewebt aus all Ihren Erlebnissen und Erfahrungen. Gefühle der Enttäuschung und des Betrogenseins sind ein natürlicher Teil von Liebesbeziehungen – auch mit unseren Expartnern. Ich habe mit vielen hochintelligenten Menschen gearbeitet, die einfach nicht akzeptieren konnten, dass ihr Partner oder ihre Partnerin sie verlassen wollte. Sie hatten das Gefühl, gegen »Ausmusterung« immun zu sein. Diese Art des Unglaubens oder des Narzissmus wandelt sich schnell in Zorn, Wut und Rachegelüste gegenüber dem Expartner. Niemand ist über Umbrüche in Beziehungen erhaben (ob es sich um Scheidung, Trennung oder Eheschließung handelt). Es kommt oft vor, dass man in Liebesangelegenheiten Enttäuschung und Unglück erlebt – aber ebenso oft kommt es vor, dass diese Gefühle gemeistert und aus der Erfahrung Einsichten gewonnen werden. Ihr Ziel ist es, aus dem Bruch Ihrer Beziehung zu lernen, statt im Tal der Wut und Verzweiflung gefangen zu sein. Diese Phase im Trennungsprozess ist die problematischste.

Natürlich ist es für alle Beteiligten am besten, wenn die Trennung mit einem gewissen Maß an mitfühlender Rücksicht stattfindet. Leider zeugt die Wirklichkeit aber meistens vom Gegenteil. Beziehungen enden oft in Aggressionen oder emotionaler Kälte. Die Zeit bleibt stehen, wenn Sie auf der Empfängerseite dieser bestürzenden, lebensverändernden Nachricht stehen. Nachdem der erste emotionale Peitschenhieb und die Verdrängung überstanden sind, treten häufig Wut- und Hassgefühle an die vorderste Front. Leider kann die Wutphase zu einem lebenslangen emotionalen Status und zur psychologischen Konstante für einen der beiden Trennungspartner werden. Wut ist ein sehr starkes emotionales Band.

### Wut als Reaktion auf persönliches Leid

Zu allen Zeiten galt Wut als eine besonders heftige und gefährliche Emotion. Die Weltgeschichte belegt die Macht der Wut und ihre potenziell destruktiven Eigenschaften. Selbst heute noch, im Zuge der technologischen Entwicklungen des 21. Jahrhunderts, hat sie nichts von ihrer Macht eingebüßt. Wut ist immer noch eine rohe Kernemotion, die man aufgrund ihrer Volatilität und Zerstörungskraft weder ausblenden noch unterschätzen darf. Die Psychologie der Wut ist sehr komplex. Wut ist ursprünglich eine emotionale, mentale und das Verhalten bestimmende Reaktion auf negative Gefühle der Scham und des Schmerzes.

Während des Trennungsprozesses in einer Beziehung richtet sich die Wut in der Regel gegen die verletzende Partei: *Ihren*

*Expartner.* Die Wutphase ist nicht nur problematisch und schwer zu verstehen, sie ist potenziell die gefährlichste der fünf Phasen des Trennungsprozesses. Aus diesem Grunde werden wir uns in Kapitel 4 ausschließlich diesem emotionalen Thema zuwenden. Es mag wie eine Binsenweisheit klingen, aber die Mehrheit der Erwachsenen, die langfristig Probleme mit ihrem Expartner haben, sind gewöhnlich nicht in der Lage, emotional, mental und körperlich oder hinsichtlich neuer Beziehungen über ihre Wut hinauszukommen. Wir müssen uns klarmachen, dass Wut eine sehr starke und tödliche Emotion sein kann, wenn sie unkontrolliert und missverstanden bleibt.

Ihre Gefühle des Zurückgestoßen- und Im-Stich-gelassen-Seins, der Hoffnungslosigkeit, Verzweiflung und Panik sind real und berechtigt, aber sie können nicht alle an Ihrem Expartner festgemacht werden. Trennungen – insbesondere das Ende einer Beziehung – haben die einzigartige Fähigkeit, alle ungelösten Gefühle, Selbstüberzeugungen und Selbstzweifel an die Oberfläche zu spülen, die ein Mensch je gehabt hat. Ihre ungelösten alten Probleme, lange begraben, vermischen sich mit der gegenwärtigen Trennung. Wut verbindet vergangene Enttäuschungen mit der momentanen Verzweiflung.

**Es ist die Vermengung des Vergangenen mit der Gegenwart, die Trennungen emotional so verrückt, verstörend und schmerzhaft macht.**

Eine Möglichkeit, Klarheit über Ihre gegenwärtige Verzweiflung zu gewinnen, ist die Erkenntnis, dass das Hauptproblem bei der Wutphase darin liegt, dass Sie Ihren Partner für all Ihren Schmerz und Kummer verantwortlich machen. Erinnern Sie sich deshalb immer wieder daran, dass keine Einzelperson für die Gesamtheit Ihrer Schmerzen und Leiden verantwortlich sein kann.

**Es ist für einen Menschen schlicht unmöglich,
die einzige Ursache für Ihre Wut, Scham,
Enttäuschung und Unsicherheit zu sein.**

Wenn Ihr Partner wirklich an allem die Schuld trüge, dann könnten Sie von dieser einen Person geheilt werden. Sie allein sind aber verantwortlich für Ihre emotionalen Reaktionen auf Ihren Expartner. Er oder sie kontrolliert nicht Ihre Gefühle, selbst wenn es so scheint. Ihre persönlichen Probleme, Unsicherheiten und Verletzungen existierten schon vor Ihrer Ehe oder Liebesbeziehung. Es ist sehr wichtig, dass Sie sich die Beziehungsprobleme bewusst machen, die Sie vor Ihrer letzten Liebesbeziehung hatten und die Ihre gegenwärtige Liebesentscheidung, Ihre Verhaltensweisen und Ihre emotionale Bindung beeinflusst haben. Ihre Ehe oder jetzige Liebesbeziehung spielte eine Rolle dabei, wie Sie mit Ihren emotionalen Kernüberzeugungen und Reaktionen umgegangen sind. Sie waren bereits vor Ihrer Liebesbeziehung eine vollständig geformte Person, und auch bevor Ihr Ex ein Teil Ihres Lebens wurde. Oft glauben Erwachsene, dass ihre Expartner ihr Leben ruiniert hätten, aber so einfach ist es nie. Allerdings ist es wahr, dass Ihr Ex so viel Kontrolle über Ihr Leben hat, wie Sie ihm erlauben. Der irrtümliche Glaube, er habe Macht oder Kontrolle über Ihre Zukunft, ist ein verbreiteter Scheidungs- und Trennungsmythos. Aber Beziehungen sind nicht so einfach oder linear. Ihre Wut und Verzweiflung sind eine Kombination vieler Variablen, und Ihr Expartner ist eindeutig nur eines dieser Elemente. Die Annahme ist vernünftig, dass Ihr Ex eine enorme Quelle für Schmerz und Leid sein kann, aber er ist nicht der alleinige Grund für Ihre Wut. Die Einzelheiten und die Tiefe Ihrer fortdauernden Wut rühren von einer Zeit her, die vor Ihrer Beziehung lag. Sie müssen die persönliche Geschichte Ihrer Wut erforschen und verarbeiten, wenn Sie wollen, dass Ihre zukünftige emotionale Gesundheit und Ihre

Liebesbeziehungen befriedigend bzw. erfüllend sein sollen. Wir wollen die Geschichte Ihrer Verlassenheits- und Wutgefühle in Kapitel 4 eingehend betrachten.

In Wahrheit ist das Ende Ihrer Liebesbeziehung das Ergebnis von Erfahrungen, die sich über Monate, Jahre und vielleicht sogar Jahrzehnte angesammelt haben. Ihre Wutreaktion darauf, dass Sie schließlich mitgeteilt bekommen – verbal oder nonverbal –, Ihre Beziehung sei vorüber, ist verständlich. Natürlich sind Sie erbost über das Ende Ihrer Liebesbindung an Ihren Expartner. Am Ende einer Beziehung setzt sich Wut oft an die Stelle der emotionalen Klarheit.

Ein Problem entsteht allerdings dann, wenn Ihre Wut außer Kontrolle gerät und Ihr gesamtes Leben, Ihre Gefühle und Energie auffrisst. Wenn Sie von Ihrer eigenen Vortrefflichkeit und der Infamie Ihres Partners besessen sind, stecken Sie in einem endlosen Teufelskreis des Elends und der Hoffnungslosigkeit fest. Der Teufelskreis der Wut verhindert, dass Sie sich je emotional oder mental von Ihrem Ex lösen und ein neues Leben beginnen können.

Scheidungsanwälte kennen das Phänomen, dass Paare um jeden Aspekt der gewesenen Beziehung prozessieren, um die emotionale Verbindung aufrechtzuerhalten. Das Anfechten und Prozessieren hat absolut kein Zeitlimit, es kann endlos fortdauern. Nach meiner beruflichen Erfahrung ist dies gewöhnlich ein Zeichen dafür, dass keine der beteiligten Personen sich wirklich trennen will. Streit ums Geld, gegenseitige Schuldzuweisungen, das alles nährt die Wut nach der Trennung und hält beide Partner emotional eng verwoben. Die Boulevardzeitungen sind voll von Berühmtheiten, die ihrer Wut im Trennungsprozess in aller Öffentlichkeit freien Lauf lassen. Aber wir wollen uns ansehen, welche Rolle derzeit die Wut zwischen Ihnen und Ihrem Expartner spielt.

## Wutfragen

Beantworten Sie folgende Fragen und überlegen Sie, wie Ihre Wut Sie daran gehindert oder Ihnen geholfen hat, in Ihrem Leben nach der Scheidung wieder Fuß zu fassen. Es ist sehr wichtig, dass Sie hierbei den ganzen Umfang Ihrer Gefühle berücksichtigen (d. h. Liebe, Hoffnung, Furcht und Enttäuschung), also nicht nur Wut.

1. Auf welche Weise verhindert Ihre Wut, dass Sie in Ihrem Leben einen Schritt weitergehen?
2. Wie oft haben Sie Ihre Opferrolle als Entschuldigung dafür benutzt, auf Ihren Expartner wütend zu sein?
3. Im Vergleich zu der Phase, als Sie die Trennung wie einen Peitschenhieb empfanden: Wie sehr hat Sie Ihre Wut daran gehindert, eine neue Beziehung einzugehen?
4. Neigen Sie dazu, Ihren Expartner für alles verantwortlich zu machen, oder akzeptieren Sie Ihren eigenen Anteil an dem Scheitern Ihrer Beziehung?
5. Löst Ihre Wut bei Ihnen, Ihrem Expartner oder anderen Menschen in Ihrem Leben Angst aus?

Diese Fragen sind nur eine Auswahl von Themen, die Sie bedenken müssen, wenn Sie Ihre Wut überwinden und verhindern wollen, dass Sie ständig an Ihrem Ex Rache nehmen und ihm eins auswischen wollen. Selbst wenn Sie eine neue Ehe eingehen und ein Leben mit einem neuen Partner aufbauen, können Sie immer noch exzessiv damit beschäftigt sein, Ihren Expartner emotional zu malträtieren – Geld vorenthalten, das Sorgerecht anfechten, in das neue Privatleben Ihres Ex eingreifen, gerichtliche Schritte gegen sein oder ihr aggressives Verhalten einleiten und überhaupt gegen ihn oder sie in jeder Weise wüten. Dass Sie eine neue Liebesbeziehung haben, heißt noch nicht, dass Sie tatsächlich einen Schritt nach vorne gemacht haben. Sie haben nur Ihren Expartner in Ihre gegenwärtige Beziehung mitgenommen. Männer sind dafür berüchtigt, dass sie ihre vergangenen Beziehungen in ihre nächste Liebesbeziehung mitbringen. Frauen andererseits wollen oft nicht wahrhaben, dass sie irgendwelche problematischen Wutgefühle gegenüber ihrem Ex hegen. Sie unterdrücken sie eher. Frauen sind sozial so konditioniert, dass jeder Ausdruck von Wut »zickig« und unakzeptabel ist. Männer sind so konditioniert, dass jeder Ausdruck von »weichen« Gefühlen (d. h. Weinen, Trauer, Schmerz) unmännlich ist. Beide Stereotype sind natürlich falsch, sowohl für Männer wie für Frauen. Kein Geschlecht ist gegen intensive Wut und ihre vielen schmerzhaften und explosiven Ausdruckformen gefeit.

## Phase vier: Loslassen

Die Streiterei hat aufgehört und Vernunft ist an die Stelle der Wut getreten. In dieser Phase beenden Paare, die sich in Kleinkriegen verhakt und sich gegenseitig schlechtgemacht haben, den Kampf. Expartner kommen nur selten innerhalb der ersten fünf Jahre nach ihrer Trennung an diesen Punkt, doch manchen gelingt es. Und es ist meine Hoffnung, dass Sie dazugehören. Loslassen setzt voraus, dass Sie sich von Ihrem emotionalen Peitschenhieb erholt haben, dass Sie sich Ihrer Verdrängung und Furcht gestellt, Ihre Wut und Ihren Hass überwunden haben und beginnen, ein neues Leben aufzubauen. Ihr Ex wird vielleicht immer noch der Meinung sein, Sie hätten ihm »Unrecht getan«, aber das soll nicht Ihre Sorge sein. Ihr Hauptziel ist es, sich selbst von Dingen abzuhalten, die Ihre persönliche Entwicklung oder Ihr Wachstum behindern könnten. Diese Phase ist der Wegbereiter zum Aufbau eines besseren Lebens und einer stabilen Liebesbeziehung. Sie erweitern Ihren Blickwinkel, indem Sie Ihre neuen Einsichten über sich selbst und über Liebesbeziehungen – also die Erfahrungen, die Sie aus der Geschichte Ihrer Liebesbeziehungen gewonnen haben – verknüpfen. Wenn die emotionale Hitze nachlässt, beginnen Sie, Muster und alte Themen in Ihrer Vergangenheit zu erkennen. An diesem Punkt müssen Sie entscheiden, wer und was Sie in einer Liebesbeziehung sein wollen, und es ist jetzt am einfachsten, Veränderungen vorzunehmen, da Sie aus einer schwierigen Liebesbeziehung entlassen sind, die für Sie nicht funktioniert hat. Aber Sie wollen keinesfalls in Ihren neuen Beziehungen negative und kontraproduktive Verhaltensweisen wiederholen.

Ihre Liebeszukunft hängt von Ihrer Fähigkeit, Ihre Vergangenheit hinter sich zu lassen, ab. Es ist entscheidend wichtig, in der Gegenwart zu leben und nicht ständig das Trauma Ihrer Exbeziehung vor sich abzuspulen, das gemeinsame Leben und all die Probleme, die damit verbunden waren. Sie haben die Fähigkeit entwickelt oder entwickeln Sie gerade, sich und Ihren Expartner von der emotionalen Bindung aus Wut, Groll und Enttäuschung zu lösen. Ihren Ex aus der Beziehung zu entlassen mag auf den ersten Blick widersinnig erscheinen, aber das ist es keineswegs. Es ist einfacher, eine Scheidung zu beantragen und vor Gericht um Besitz, Geld und die Kinder zu streiten. Der schwierigste Teil besteht darin, den unerfüllten Traum einer Ehe bzw. Liebe loszulassen. Es ist zwar kaum zu glauben, aber viele Menschen halten noch jahrelang an ihren Expartnern fest, obwohl die Beziehung längst beendet ist. Es klingt lächerlich, aber wir alle kennen Menschen, die viele Jahre nach der Trennung immer noch emotional ihre Expartner mit sich herumschleppen. Das trifft insbesondere auf diejenigen zu, die verlassen wurden und mit allen Mitteln darum gekämpft haben, die Beziehung zu retten. Es trifft aber

**65**

auch auf Menschen zu, die die Beziehung beendet haben, sie aber emotional nicht verlassen konnten. Nur weil ein Paar geschieden ist, in verschiedenen Wohnungen wohnt, neue Freundschaften und eine neue Ehe geschlossen hat, heißt das noch nicht, dass es sich auch emotional voneinander gelöst hat. Die emotionale Loslösung vom Ex ist sehr viel mehr als die Unterschrift auf den Scheidungspapieren und der Handschlag zum Abschied.

Es ist möglich, dass sowohl Sie selbst als auch Ihr Expartner sich weiterentwickeln, selbst wenn Sie gemeinsame Kinder und ständigen Kontakt haben. Das Loslassen alter Querelen und Missverständnisse, verlorener Träume, unerfüllter Wünsche und selbst grausamer Handlungen ist ein entscheidender Teil der Loslösung. Dies ist der Moment, um emotional, mental, spirituell und körperlich vorwärtszukommen und die Vergangenheit hinter sich zu lassen. Das kann aus den verschiedensten Anlässen geschehen, aber es *muss* geschehen, denn es ist entscheidend für Ihr zukünftiges Liebesleben und heutiges Glück.

Die Erfüllung in zukünftigen Liebesbeziehungen basiert auf Ihrer Fähigkeit, die Vergangenheit beiseitezuschieben und Mitgefühl und Empathie für sich selbst und Ihren Expartner zu entwickeln. Manchmal ist das sehr schwierig. Menschen aus allen sozialen Schichten haben mir gegenüber den Schmerz und die Qual geschildert, die sie durch ihre Expartner erlitten. Doch unabhängig davon, ob Sie gegenwärtig in einer Liebesbeziehung stecken, ist es notwendig, dass Sie mit Ihrem Ex abschließen und sich von ihm lösen. Ihre Fähigkeit zu einer Liebesbeziehung gründet darauf, die vergangene Enttäuschung, die Bitternis und den Groll hinter sich lassen zu können. Ihre künftigen emotionalen Bindungen und körperlichen Beziehungen werden unmittelbar von diesem Prozess beeinflusst.

## *Echte Intimität bedeutet Selbstakzeptanz*

Echte Intimität lässt sich nur erreichen, wenn zwei Menschen einander erlauben, unvollkommen zu sein. Wenn man Perfektion in einer Beziehung verlangt, bürdet man die eigenen psychischen Probleme der anderen Person auf. Wenn wir unsere eigenen Unvollkommenheiten akzeptieren, verstehen und daran arbeiten, können wir auch die Defizite und Fehler unseres Partners akzeptieren. Die kritische innere Stimme – die wir alle kennen – lässt sich nur durch persönliche Akzeptanz und das Verstehen der eigenen Menschlichkeit zum Schweigen bringen.

Diese wenigen Sätze mögen einleuchtend und einfach klingen, aber sie bilden das Fundament für den Aufbau des Lebens, der Familie und der Liebesbeziehung, nach denen Sie sich sehnen. Das Loslassen beginnt und endet immer bei Ihnen selbst.

**Alle Bemühungen um persönliches Wachstum, alle spirituellen Praktiken, religiösen Exerzitien und psychologischen Erkenntnisse führen Sie an den einen Ort zurück: Selbstakzeptanz.**

Sie ist besonders wichtig, wenn Sie vom Bruch oder einer dramatischen Veränderung in einer Liebesbeziehung genesen. Es ist nur natürlich, wenn Ihr Selbstbewusstsein nach dem Ende einer Beziehung gering ist, aber es ist wichtig, Ihre Selbstablehnung, Selbstzweifel und auf Scham basierende Selbsteinschätzung aufzulösen, wenn Sie auf der passiven Seite der Trennung oder Scheidung stehen.

Häufig haben wir das unbewusste Verlangen, unser Partner solle perfekt sein. Diese unbewusste Projektion hat mit der eigenen persönlichen Unsicherheit und mangelndem Selbstwertgefühl zu tun. Diese Projektionen werden besonders schmerzhaft im Prozess der Trennung. Die Trennung ist der Ausweis dafür, dass die Beziehung nicht perfekt war, und das heißt, dass Sie selbst nicht perfekt sind. Ihre Identität ist unmittelbar damit verknüpft, wie Ihr Partner Sie sieht. Die Beziehung und Sie bilden eine emotionale Einheit, die sich nun wie ein einziges riesiges Scheitern anfühlt. Sie müssen sich unbedingt klarmachen, dass Ihre Kernidentität und Ihr Selbstwert mehr als Ihre Beziehung sind. Entwickeln Sie die Einsicht, dass Ihre innere Selbstachtung aus vielen Teilen Ihres inneren und äußeren Lebens besteht. Wenn Sie sich selbst die Trennung vergeben können, dann wird all die negative emotionale Energie, die daraus entstanden ist, Ihre zukünftigen Liebesbeziehungen nicht belasten. Die Unfähigkeit, zu verzeihen, und stattdessen Ihren Partner für Ihr Unglück verantwortlich zu machen haben nur mit *Ihnen* zu tun und mit Ihren Unvollkommenheitsgefühlen. Machen Sie sich bewusst, dass die Suche nach Vollkommenheit unhaltbar und hoffnungslos ist. Je mehr Sie verstehen und akzeptieren, was Sie emotional brauchen, wollen und ersehnen, desto unwahrscheinlicher ist es, dass Sie von Ihrem zukünftigen Partner Perfektion erwarten. Dass Sie Ihre Unvollkommenheiten akzeptieren, ist der Schlüssel zu einer befriedigenderen und erfüllteren Beziehung. Wenn Sie Ihre emotionale Energie und Zeit nicht mehr investieren müssen, um perfekt zu sein – was könnten Sie nicht alles mit dieser freien Zeit und Energie anfangen!

Wenn es Ihnen gelingt, die Dinge zu übersehen, die nur weiteren Streit auslösen, sind Sie der Loslösung von Ihrem Ex schon einen wesentlichen Schritt näher. Wenn Sie sich entscheiden, nicht über Geld zu streiten oder darüber, wer die Kinder wann sehen darf oder was Ihr Expartner Ihnen emotional schuldet, so ist das ein klares Zeichen für Ihre Loslösung von der Beziehung. Ihren Ex und sich selbst so zu sehen, dass Sie erkennen, was Sie beide in der Beziehung brauchten und nicht verstanden, das bedeutet Loslösung.

Ihr emotionaler Schmerz, gleichgültig wie schwer, gibt Ihnen die dringend benötigte Information, dass Sie wichtige Veränderungen in Ihrem Liebesleben vornehmen müssen. Zum Glück sind wir alle darauf programmiert, dass wir Veränderung suchen, sowie Schmerz und Leid das Maß des Erträglichen übersteigen. Wenn wir unseren Selbsthass überwinden und unsere Unvollkommenheit akzeptieren, schaffen wir Raum in unseren Beziehungen für Menschen, die selbst unvollkommen sind. *Seelischer Schmerz ist der Katalysator für die Veränderungen, die wir alle vornehmen wollen, auch wenn sie bedrohlich erscheinen.*

### Das Loslösungsbarometer

Denken Sie über die folgenden Fragen nach und überlegen Sie, wie viele Gefühle jede einzelne in Ihnen auslöst. Ihr Ziel ist es, auf die Probleme Ihrer Scheidung oder Trennung immer weniger impulsiv und stattdessen mit Abstand zu reagieren.

1. Können Sie sich selbst in einer zukünftigen Liebesbeziehung vorstellen?
2. Können Sie drei positive Dinge nennen, die Sie von Ihrem Ex gelernt haben? Wenn Sie nichts Positives finden, keine Angst: Lesen Sie einfach weiter.
3. Was ist Ihr größtes charakterliches oder emotionales Problem, das Sie jetzt akzeptieren können?
4. Was hätten Sie bei Ihrem Ex anders machen können?
5. Was wollen Sie in Ihrer nächsten Liebesbeziehung definitiv anders machen als in der vergangenen? Nennen Sie den wichtigsten Punkt.
6. Können Sie Ihren Anteil an den vergangenen Beziehungsproblemen akzeptieren?
7. Hegen Sie immer noch Wut, Groll oder Rachegelüste gegenüber Ihrem Ex, weil er oder sie Sie verlassen hat?

8. Ziehen Sie über Ihren Ex vor Ihren Kindern, Freunden oder Ihrer Familie her? Wenn ja, wann und warum tun Sie das?

9. Akzeptieren Sie, dass es in Ihrer Beziehung »Gutes« und »Schlechtes« gab?

10. Haben Sie insgeheim Fantasien, mit Ihrem Expartner bzw. Ihrer Expartnerin zusammen zu sein, obwohl es von den Umständen her ausgeschlossen ist?

Was denken Sie: Wie haben Sie abgeschnitten bei den Fragen zur Loslösung von Ihrem Expartner, zur Scheidung und den Begleitumständen Ihres jetzigen Liebeslebens? Ihr Ziel ist immer, Richtung Eigenständigkeit und Selbstakzeptanz zu streben. Vergessen Sie nicht, dass die Loslösung ein Prozess ist, kein Endpunkt. Wenn Sie feststellen, dass Sie selbst weniger streiten und keine Situationen herbeiführen, in denen Sie verbal aggressiv reagieren können, dass Sie positive (oder zumindest neutrale) Dinge für Ihren Ex tun, dann sind Sie auf dem richtigen Weg. Wenn es Kinder aus Ihrer bisherigen Beziehung gibt, müssen Sie vor allem deren Wohlergehen im Auge haben. Sie können die Last Ihrer Enttäuschung und Ihrer Wut gegenüber Ihrem Expartner nicht Ihren Kindern aufbürden. Ich kann nicht deutlich genug auf den langfristigen Schaden hinweisen, der Kindern aus einer Scheidung erwächst, wenn sie die Scheidung der Eltern als Kampf und nicht enden wollende Spannungen erleben. Aber auch wenn Sie und Ihr Ex keine Kinder haben, ist diese Phase entscheidend für Ihre Zukunft. Ihre Antworten auf die oben stehenden Fragen geben vor allem Auskunft darüber, wie weit Sie in Ihrer Loslösung gediehen sind und ob Sie Ihr Leben und die Verantwortung für Ihre Handlungen besser verstehen.

## Phase fünf: Hoffnung, Einsicht und Kreativität

Sie werden es merken, wenn Sie die Stufe der Einsicht, Hoffnung und Kreativität erreicht haben, weil nämlich dann Ihre Beziehung nicht mehr Ihr ganzes Leben verzehrt. Beim morgendlichen Aufstehen wird Ihr erster Gedanke nicht mehr Ihr Ex oder die Trennung sein. Sie beginnen, neue Dinge in Ihrem Leben zu sehen – buchstäblich und im übertragenen Sinne. Wie mein Klient Tom sagte: »Steve, eines Tages habe ich plötzlich bemerkt, dass ein wunderschöner Rosenbusch vor meinen Fenster blühte. Ich glaube, er stand schon jahrelang da. Ich hatte ihn nur nie bemerkt – ebenso wie eine Menge anderer Dinge in meinem Leben –, während ich die Scheidung durchlebte.« Eine Klientin, Christine, erzählte mir: »Ich hatte das Gefühl, meine Scheidung ginge nie zu Ende. Aber eines Tages war sie dann vorbei. Die ganze Streiterei, das juristische Zeug, die Kinder – und dann hatte ich's hinter mir. Es fühlte sich an, als wäre ich von einem Karussell runtergesprungen und auf meinen Füßen gelandet. Es war erstaunlich.« Tom und Christine beschrieben genau den Moment, als die Krise vorüber war und der emotionale Schmerz und die Verlustgefühle nachließen. Sie hatten jetzt die Energie, Zeit und Lust, sich um das nächste Kapitel in ihrem Leben zu kümmern.

Wenn Sie diese Phase erreichen, erkennen Sie, dass Ihr Leben nicht mehr allein um Ihren Expartner oder um all die lähmenden Umstände der Trennung kreist. Sie leben wieder Ihr eigenes Leben und leiden nicht mehr ständig unter dem Schmerz und Schock, die das Ende Ihrer Beziehung Ihnen bereitet hat. Sie suchen nun einen neuen Weg für sich selbst. Sie bauen sich ein neues Leben auf, gehen in eine neue Richtung und führen eine erfülltere Existenz. Sie sehen zum Beispiel, dass es Optionen in Ihrem Leben gibt, die Sie in der Vergangenheit nie in Betracht gezogen oder verfolgt haben. Vielleicht wollen Sie sogar den Beruf wechseln und etwas versuchen, das Ihnen mehr entspricht. Diese Veränderungen sind nicht mehr von Rache oder Neid auf Ihren Expartner motiviert, sondern sie entstammen dem echten Wunsch nach einer neuen Zukunft.

Es gibt merkwürdige Theorien darüber, was mit Erwachsenen nach einer Scheidung geschieht. Eine lautet, dass Frauen nach einer Scheidung zwanzig Pfund abnehmen, sich Brustimplantate zulegen und genau die Dinge tun, die ihr Ex immer von ihnen wollte. Das reicht vom Sport über eine Vollzeitstelle bis zur Gründung eines neuen Geschäfts. Ähnlich heißt es von Männern, sie würden sich nun den Porsche oder das Motorrad kaufen, das sie immer schon haben wollten, sich mit zwanzig Jahre jüngeren Frauen treffen und sich neues Haar transplantieren lassen. Statt bis in den Abend hinein zu arbeiten, kämen sie jetzt früher nach Hause und verbrächten mehr Zeit mit den Kindern. Doch die eigentlichen Veränderungen finden bei Frauen und Männern eher im Inneren statt. Der Schwung, mit dem sie sich ein neues Leben schaffen wollen, enthält tatsächlich manchmal neue Autos, neue Hobbys und eine Veränderung des Aussehens. Manche nehmen vielleicht Veränderungen vor, die extrem erscheinen mögen (z. B. Berufswechsel trotz deutlich schlechterer Bezahlung, kosmetische Operationen), es aber nicht wirklich sind. Diese Veränderungen zeugen davon, dass die Betroffenen sich stark und selbstbewusst genug fühlen, neue Dinge auszuprobieren, an die sie sich in ihrer Beziehung nicht herantrauten.

Angesichts der emotionalen, mentalen, körperlichen und psychologischen Aspekte, die mit der Trennung von Ihrem Partner verbunden sind, findet eine Neugestaltung Ihres Lebens natürlich nicht über Nacht statt. Sie werden allmählich merken, dass Sie jetzt die Energie und das Interesse haben, sich auf einen neuen Weg in Ihrem Leben einzulassen, statt nur den Tag zu überleben. Mehrere Quellen behaupten, eine betroffene Person brauche für drei Jahre, die sie verheiratet oder in einer Liebesbeziehung war, ein Jahr, um sich von der Trennung zu erholen.[2] Meine therapeutische Erfahrung zeigt, dass der Prozess der Heilung und Loslösung nicht beginnt, bevor die Scheidung vollendet, die Trennung vollzogen und alle juristischen und finanziellen Fragen geklärt sind. Ab diesem Punkt dauert es gewöhnlich noch zwei Jahre, bis die fünf Phasen der Trennung durchlaufen sind und eine neue Lebensperspektive gewonnen wird.

Es ist so gut wie unmöglich, eine neue und erfolgreiche Beziehung zu beginnen, während gleichzeitig eine andere endet. Diese allgemein einleuchtende Maxime zur Trennung ohne verkomplizierende Nebenumstände mag weise klingen, aber sie wird oft nicht befolgt. Menschen sind Menschen, und jeder reagiert auf den Trennungsprozess unterschiedlich, und das Bedürfnis nach jemandem, der einen weniger einsam macht, wird manchmal fälschlich für Liebe gehalten. *Es hat schlicht keinen Sinn, während dieser Übergangszeit einen neuen Liebespartner in Ihrem Leben zu installieren.* Ich sage damit nicht, dass Sie keine Freunde des anderen Geschlechts haben sollten. Die Menschen unterschätzen gewöhnlich die emotionale Belastung, die eine Scheidung mit sich bringt. Es ist eher unklug, sich in dieser Übergangszeit auf eine neue Liebesbeziehung einzulassen. Die Entwicklung einer neuen Liebesbeziehung macht den Trennungsprozess um so vieles komplizierter und leidvoller. Häufig wird der neue Liebespartner zum Resonanzkörper für die Anklagen gegen Ihren »schrecklichen« Expartner, und Ihre neue Beziehung wird ganz auf Ihre alte Beziehung ausgerichtet. Dieser neue Liebespartner wird zur Müllkippe Ihrer Scheidung oder Trennung. Die neue Beziehung hat nie eine Chance, sich natürlich zu entwickeln, weil sie im Schatten Ihres Expartners steht. Wir werden diese nur allzu verbreitete Trost- und Vermeidungsstrategie in Teil 2 eingehender besprechen.

## Wahrheiten und Fehleinschätzungen zu Scheidungs- und Trennungsprozessen

Einen neuen Platz in Ihrem Leben finden Sie nur, wenn Sie die allgemein verbreiteten – bewussten und unbewussten – Fehleinschätzungen bezüglich Scheidung und Trennung durchschauen und damit umgehen. Immer werde ich gefragt:»Wie soll ich wissen, ob ich mich nach meiner Trennung weiterentwickeln kann? Welche Probleme oder Grundvorstellungen muss ich durchschauen? Woran kann ich in der Zukunft erkennen, dass meine Liebesbeziehung in schweres Fahrwasser gerät? Ich will nicht noch einmal die gleichen Fehler machen.« Die Antworten auf diese Fragen sind für jeden anders, und Sie werden sie in Kapitel 10 für sich selbst beantworten und besser verstehen. Dort erfahren Sie etwas über die Wahrheit Ihrer vergangenen Beziehung und über Ihre Verantwortung in Liebesbeziehungen.

Bitte notieren Sie auf einem Blatt Papier, ob die folgenden Aussagen richtig oder falsch sind. Vergessen Sie nicht, Ihre Antworten zu begründen. Dann vergleichen Sie Ihre Notizen mit dem, was wir bisher besprochen haben. Es gibt keine falschen Antworten. Das Ziel ist, Ihre Einsicht zu vertiefen und Ihre Weiterentwicklung zu unterstützen. Die Erklärungen mögen mit Ihren Grundvorstellungen übereinstimmen oder auch nicht, aber beachten Sie die neuen Einsichten.

1. Jede Beziehung geht irgendwann in die Brüche.
2. Abweisung ist toxisch.
3. Es ist anormal, sich im Stich gelassen und betrogen zu fühlen.
4. Ich werde nie über den emotionalen Schmerz und den Verlust meines Partners hinwegkommen.
5. Ich hasse und liebe meinen Ex.

6. Mein Herz ist für immer gebrochen und mein Leben vorbei.

7. Männer lassen einen immer im Stich.

8. Ich werde mich nie wieder gegenüber einem Liebespartner verletzlich machen.

9. Mein Expartner trägt die alleinige Schuld an unserer Trennung.

10. Liebesbeziehungen sollten vermieden werden, und in Beziehungen sollte man emotionale Distanz wahren.

*Antworten*

**1. Wahr.** Trennungen sind in Beziehungen normal und sollten nicht als persönliches Versagen, sondern als eine Chance zu persönlichem Wachstum und Lernen begriffen werden. Alle Beziehungen haben einen Anfangs- und einen Endpunkt. Das Ende einer Beziehung durch Scheidung oder Trennung ist selbstredend etwas ganz anderes als das Ende einer Beziehung durch den Tod eines Partners. Der Verlust eines Partners durch den Tod hat eine andere emotionale Dynamik als die, die wie hier besprechen.

**2. Falsch.** Abweisung ist schmerzhaft. Toxisch ist nur, wenn Sie Ihre eigene Rolle und Verantwortung in der Beziehung nicht sehen wollen. Abgewiesen werden können Sie nur durch sich selbst. Was wie Abweisung aussieht, ist schlicht die Tatsache, dass Sie und Ihr Partner kein gutes Paar (mehr) waren.

**3. Falsch.** Es ist vollkommen normal, sich im Stich gelassen und betrogen zu fühlen, wenn eine Beziehung endet. Diese Emotionen, die für den Prozess der Trennung typisch sind, haben ihre Wurzeln oft in der Eltern-Kind-Beziehung. Kindheitserfahrungen von

Liebe, Konfliktlösung, Primärbeziehungen (zu Ihrer Mutter, zu Ihrem Vater, Verwandten, Familienfreunden, Haustieren, Spielgefährten etc.) und Sozialisation tragen alle zu Ihrer emotionalen Disposition für Beziehungen bei. Diese frühe Disposition, die die Grundlage Ihrer Beziehungen bildet, wollen wir in den folgenden Kapiteln näher untersuchen.

**4. Falsch.** Wir alle haben die Gabe, zu vergessen. Der Amnesie-Effekt ermöglicht es uns, auf die Dauer Schwere und Intensität unseres Schmerzes zu vergessen. Was sich im Laufe der Zeit nicht ändert, sind die Kernprobleme, Grundüberzeugungen und der Hass, wenn wir nicht aktiv auf eine Loslösung hinarbeiten. Die Änderung unserer Kernüberzeugungen ist möglich, wenn wir unsere Verantwortung in unserer Ehe oder unseren Liebesbeziehungen erkennen. Die Abnahme des Schmerzes erlaubt es, uns tieferen Liebesproblemen zuzuwenden. Das emotionale Bluten hört schließlich auf, und wir können alles wieder im normalen Maßstab sehen.

**5. Wahr.** Wenn Sie feststellen, dass Sie weiterhin Liebesgefühle gegenüber Ihrem Expartner empfinden, obwohl dieser alles andere als liebevoll war – keine Angst! Die mentale Gesundheit und emotionale Intelligenz erlauben uns, widersprüchliche Gefühle gegenüber ein und derselben Person zu empfinden. Ihr Ex wird nicht nur böse oder nur gut gewesen sein. Sie haben mit dieser Person zusammengelebt, und es wird großartige Dinge in der Beziehung gegeben haben, unabhängig vom Ende und seinen Begleiterscheinungen. Leider ist die Trennung so schmerzhaft, dass alle guten Erinnerungen zeitweise ausgelöscht werden. Ein paar positive Erinnerungen werden sich Monate und Jahre später einstellen, aber wahrscheinlich werden Sie dankbar sein, dass Sie mit Ihrem Ex nicht mehr zusammen sind.

**6. Falsch.** Ihr Leben ist anders, verändert, transformiert – aber nicht vorbei. Es ist verständlich, dass Sie das Fehlen einer starken Intimbeziehung traurig macht. Doch Ihr Leben ist die Summe all seiner Teile. Ihr Leben ist mehr als Ihre Ehe, Scheidung oder Ihr Expartner. Es fühlt sich vielleicht an, als ob Sie ein großes Loch in Ihrem Herzen hätten, das sich nicht mehr schließen will, aber am Ende werden Sie die Löcher in Ihrem Leben mit neuen Herausforderungen, Aktivitäten, Interessen und künftigen Beziehungen auffüllen.

**7. Falsch.** Menschen lassen einander im Stich! Männer und Frauen verlassen tagtäglich Beziehungen. Es ist wichtig, nicht das (jeweils) andere Geschlecht schlechtzumachen. Häufig bringen Scheidungen zynische Ansichten gegenüber dem anderen Geschlecht hervor. Sich an diesem sehr negativen und engstirnigen Vorgang zu beteiligen ist für Sie nur destruktiv. Sie selber leiden, wenn Sie diese Art negativer, furchtgeleiteter Haltungen annehmen. Es hat nichts mit neuen Erkenntnissen oder einer Erweiterung des Blickwinkels zu tun, wenn man auf das andere Geschlecht wütend ist. Menschen, die in diese Spurrille geraten, teilen dadurch jedermann mit, dass sie in der Wutphase stecken geblieben sind. Geschlechtszugehörigkeit ist nicht die Ursache für Ihre Scheidung oder Trennung.

**8. Falsch.** Sie wollen doch nicht, dass Ihr emotionaler Schmerz für Sie die Planung Ihres Liebeslebens übernimmt. Ungelöster oder unverarbeiteter emotionaler Schmerz verwandelt sich in Furcht und führt zu emotionaler Isolation. Sie können und wollen lernen, wachsen, sich weiterentwickeln, um eines Tages eine stabile und erfüllende neue Liebesbeziehung aufzubauen. Sie würden dieses Buch nicht lesen, wenn Sie nicht die Kraft, Motivation und Fähigkeit hätten, über Ihren Expartner hinauszuwachsen.

**9. Falsch.** Das Leben wäre so viel einfacher, wenn eine Person die Gesamtsumme all unserer Leiden und Probleme wäre. Aber Sie wissen mittlerweile, dass Ihr Ex nur ein Teil in Ihrem Puzzle ist, nicht das ganze Puzzle. Es ist äußerst wichtig, über das Stadium der Vorwürfe hinauszukommen und die Beziehung aus einem breiteren Blickwinkel zu sehen und einen Standpunkt erweiterten Verstehens einzunehmen. Menschen, die darauf bestehen, dass Ihr Expartner das ganze Problem sei, rennen gegen eine Betonmauer an. Vorwürfe, Schuldzuweisungen und Anklagen, Ihr Ex habe die Ehe oder Ihr Leben ruiniert, erzählen nur die halbe Geschichte. Es braucht Mut und Einsicht, den eigenen Anteil am Ende Ihrer Ehe- oder Liebesbeziehung anzuerkennen. Dem Expartner Vorwürfe zu machen wird Ihren Schmerz nie heilen oder verringern. *Niemand ist für Ihr Leben verantwortlich als Sie selbst.* Sie hatten eine Rolle in der Beziehung und können nicht unbeteiligt oder ein unschuldiger Zuschauer gewesen sein. Unterschätzen Sie nie Ihre Rolle oder Ihren Einfluss in der Beziehung. Jede Beziehung hat zwei Teilnehmer.

**10. Falsch.** Liebesbeziehungen sind der einzige Ort in unserem erwachsenen Leben, wo wir mit einem anderen Erwachsenen eine sichere, unterstützende und nährende Umgebung schaffen, in der wir verstanden und akzeptiert werden. Wenn wir unseren Partnern gegenüber emotional distanziert bleiben, dann beraubt uns das der Möglichkeit, die Art von Nähe und Intimität zu schaffen, nach der wir uns sehnen.

All diese Fragen, Themen, Einsichten und Perspektiven werden in diesem Buch immer wieder aufgegriffen und vertieft. Im nächsten Kapitel wollen wir uns die andere Seite der Medaille ansehen, nämlich die Perspektive der Partnerin oder des Partners, die bzw. der den Trennungsprozess ausgelöst hat.

# 3 DER SCHMERZ DES VERLASSENS
## Das Schuldsyndrom

*Ich hatte das Gefühl, ich sei gerade noch mit dem Leben davongekommen. Ich zog von San Diego nach Los Angeles und konnte nicht schnell genug von ihm wegkommen. Ich brauchte mindestens ein Jahr, um wieder Boden unter die Füße zu bekommen und ein neues Leben zu beginnen. Mein Exmann hasst mich immer noch dafür, dass ich ihn verlassen habe, aber ich konnte nicht anders. Ich war am Sterben.*
– Christine, 43 Jahre alt, Mutter von drei Kindern, 14 Jahre verheiratet, seit zwei Jahren geschieden.

*Die Beziehung war schon seit Jahren tot. Wir gingen zur Paarberatung, aber da kamen unsere Differenzen nur noch mehr zum Vorschein. Ich reichte die Scheidung ein, weil ich nicht den Rest meines Lebens darauf hoffen wollte, dass mein Mann sich ändern oder mich zur Kenntnis nehmen würde. Der Zeitpunkt war schrecklich, aber ich musste etwas tun.*
– Karen, 51 Jahre, Mutter von zwei Kindern, 22 Jahre verheiratet, seit einem Jahr geschieden.

*Ich spürte den Druck, Nicole zu heiraten, aber ich wusste, dass es schiefgehen würde. Wir lebten zusammen und versuchten alles, um unsere Beziehung zum Funktionieren zu bringen. Sie wollte Kinder haben, und ich wusste nicht, ob wir es auch nur über die Flitterwochen hinaus schaffen würden. Ich fühle mich immer noch grässlich wegen der Trennung, aber ich konnte nicht bei ihr bleiben. Wir passten nicht zusammen.*
– David, 33 Jahre, zwei Jahre verlobt, löste die Verlobung drei Monate vor der Hochzeit.

## Wann entscheiden wir uns für die Trennung?

Die Frage, ob wir bei unserem Partner bleiben oder ihn verlassen, ist für viele Menschen eine der härtesten Entscheidungen, die sie in ihrem Erwachsenenleben zu treffen haben. Die lebenserhaltenden Maßnahmen für ihre Liebesbeziehung abzuschalten kann sich anfühlen, als ob man sich für einen langsamen und qualvollen Tod entscheidet. Die Vielschichtigkeit der Probleme, Emotionen, Umstände, die gemeinsame Geschichte, die Kinder, finanzielle Verflechtungen, Ängste und Zweifel machen die Entscheidung, eine Liebesbeziehung zu verlassen, zu einem grundlegenden Verwandlungsprozess. Es unterliegt keinem Zweifel, dass der Empfänger der Nachricht mit vielen entsetzlichen Problemen zu kämpfen hat und lange brauchen wird, um die Entscheidung zu verstehen. Doch der Partner, der über die Trennung nachdenkt und sie schließlich durchführt, hat seine eigenen emotionalen Beschwernisse, psychischen oder seelischen Probleme und Zerrissenheitsgefühle. Beide Parteien durchlaufen die fünf Trennungsphasen, aber sie erleben sie aus verschiedenen Blickwinkeln. Keinem von beiden bleibt der emotionale Schmerz erspart, der mit der Auflösung einer Lebensbindung und dem Vergessen alter Erinnerungen verbunden ist. Manchmal ist der Einsamere im Trennungsprozess derjenige, der ihn initiiert. Paradoxerweise erleiden beide Teile einer Liebesbeziehung bei einem Bruch das Trauma des anderen Partners mit – doch oft ist die einzige Person, die emotionale Unterstützung, Mitgefühl und Verständnis erhält, diejenige, die verlassen wurde.

Ich habe in meiner Therapeutentätigkeit die drei Menschen getroffen, deren Zitate vor diesem Kapitel stehen. Alle haderten damit, die wichtigste Liebesbeziehung in ihrem Leben zu beenden – sie waren voller Zweifel und Ängste. *Alle drei liebten den*

*Partner, von dem sie sich trennten. Die starken Gefühle der Sorge, Lie-be und Verzweiflung bestanden unabhängig von den offenbar unlös-baren Problemen und der Dysfunktionalität der Beziehung.* Zugleich waren die Umstände, die bei diesen drei Personen zur Trennung führten, so verschieden wie der Wüstensommer vom arktischen Winter. Ein Außenstehender könnte meinen, dass es David am leichtesten gefallen war, dass Karen eine schwere Entscheidung treffen musste, Christine aber die meisten Schwierigkeiten hatte. Christine würde als Erste zugeben, dass ihre Geschichte furcht-bar war, aber sie ist trotzdem über ihre drei fabelhaften Kinder sehr glücklich. Ihre Ehe war in den ersten acht Jahren schön ge-wesen, doch in den letzten sechs Jahren zunehmend von Miss-brauch gekennzeichnet. Niemand, der über eine Trennung nach-denkt, macht es sich leicht. Vielmehr ist die Entscheidung, eine Beziehung zu beenden, eine der schwersten, die man überhaupt treffen kann, und oft ist sie außerordentlich schwierig umzuset-zen. Es bedarf großer Courage, Energie, emotionaler Klarheit und psychischer Stärke, um eine Trennung herbeizuführen. Ein Ar-tikel in dem Magazin *Parade* aus dem Jahre 2008 enthielt die un-tenstehende Statistik.[1] Diese Zahlen belegen, dass viele Partner sich irgendwann überlegen, ob sie in der Beziehung bleiben oder sie verlassen sollen. Es ist nicht unnormal oder problematisch, über die eigenen Optionen nachzudenken, wenn die Beziehung in einer Krise steckt. Sich vorzustellen, dass man eine Ehe oder Liebesbeziehung »verlässt«, impliziert nicht, dass man es tut oder tun sollte. Es geht vielmehr darum, dass eine große Zahl von Männern und Frauen über unterschiedliche Formen nachdenkt (z.B. Scheidung, Lösung der Verlobung, Paartherapie), wie sie die Probleme und Herausforderungen ihrer Beziehung meistern können.

## Zahlen – Niemand weiß, was hinter geschlossenen Türen vor sich geht

- 44 Prozent der verheirateten Frauen haben schon daran gedacht, ihren Mann zu verlassen.
- 31 Prozent der verheirateten Männer haben schon daran gedacht, ihre Frau zu verlassen.
- 31 Prozent aller Ehepaare haben weniger als einmal im Monat Sex.
- 48 Prozent der verheirateten Männer sagen, sie hätten nicht öfter Sex, weil ihre Frau kein Interesse habe.
- 33 Prozent der Frauen sagen, sie hätten nicht öfter Sex, weil sie müde seien.
- 25 Prozent der Ehepaare beschreiben ihr eheliches Sexualleben entweder als akzeptabel oder schrecklich.
- 24 Prozent der Paare haben ihrem Ehepartner ein wichtiges Geheimnis verschwiegen.
- 84 Prozent aller Ehemänner sagen, sie würden ihre Frau wieder heiraten.
- 78 Prozent aller Ehefrauen sagen, sie würden ihren Mann wieder heiraten.

Diese Zahlen zeigen, dass fast die Hälfte aller verheirateten Frauen schon daran gedacht hat, ihre Ehe zu beenden, und fast ein Drittel aller verheirateten Männer desgleichen. Die Zahlen, die sich auf Sex und Intimleben beziehen, zeigen, dass viele Paare emotional voneinander abgekoppelt sind, sei es durch Mangel an sexueller Intimität oder aufgrund emotionaler Unzufriedenheit. Anhand der Klienten, die ich selbst kennengelernt habe, würde ich sagen, dass die emotionale Unzufriedenheit immer weiter wächst und zu immer größeren Spannungen in der Beziehung führt. In der Statistik wurde allerdings die Tatsache übersehen, dass die Entscheidung zum Abbruch einer so wichtigen Beziehung alles andere als einfach ist. *Manchmal werden das Unglück und die Spannungen so groß, dass Ihnen die Entschei-*

*dung abgenommen wird.* Wenn zum Beispiel Ihr Partner Ihr Vertrauen bricht und die persönliche Verletzung das Maß des Erträglichen überschreitet. Jede Beziehung hat eine Belastungsgrenze, und wenn diese erreicht wird, ist die Ehe oder Liebesbeziehung zu Ende. Das kann wegen Untreue, Geld, körperlicher oder emotionaler Misshandlung, Drogen- oder Alkoholmissbrauch oder allem sein, was der Partner als eine Verletzung der Liebesbeziehung ansieht. Oft sprechen Paare nicht darüber, wo der Punkt liegt, von dem an es kein Zurück mehr gibt, aber beide wissen es.

Es kann Jahre dauern, bis der Schritt zur Trennung vollzogen wird, aber es gibt bestimmte Maßnahmen, die ihn vorbereiten oder zu ihm hinführen. Jedes Paar kann sich im Rückblick an bestimmte Punkte erinnern, bei denen klar war, dass ihre Beziehung sich auf ein Ende zubewegte. Dabei kann es sich um Misshandlung, Untreue, Geldwäsche, Drogenmissbrauch, Betrug, Gleichgültigkeit, Langeweile, emotionale Vernachlässigung, Kindesmissbrauch und zahllose andere destruktive Verhaltensweisen oder Vergehen handeln. Es gibt aber auch sehr viel undramatischere Entwicklungen: Sie lieben Ihren Partner nicht mehr oder fühlen sich in Ihrer Ehe deprimiert und emotional eingesperrt. All diese Situationen können unabhängig von ihrer Schwere dazu führen, dass ein Partner das Ende der Beziehung erwägt. Am schwierigsten ist die Entscheidung in der Regel dann, wenn der andere Partner eine »gute« Person ist und es keinen greifbaren Grund dafür gibt, die Ehe oder Beziehung zu verlassen. Es gibt immer persönliche Anlässe oder Informationen, die jeder Partner nutzen kann, sich entweder auf das Ende hinzubewegen oder weiterhin an einer gemeinsamen Zukunft zu bauen. In jeder Liebesbeziehung – unabhängig von ihrem formalen Status – gibt es immer Momente, in denen das Paar oder die Partner entscheiden, ob sie Probleme lösen wollen oder sie lieber ignorieren. Solche Entscheidungsprozesse laufen in Beziehungen meist unbewusst ab.

## Beziehungen sind wertvoll

Wir sollten hier anmerken, um Missverständnissen vorzubeugen, dass es wichtig ist, wann immer die Möglichkeit dazu besteht, Probleme und Konflikte zu lösen und damit eine tiefere Basis für die Beziehung zu entwickeln. Wir wollen hier keineswegs denen das Wort reden, die Beziehungen für austauschbar oder leicht ersetzbar halten. Uns geht es um den komplizierten Prozess, mit jemandem eine gemeinsame Zukunft zu bauen. Das Ziel dieses Buches ist, Ihnen zu helfen, die Art von Liebes- und Intimbeziehung zu entwickeln, die Sie sich wünschen. Oft ist dieser Prozess unmöglich, ehe die existierende Beziehung beendet ist. Die Erkenntnis, dass das Verlassen der gegenwärtigen Beziehung notwendig ist, um persönlich wachsen und die tiefe Liebesbeziehung entwickeln zu können, nach der Sie sich sehnen, kann überwältigend schmerzhaft sein. Um nicht dauernd zu wiederholen, wie wichtig es ist, in einer Beziehung zu bleiben, kommt es darauf an, dass Sie alle Optionen mit Ihrem Partner oder Expartner bedenken. Doch ist das Festhalten an Ihrer gegenwärtigen Beziehung nicht das Thema dieses Buches. Ich unterstelle, dass, wenn Sie dies hier lesen, alle Instrumente, Lösungen und Hoffnungen für die Beziehung erschöpft sind und versagt haben. Als Mensch, Therapeut und soziales Wesen plädiere ich keineswegs dafür, dass Beziehungen »leicht« aufgegeben oder Ehen »leichthin« geschieden werden sollten, ganz im Gegenteil. Wenn Sie dieses Buch lesen, sehen Sie aber vermutlich keine Möglichkeit und Hoffnung mehr, Ihre Ehe oder Liebesbeziehung noch reparieren zu können. Es gibt eine Vielzahl sehr guter Bücher darüber, wie man eine Ehe retten kann. Ich empfehle diese Bücher und unterstütze ihren Ansatz, Liebesbeziehungen bewahren zu wollen. Mein Ansatz und Ausgangspunkt ist aber ein anderer. Wir sprechen hier darüber, was Sie tun können, wenn alles andere fehlgeschlagen und Ihre Beziehung am Ende ist.

Es gibt in der psychologischen Literatur und Beziehungstheorie wenig über die Macht und den bleibenden Einfluss von Expartnern. Die Zunahme der sogenannten Patchworkfamilien in den letzten dreißig Jahren ist geradezu atemberaubend. Mehr Menschen als je zuvor gehen Zweit- oder Drittehen ein. Die Fähigkeit der Menschen, sich voneinander zu lösen, zu verstehen, zu genesen und stabile Beziehungen zu schaffen, ist für die ganze Gesellschaft von großer Wichtigkeit.[2]

In diesem Kapitel möchte ich Ihnen helfen, mit dem ungeheuren Verlust, den Sie erlebt haben, fertig zu werden. Ich möchte Ihnen helfen, Ihre Enttäuschung, Wut und Verzweiflung zu überwinden und ein neues Leben zu beginnen. Nach wie vor haben Sie Bedürfnisse und Sehnsüchte, die nicht einfach dadurch aufhören, dass Sie sich in einem Trennungs- oder Scheidungsprozess befinden. Unsere zentralen emotionalen, mentalen, körperlichen und sexuellen Bedürfnisse hängen alle an unserer Fähigkeit, nahe Beziehungen einzugehen. *Wir hören niemals auf, uns innige und unterstützende Liebesbeziehungen zu wünschen und zu schaffen, einfach weil wir sie brauchen.*

Aber niemand will die gleichen dysfunktionalen Beziehungsmuster in seiner nächsten Liebesbeziehung wiederholen und niemand will, dass sein Expartner im zukünftigen Liebesleben eine Rolle spielt. Neulich habe ich von einem älteren Familienfreund einen Satz gehört, der den Nagel auf den Kopf trifft: »Man kann viele Ehen haben, aber man heiratet nur einmal.« Mit anderen Worten, wir wiederholen häufig die immer gleichen Verhaltensmuster – die gleichen Emotionsmuster wie Frustration, Wut, emotionale Dysfunktion und falsche Partnerwahl. Wenn wir nie aus unseren nahen Beziehungen lernen oder erkennen, was wir in unseren Liebesbeziehungen wirklich wollen und brauchen, dann kann das dazu führen, dass wir viele enttäuschende Liebesaffären in unserem Leben haben. Was wirklich zählt, ist nicht die Zahl der Ehen oder Liebesbeziehungen, die wir gehabt haben, sondern die Tiefe der Zusammengehörigkeit und der Grad an Intimität und Liebe, die wir mit unserem Partner entwickeln. Wenn wir das Maß an Nähe, Intimität und emotionaler Sicherheit erreichen, nach dem wir uns sehnen, dann haben wir endlich geheiratet. Es kann auch mehrere Liebesbeziehungen oder Ehen brauchen, bis man die Bedürfnisse und Wünsche erkennt, die man in einer Beziehung erfüllt sehen will. Die Ehe war immer schon ein Symbol für unser tiefstes menschliches Bedürfnis nach Liebe, Nähe, Zustimmung und Verständnis. Man kann die eheähnlichen Beziehungen nennen, wie man will (z. B. Lebensgemeinschaft, Lebenspartnerschaft, Liebespaar etc.), doch Dynamik und Funktion von nahen Beziehungen werden immer die gleichen bleiben. Unser Bedürfnis danach, uns geliebt, unterstützt und akzeptiert zu fühlen, ist das emotionale Äquivalent für Sauerstoff. Ohne dieses Element neigt unser Leben leicht zu irrationaler Paranoia, Persönlichkeitsstörungen und Einsamkeit.[3] Unser Körper stirbt ohne Sauerstoff, und unser Herz stirbt ohne Liebe und Zugehörigkeitsgefühl.

Wenn Sie die Toleranzgrenze erreicht haben, wenn Ihre primären Bedürfnisse nach Liebe, Akzeptanz und Sicherheit in der Beziehung nicht erfüllt werden, dann werden Sie leider wahrscheinlich Ihrer Welt (einschließlich Ihrem Partner) mitteilen, dass Sie das Ende der Beziehung wünschen. Auch wenn man aus eigenem, freiem Willen die Entscheidung zur Trennung schließlich ausspricht, ist es keineswegs leichter oder weniger schmerzlich, den Prozess durchzustehen.

In vielen Fällen verläuft das Ende der Beziehung still und passiv.

Es gibt keine Dramen oder offenen Konflikte zwischen den Partnern. Die Außenwelt denkt sogar, dass dieses Ende keinen Sinn macht. Ihre Beziehung sieht für Außenstehende vielleicht großartig aus, während Sie sich innerlich leer, psychisch verbraucht und emotional tot fühlen. Diese Art von stillen Trennungen ist schwer zu initiieren, weil es keinen besonderen Anlass dafür gibt. Das andere Extrem – Stühle zertrümmern, verbale Attacken, Polizeieinsatz – sieht vielleicht einfacher aus, ist es aber nicht. Wie auch immer Sie an diese Weggabelung in Ihrer Beziehung gekommen sind, Sie befinden sich jetzt dort. Wie im wirklichen Leben ist es keine leichte Entscheidung. Die Erfahrungen der drei Menschen, die wir diesem Kapitel vorangestellt haben, sind denkbar unterschiedlich, aber eines haben sie gemeinsam: das Schuldbewusstsein. Auch wenn sich das Ende ihrer Liebesbeziehungen nicht übersehen ließ, kämpften sie alle mit dem Schuldgefühl, ihren Partnern wehgetan zu haben. Die Wirkung und die Beharrlichkeit von Schuldgefühlen können einen stark verwirren und die weitere Vorgehensweise verklären. Schuldgefühle sind nicht immer die besten Berater, wenn es darum geht, in einer Beziehung zu bleiben oder sich zu trennen. (Es geht hier freilich nicht darum, Ihrem Expartner etwas Destruktives oder Böses anzutun – das dürfte klar sein.) Ihre Entscheidung, die Beziehung zu beenden, kann in der Tat große Schuldgefühle hervorrufen, selbst wenn sie im besten Interesse aller Beteiligten ist.

## Drei Konfliktgeschichten

### *Christine*

Christine wollte weder ihr Haus noch ihren Ehemann verlassen, obgleich in ihrer Ehe körperliche, mentale und seelische

Misshandlungen gang und gäbe waren. Sie wusste, dass ihr Mann ihren Kindern nicht guttat. Dennoch empfand Christine den Trennungsprozess als extrem schmerzlich und traumatisierend. Sie wollte nicht, dass die Ehe zerbrach, aber sie konnte die Misshandlungen nicht länger ertragen. Als sie ihren Mann im Haus der Familie beim Sex mit einer anderen Frau erwischte, beendete sie schließlich die Ehe. Es war nicht das erste Mal, dass er sich ihr gegenüber auf eine so erbärmliche Weise verhielt, aber es war das letzte Mal für Christine. Ihr Mann war offensichtlich an der Ehe und an seiner Frau nicht länger interessiert. Christine verließ mit ihren Kindern sofort die Stadt. Als ihr Mann mit Gewalt drohte, erwirkte sie eine einstweilige Verfügung gegen ihn. Ihr Exehemann, der nur neunzig Minuten entfernt wohnte, kam nie, um die Kinder zu sehen, nachdem sie mit ihnen nach Los Angeles gezogen war (Christine fuhr sie wegen des »Besuchsrechts« zu ihm hin). Für alle Probleme, die es gab (Scheidungsverfahren, Sorgerecht, Geldfragen, weitergehende Familienangelegenheiten), gab er ihr die Schuld. Ihre Kinder waren sieben, neun und elf Jahre alt.

Die Kinder vermissten ihren Vater und hätten gern mehr Zeit mit ihm verbracht, aber sie unterstützten die Entscheidung ihrer Mutter, sich von ihm scheiden zu lassen. Die Kinder hatten die verbalen und emotionalen Misshandlungen sowie die extremen Gefühlsschwankungen ihres Vaters erlebt. Christine fühlte sich, als hätte sie als Mutter, Frau und Mensch versagt, weil sie so lange in einer solch gestörten Beziehung geblieben war. Jetzt, zwei Jahre später, kämpft sie immer noch mit Schuldgefühlen, Wut und Zorn gegenüber ihrem Exmann. Es war schon ihre zweite Ehe, und sie hatte sich ein solches Ende nie gewünscht. Ihr Exmann dagegen fühlt sich betrogen und im Stich gelassen, weil Christine die Ehe beendet hat. Er hat danach eine 22 Jahre jüngere Frau geheiratet und weigert sich, für seine Kinder zu zahlen. Christine hat das Gefühl, dass sie gerade noch mit dem Leben und einem gewissen Maß an geistiger Gesundheit davongekommen ist.

Große Schuld empfindet sie darüber, dass sie »eine dieser Frauen« war, die sich von ihrem Mann widerstandslos mit außerehelichen Affären und Betrügereien hintergehen lassen. Gleichzeitig weiß Christine – sie ist eine sehr kluge Frau –, dass sie sich und ihre Kinder aus einer immer unhaltbarer werdenden Situation gerettet hat. Unabhängig von den schrecklichen Umständen und Misshandlungen ist sie sehr traurig über den Ausgang ihrer Ehe. Ihre Schuldgefühle sind aber irrational, da sie angesichts ihrer Lebenswirklichkeit, ihrer Ehe und ihrer Kinder die beste Entscheidung getroffen hat.

### Karen

Karens Situation ist vollkommen anders und sehr viel undramatischer. Seit sie sich hat scheiden lassen, ist sie hin- und hergerissen zwischen Schuldgefühlen und tiefer Erleichterung. Von außen gesehen führte sie eine geradezu »perfekte« Ehe. Keine Misshandlungen, ein netter Ehemann, wenig Austausch, ein unbeschwertes Alltagsleben und viel Geld. Karen hatte ein Haus mit weißem Lattenzaun, war Mitglied im örtlichen Golf Club und verfügte über all die anderen Annehmlichkeiten, die mit einem wirtschaftlich gehobenen Lebensstil einhergehen. Sie und ihr Exehemann hatten beide an Eliteuniversitäten studiert und verfügten daher sowohl sozial als auch beruflich über die besten Verbindungen. Finanziell und materiell fehlte es Karen an nichts. *Aber sie fühlte sich in ihrem Komfort elend, es war, als würde sie in der Ehe emotional, psychisch und mental sterben.*

Karen hatte mit ihrem Mann Charles unzählige Male über den unbefriedigenden Zustand ihrer Ehe gesprochen und dass sie mehr Zeit miteinander verbringen müssten. Die gemeinsam verbrachte Zeit würde dann, so hoffte sie, allmählich eine größere emotionale Bindung und mehr intime Kommunikation nach sich ziehen. Ohne mehr gemeinsam verbrachte Zeit gab es keine Möglichkeit, dass sich irgendetwas in der Ehe veränderte. Diese Gespräche fanden über zehn Jahre hin immer wieder statt, aber sie hatten nie irgendwelche Veränderungen zur Folge. Vielmehr fuhren Karen und ihr Ehemann getrennt in die Ferien und unternahmen gemeinsame Aktivitäten als Paar nur mit anderen Paaren zusammen. Sie verbrachten kaum Zeit miteinander und sprachen selten über intime Dinge ihres Lebens. Ihr sexuelles Leben – als Barometer ihrer emotionalen Distanz – lag vollständig brach. Charles warf Karen wiederholt vor, sie ziehe sich aus der Beziehung zurück, ohne aber selbst das geringste Interesse an einer tieferen emotionalen Bindung zu Karen zu zeigen. Aber wenn sie versuchte, gemeinsame Aktivitäten zu organisieren, konnte sie ihn selten dafür gewinnen. Sie hatte den Eindruck, dass die Paartherapie, alle Ratgeberbücher für Beziehungen und die zahllosen Gespräche das Unvermeidliche nur hinausgezögert hatten.

Nach einem Feiertagswochenende erklärte Karen Charles, sie wolle sich scheiden lassen. Er verließ sofort das Haus und spielte den ganzen Tag lang Golf. Sie sprachen sechs Wochen lang nicht mehr darüber, bis ihre Söhne ins Sommer-Camp aufbrachen. Charles bewog die Frauen aus ihrem Freundeskreis dazu, Karen anzurufen und ihr zu sagen, wie dumm es von ihr sei, die Ehe zu verlassen. Einige von ihnen sagten ihr, sie solle endlich erwachsen werden und sich klarmachen, dass es nicht einfach sei, mit über fünfzig Jahren Single zu sein, und in jedem Fall sei es nicht besser als ihre Ehe. Doch viele andere gestanden, dass sie insgeheim ihre Kraft bewunderten. Sie ermutigten sie und sagten, am liebsten würden sie das Gleiche tun, auch wenn sie nach außen hin mit Charles übereinstimmten. Karen war keineswegs auf der Suche nach einem angenehmeren Leben, sondern sie wollte überhaupt wieder zu leben anfangen. Sie fühlte sich wie eine von den »Desperate Housewives« – nur ohne die dramatischen Verwicklungen und Affären. Es war für sie, als ob sie durch ihr Leben schlafwandelte, und Charles wollte weder sich selbst noch sie aufwecken.

Karen war tief bedrückt und in großer Unruhe. Charles erklärte, die Scheidung würde den beiden halbwüchsigen Jungen seelischen Schaden zufügen, und daran sei *sie* schuld. Doch beide Söhne waren für eine Scheidung ihrer Eltern, weil sie in den letzten fünf Jahren unter den ständigen Spannungen zu Hause gelitten hatten. Keiner der Söhne nahm seiner Mutter die Entscheidung übel; sie wollten, dass beide Eltern »ein gutes Leben« führten.

### David

Von außen betrachtet unterscheidet sich Davids Situation von den beiden vorhergehenden. Christine und Karen sind Frauen im mittleren Alter, die mit ihren Kindern nach langjähriger Ehe ein neues Leben wagen. David ist Single (er war nie verheiratet), aber irgendwann lernte er eine Frau kennen, die gern eine Familie gründen wollte, und er schien ihr der richtige Partner dafür. David hatte weniger das Gefühl, von seiner Freundin angebetet und geliebt zu werden, sondern eher, dass er ein guter Partner für die Erfüllung ihrer Träume und Wünsche war. Doch unter der Oberfläche waren es die gleichen Probleme, die Christine und Karen zur Scheidung motiviert hatten, die David schließlich veranlassten, die Beziehung zu seiner Verlobten Nicole zu überdenken. David wusste, dass er Nicole eigentlich nur deswegen heiraten würde, weil sie eine Familie haben wollte. Auch David wünschte sich eine Familie, hatte aber nie das Gefühl, dass Nicole auch *ihn* wirklich wollte. Sie sagte zwar nichts Liebloses, aber ihre Beziehungsstile waren sehr unterschiedlich. David suchte emotionale Nähe im Gespräch, während Nicole ihre Gefühle gern für sich behielt. Folglich kam sich David vor wie ein Puzzleteilchen in ihrem Lebensplan. Er liebte Nicole und wollte sie glücklich machen, aber er wurde nie das nagende Gefühl los, dass er sie aus den falschen Gründen heiraten würde. Der Plan, Kinder zu haben und eine gemeinsame Familie zu gründen, hatte für ihn Vorrang. Aber er spürte, dass es der Beziehung an Energie fehlte, an offener Kommunikation und emotionaler Nähe. Er sagte zu allem Ja um des lieben Friedens willen, aber er verlor dabei aus den Augen, was er selber wollte oder brauchte. Seine Freunde waren alle entweder verheiratet oder standen kurz davor, sodass er unbewusst den Druck verspürte, seine Beziehung in ähnlicher Weise festzulegen. Aber es kam noch hinzu, dass seine Beziehung zu Nicole auf beängstigende Weise der Ehe seiner Eltern glich. David wollte nicht wie sein Vater ein Familienleben spielen und ein emotional unzufriedener Ehemann sein.

Eines Morgens im Bett fragte David Nicole, ob sie ihn heiraten würde, wenn sie 24 statt 35 Jahre alt wäre. Ohne Zögern und Nachdenken antwortete sie: »Nie im Leben.« David wusste sofort, dass dies der Moment der Wahrheit war. David sah unmittelbar seinen Vater vor sich, der ihm noch kurz vor seinem Tod gestanden hatte, er habe zu früh und die falsche Frau geheiratet, und er bereue, nicht länger gewartet zu haben. David wusste, dass sich in Nicoles Antwort sein eigenes Unbehagen spiegelte über den Mangel an Intimität, an lebendiger Sexualität und emotionaler Nähe. Nicole wollte unter die Haube kommen, und David war der, der das bewerkstelligen sollte. Auf dem Papier war Nicole eine »tolle Partie«, aber sie erfüllte weder Davids Bedürfnisse noch seine Wünsche. Zwei Wochen nach diesem Gespräch sagte David die Hochzeit ab.

Keine sechs Monate nach ihrer Trennung verlobte sich Nicole

mit einem anderen Mann. David selbst nahm fast zwei Jahre lang keinen Kontakt zu Frauen auf. Er fühlte sich wegen der Trennung schuldig, demoralisiert und deprimiert. David wusste, dass er sowohl für sich wie für Nicole das Richtige getan hatte, aber er wurde das Gefühl nicht los, etwas Falsches getan zu haben.

## Das Schuldsyndrom

### *»Schlechtes Gewissen« verzerrt*

In allen drei Fallbeispielen war es nicht leicht, die Beziehung zu beenden, aber in keinem Fall war es eine plötzliche Entscheidung. Diese Beispiele zeigen, wie problematisch und angstbesetzt die Aufdeckung der Funktionsmechanismen in einer Liebesbeziehung ist. Obgleich Christine, Karen und David die richtige Entscheidung trafen, als sie sich von ihren Partnern trennten, war es für die Beteiligten eine emotionale Belastung. Es ist wichtig, sich zu vergegenwärtigen, dass alle Beteiligten bei einer Trennung zu kämpfen haben. Es ist ein mühsamer Prozess.

**Ob Sie verlassen werden oder verlassen,**
**der Trennungsprozess trifft Sie emotional tief.**

Um Ihre inneren Konflikte zu reduzieren, müssen Sie den Sinn und die Rolle Ihrer Schuldgefühle verstehen. Oft hängt das schlechte Gewissen mit Trauer- und Verlustgefühlen über das Ende der Beziehung zusammen. Schuldgefühle lassen sich leicht mit anderen tieferen unbewussten Gefühlen wie Schmerz, Traurigkeit, Verzweiflung, Angst und Hoffnungslosigkeit verwechseln. Keine der Personen in unseren Fallbeispielen hatte ihren Partner absichtlich verletzt oder misshandelt. Dennoch fühlten sich alle drei »moralisch schlecht«, weil sie ihre Primärbeziehungen beendet hatten. Keiner ihrer Partner war zunächst für eine Trennung, aber alle drei fanden sich schließlich mit ihr ab.

### Schuldgefühle schaffen Angst

Ein schlechtes Gewissen bewirkt, dass man spürt und weiß, wenn man etwas Falsches getan hat. Das schlechte Gewissen nimmt keine Rücksicht auf emotionale Grenzen oder irregeleitete Grundsätze. Sie können zum Beispiel glauben, dass man sich niemals scheiden lassen darf. In Ihrer Ehe finden aber Misshandlungen statt (verbal, emotional oder sogar körperlich), und es gibt keine Möglichkeit, sie zu »heilen«. Sie trennen sich von Ihrem Partner, um sich selbst zu schützen und emotional in Sicherheit zu bringen. Trotz Ihrer richtigen Entscheidung haben Sie ein schlechtes Gewissen, weil Sie einen alten Glaubensgrundsatz zu Ehe und Scheidung verletzt haben. Ihre Schuldgefühle sind sehr persönlich und subjektiv. Ihre innersten Gefühle sind zudem nicht gegen soziale Beeinflussung gefeit. Ihr Ehemann, Ihre Familie oder Ihre Schwiegereltern sind vielleicht alle der Meinung, Sie sollten sich von Ihrem Mann wegen seiner letzten Affäre nicht scheiden lassen. Sie leiden in Ihrer Beziehung unter verbaler und emotionaler Misshandlung, aber Ihr unterstützendes soziales Umfeld verstärkt Ihr Gefühl, eine Trennung sei falsch. Infolgedessen fühlen Sie sich schuldig, wenn Sie sich dafür entscheiden. Ihr Schuldkomplex lässt sich noch steigern, wenn Sie anderen erlauben, Ihnen Ihr Verhalten und Ihre Gefühle vorzuschreiben. Ihre eigene Meinung über Ihre Entscheidungen, Beziehungen und Familie ist aber am wichtigsten und wertvollsten. Es ist entscheidend, zu erkennen, wann Sie Ihre persönliche Entscheidungsbefugnis an andere Menschen abgegeben haben (etwa an Ihren

Partner und Ihre Familie), sodass diese Ihre Entscheidungen kontrollieren und für Sie treffen. Nur Sie wissen, was tatsächlich in Ihrer Liebesbeziehung richtig und was falsch ist. Niemand, der außerhalb Ihrer Beziehung steht, kann die Umstände Ihres Lebens oder Ihr Verhalten wirklich verstehen oder beurteilen. Aus diesen Gründen können Sie Ihren Schuldgefühlen nicht immer trauen oder sie nicht immer für berechtigt halten. Je objektiver Sie Ihre Beziehung betrachten, desto leichter lassen sich die Probleme, Spannungen und Belastungen unabhängig von Ihren Schuldgefühlen einordnen. Außerdem ist es sehr einfach, seine Angst vor Veränderungen im Leben als ein Moral- oder Schuldproblem zu verkleiden. Neben der Liebe ist Angst eine der größten Kräfte in menschlichen Beziehungen, und sie lässt sich nicht kleinreden. *Das schlechte Gewissen ist der nächste Verwandte der Angst!*

### Schuldgefühle können irreführend sein

Schuldgefühle gehören bei einer Trennung zu den irreführendsten Gefühlen. Trotz der furchtbaren Umstände in ihrer Ehe rang Christine immer noch mit ihrer Entscheidung, sich scheiden zu lassen. Karen spürte, dass sie einen langsamen seelischen Tod sterben würde, wenn sie und ihren Mann nicht irgendetwas wachrütteln würde. David wusste, dass seine Freundin, mit der er seit vier Jahren zusammen war, emotional, psychisch und mental nicht zu ihm passte. Diese ernsten und tüchtigen Erwachsenen wurden von ihren Freunden und Familien dafür getadelt, dass sie sich trennten. *Bei näherer Prüfung zeigt sich allerdings, dass tatsächlich sie es waren, die sich nichts mehr vormachten, die die Signale des Beziehungsendes erkannten und die richtigen Schritte unternahmen.* Keiner von diesen dreien suchte den »leichtesten Weg« oder ein

»weicheres Lebenspolster«. Wenn man sich schließlich entscheidet, seine Beziehung zu beenden, ist dies eine Belastungsprobe für beide Partner. Das Ende jeder Liebesbeziehung ist unvermeidlich mit tiefem emotionalem Schmerz verbunden. Trennungen sind immer bis zu einem gewissen Grade traumatisch. Dabei ist es gleichgültig, wer Schuld hat. Die Entscheidung, eine Beziehung zu beenden, ändert das Leben von Grund auf. Die Person, die geht, wird oft als Bösewicht angesehen, doch ist die Wahrheit meist sehr viel komplizierter. In so gut wie allen Fällen ist nicht einer nur der Schurke und der andere nur das Opfer. Beide Parteien sind an der Beziehung beteiligt, und beide tragen ihren Teil der Verantwortung für die Trennung.

## Wie Schuldgefühle funktionieren

Die Person, die die Scheidung oder die Trennung initiiert, nimmt eine große Extraportion Verantwortung auf sich. Automatisch werden Sie zum Bösewicht, weil Sie die Beziehung zu ihrem Ende führen. Das Verdrängen der Beziehungsprobleme, die zu der Trennung führten, ist vorbei. Partner, die sich unabhängig davon, welche Rolle sie in dem Auflösungsprozess spielten, im Stich gelassen oder abgewiesen fühlen, reagieren meist defensiv, erheben Vorwürfe und versuchen, bei dem anderen Schuldgefühle zu erregen. Zugleich erhalten Partner, die verlassen werden, meist reichlich Unterstützung und Sympathie von ihrer Umwelt. Das kann sogar Ihre eigene Familie, das können Freunde, Geschäftspartner, Nachbarn, die Kinder, Ihr bester Freund oder Ihre beste Freundin sein. Unterschätzen Sie nie das Ausmaß an Verzweiflung und das plötzliche Bedürfnis, die Beziehung zu »reparieren«, die nach Ihrer Entscheidung auf der anderen Seite plötzlich ausbrechen werden. Weil Sie das metaphorische »Ende der Fahnenstange« erreicht haben, heißt das keineswegs, dass Sie sich nicht miserabel, schuldig und tief niedergeschlagen fühlen, weil Sie mit der Beziehung gebrochen haben. Diese Aktivitäten sind aber in der Regel zu klein, sie kommen zu spät und dienen keinem anderen Zweck mehr, als die größeren Probleme der Beziehung zu kaschieren. Meine klinische Erfahrung hat wiederholt gezeigt, dass Frauen vor der Trennung zunächst versuchen, an den Problemen, Konflikt- und Spannungsherden zu arbeiten. Wenn die Probleme ihrer Meinung nach nicht gelöst oder angemessen behandelt werden, entschließen sie sich schließlich zur Trennung. Männer hingegen sehen in der Regel die Probleme in der Beziehung nicht als ernst an, bis ihre Frau bzw. Freundin oder Verlobte mit ihnen gebrochen hat. Dies sind zwei unterschiedliche Umgangsweisen mit dem Ende von Beziehungen, aber unter Paaren weitverbreitet. Zum Beispiel ist der Mann unglaublich motiviert, die Beziehung zu »reparieren«, nachdem seine Frau ihm mitgeteilt hat, dass sie die Scheidung beantragen will. Die Frau hat aber keinerlei Interesse mehr, an der Ehe oder Beziehung zu arbeiten. Der andere Partner, gewöhnlich der Mann, setzt sehr viel emotionale Energie ein, um den Partner (die Frau) zurückzugewinnen, aber es ist leider zu spät. Die Beziehung ist zu Ende, und die Frau hat sich emotional entfernt. Männern fällt es emotional meist sehr schwer, sich damit abzufinden, dass ihre Partnerinnen sie verlassen wollen.

Seien Sie nicht allzu überrascht darüber, welche Partei die Menschen, die in Ihrem Leben eine Rolle spielen, angesichts der Trennung ergreifen. Häufig schlagen sich Menschen auf die eine oder andere Seite, von denen Sie es nicht vermutet hätten. Es ist erstaunlich, wie oft die Familie der Frau die Partei des misshandelnden Ehemanns ergreift, wenn die Frau ihn verlässt. Christines eigene Familie war erzürnt, als sie ihren Mann verließ, weil sie »zu wenig versucht« habe, die Ehe zu retten.

**Man kann keine Liebesbeziehung »retten« oder haben, wenn mehr als zwei Personen daran beteiligt sind.**

Christine musste ihre Position gegen eine Reihe anderer Frauen verteidigen, und das war eine Form von emotionaler Misshandlung und Erniedrigung für sie. Die Reaktion ihrer Familie ist sehr typisch, weil niemand zugeben will (Verdrängung), dass »Misshandlungen« welcher Form auch immer in der Familie stattfinden.

Familien reagieren auf Scheidung oder Trennung häufig verärgert und enttäuscht. Ihr Schritt kann selbst noch im größeren Familiensystem Wellen schlagen. Die Entscheidung jedoch, die Beziehung zu beenden, ist allein Ihre, gleichgültig, welchen Druck die Familie ausübt, den Status quo beizubehalten. Ihre Entscheidung, die Beziehung abzubrechen, ist der Ausgangspunkt für viele Veränderungen in Ihrem Leben. Die Beendigung einer Ehe oder Liebesbeziehung zieht immer ein breites Spektrum an Emotionen nach sich, die für alle Beteiligten von Schuld- bis zu Erleichterungsgefühlen reichen. Ein solcher Schritt löst nicht nur bei den beiden Partnern, sondern auch bei den Menschen im Umkreis des Paares Gefühle, Gedanken und Veränderungen aus. Unglücklicherweise dominiert die Schuld häufig über andere Gefühle und Gedanken vieler Menschen, die in bester Absicht versuchen, sich und ihren Partnern ein besseres Leben zu ermöglichen.

### *Sinnvolle Schuldgefühle*

Wir haben über die negativen Aspekte der Schuldgefühle gesprochen, es gibt aber auch eine positive Seite. Das schlechte Gewissen kann ein sehr nützliches Barometer für Ihre Selbsteinschätzung und für die Kontrolle Ihrer Wut und Rachegelüste sein. Wenn Kinder mit betroffen sind, spielen Schuldgefühle eine noch größere Rolle. Schuldgefühle sind das emotionale Feedback, das Ihnen anzeigt, dass Sie möglicherweise einen »Charaktermord« (verbale Erniedrigung) an Ihrem Expartner begehen. Wenn Kinder beteiligt sind, und zwar gleichgültig, wie alt, ist es zwingend notwendig, die Art und Weise, wie Sie über den anderen Elternteil sprechen, zu kontrollieren. Ihre Kinder stammen zu 50 Prozent von Ihnen und zu 50 Prozent von Ihrem Ex ab. Das sollte man sich immer vor Augen halten, bevor man diesen vor seinen Kindern beschimpft. Benutzen Sie dies als Gedächtnisstütze und Mittel, Ihre negativen Gefühle gegenüber der Beziehung unter Kontrolle zu halten. Wenn Sie beispielsweise zu weit gegangen sind, Ihren Kinder gesagt haben, der Ex sei ein »Versager«, und sich danach schlecht fühlen, dann schenken Sie dem Beachtung. Die Rückmeldung durch die Schuld enthält immer eine ehrliche Beurteilung Ihrer Handlungen, Worte und Intentionen. Wenn Sie sich rächen wollen, emotionale Vergeltung oder eine Bestrafung Ihres Expartners suchen, achten Sie genau auf Ihre Schuldgefühle bei dem, was Sie tun. Diese negativen Verhaltensweisen sind allesamt emotionale Signale dafür, dass Sie verunsichert sind und leiden. Benutzen Sie Ihr Schuldgefühl als Instrument, um Ihre Gefühle gegenüber der vergangenen Beziehung zu lösen. Sie können durchaus nützlich sein, wenn man sie als Informationsquelle für das eigene Verhalten benutzt.

Wie aussichtslos die Situation ist oder wie notwendig es sein mag, die Beziehung zu beenden, mit größter Wahrscheinlichkeit werden Schuldgefühle die Folge sein – gleichgültig, wie sinnvoll und richtig die Entscheidung für Sie ist. Das Ende einer Beziehung enthält immer ein Schuldelement. Es gibt den kulturellen Mythos, dass »gute« Mädchen oder Jungen niemals eine Beziehung verlassen. Religiöse Gemeinschaften befürworten oder unterstützen den Trennungsprozess in der Regel nicht, selbst wenn die betreffende Beziehung alles andere als normal oder gesund ist. Das Schuldsyndrom basiert auf dem Gefühl, dass Sie etwas Falsches getan haben, unabhängig vom Nachweis des Gegenteils. Das Syndrom ist ein fortwährender Dialog in Ihrem Kopf darüber, was Sie tun sollten und was nicht. Es ist ein unerbittliches mentales Hämmern, Sie hätten Ihr Leben »vermasselt«, Ihre Familie und Ihren Partner »geschädigt«. Diese immer wiederkehrenden Gedanken haben nichts mit der Wirklichkeit Ihrer Beziehung zu tun, sondern mit Ihrer Angst, etwas »Falsches« zu tun. Andrerseits tun Sie vielleicht etwas, das für Ihre Familie, Ihren Expartner und Ihr Unterstützungsnetzwerk zum Anlass wird, sich zu verändern und zu genesen. Das ist aus dem Grunde möglich, weil eine Ehe oder Liebesbeziehung, die unter vehementen Problemen leidet, gewöhnlich mehr Menschen als nur das Paar betrifft. Am häufigsten entstehen Schuldgefühle, wenn einer der Partner mit der Trennung nicht einverstanden ist. Seine oder ihre Ablehnung wird automatisch zum stärksten Schuldstimulus im anderen Partner. Starke Schuldgefühle sagen einem oft, dass man etwas Falsches tut, auch wenn man aus Vernunftgründen weiß, dass es das Richtige ist. Eine Ehe oder Liebesbeziehung zu beenden ist für den Partner, der die Veränderung initiiert, äußerst notwendig. Auch wenn Ihr Partner die Probleme in Ihrer Beziehung abstreitet oder sie nicht akzeptieren will, müssen Sie Ihre seelische Gesundheit bewahren und mit klarem Verstand die ganze Geschichte Ihrer Beziehung betrachten.

Es gibt viele Umstände, die zum Ende einer Liebesbeziehung führen können: Affären, Misshandlungen (emotionale, körperliche oder mentale), finanzielle Probleme, unbehandelte Persönlichkeitsstörungen, Mangel an sexuellem oder körperlichem Kontakt, Mangel an Kommunikation, Verlust des gegenseitigen Respekts, Suchtverhalten und so weiter. All diese potenziell destruktiven Verhaltensweisen Ihres Partners werden mit der Zeit zu Trennungsgründen. Warum aber ist der Trennungsprozess so komplex und schwierig? Das Verlassen einer Beziehung löst bei der Person, die sich zu trennen versucht, solche emotionalen Spannungen aus, dass ihre Gründe für die Trennung dem anderen Partner manchmal äußerst schleierhaft vorkommen. Das irrationale Schuldmoment ist der Grund, warum viele Erwachsene in schlechten Ehen, Liebesbeziehungen und Lebensgemeinschaften verharren, aus denen sie eigentlich gern ausbrechen würden. Die Angst davor, das eigene Leben und das des Partners grundlegend zu verändern, wird zum Schuldgefühl. Eines der hauptsächlichen Merkmale der emotionalen und intimen Bindung an einen anderen Menschen ist es, ihn nicht abzulehnen oder sich nicht von ihm wegzuwünschen. Wenn diese grundlegende Voraussetzung einer Liebesbeziehung fehlt, dann ist dies das klare Zeichen, dass die Beziehung zu Ende ist. Das Bedürfnis, zu lieben und sich geliebt zu fühlen, geht oft verloren, wenn die nagenden Schuldgefühle einen überwältigen. Die Macht des schlechten Gewissens kann Sie für Ihr Bedürfnis, geliebt und unterstützt zu werden, emotional taub machen. Schuldgefühle, die unkontrolliert und unzensiert bleiben, werden Sie auch daran hindern, eine erfüllende und »sichere« Beziehung zu suchen.

## Wie man seine Schuldgefühle verringert und die Signale erkennt

Man kann herausfinden und verstehen, wie das Gewissen funktioniert, indem man seine Gedanken, verbalen Äußerungen und bewussten sowie unbewussten Wünsche, die man mit einer Liebesbeziehung verbindet, einer Prüfung unterzieht. Was geschieht eigentlich zwischen Ihnen und Ihrem Partner? Warum sind Sie so reizbar und deprimiert? Warum haben Sie solche Angst, Ihre lieblose, asexuelle und emotional kalte Beziehung zu verlassen? Worum dreht sich Ihr Schuldkomplex? Was ist das Schlimmste, das passieren könnte, wenn Sie Ihre Liebesbeziehung beenden? Damit Sie Ihre eigenen Intentionen – ob ausgesprochen oder unausgesprochen – besser verstehen können, während Sie den Trennungsprozess von Ihrem Expartner meistern, überlegen Sie, ob Sie folgenden Aussagen zustimmen oder nicht.

1. Sie haben sich Ihren Abgang gut überlegt. Sie wollen die Beziehung verlassen.
2. Sie haben alle Möglichkeiten ausgeschöpft, die Beziehung zu verbessern.
3. Sie können die emotionale, mentale oder körperliche Misshandlung nicht länger ertragen.
4. Immer, wenn Sie über Probleme in der Beziehung reden, droht Ihr/e Partner/in Ihnen mit Scheidung oder Trennung.
5. Es gibt keinen sexuellen Kontakt und keinerlei Anzeichen körperlicher Zuneigung mehr.
6. Sie haben keinerlei sexuelles, körperliches Begehren gegenüber Ihrem Partner/Ihrer Partnerin und wecken es auch nicht in ihm.
7. Intime Kommunikation und Enthüllungen sind kein Teil Ihrer Beziehung mehr, wenn sie es je waren.
8. Sie führen getrennte Leben, obgleich Sie mit Ihrem Partner/Ihrer Partnerin die Wohnung teilen.
9. Sie haben ein eigenes soziales Netzwerk unabhängig von Ihrem Partner/Ihrer Partnerin.
10. Sie haben während Ihrer gegenwärtigen Beziehung über eine Affäre nachgedacht oder eine gehabt.
11. Sie haben eine Liebesaffäre bzw. sexuelle Affäre. Sie glauben, Ihr/e Partner/in weiß darüber Bescheid, aber Sie wollen die Affäre nicht beenden oder über den Grund dafür sprechen. Dieses Verhalten führt zu einer »Mauer der Verdrängung« zwischen Ihnen und Ihrem Partner/Ihrer Partnerin.

12. Sie möchten gern mehr Intimität, eine tiefere Verbindung und mehr emotionales Verständnis zwischen Ihnen beiden, aber Ihr/e Partner/in ist nicht bereit, diese wesentlichen Elemente in der Beziehung mit Ihnen zu entwickeln.

13. Eine Paarberatung oder Therapie ist keine Option, oder Sie haben sie schon versucht und sie hat die Probleme in Ihrer Beziehung nicht gelöst.

14. Sie haben den Respekt vor Ihrem Partner/Ihrer Partnerin verloren.

15. Ihr/e Partner/in hat die Beziehung durch sein Verhalten beschädigt (Drogen- oder Alkoholmissbrauch, Arbeitslosigkeit – kann keinen Job behalten –, Affären, Misshandlung oder andere unverantwortliche destruktive Verhaltensweisen).

16. Sie haben kein Interesse mehr an der Beziehung und wollen keine Energie mehr hineinstecken. Sie haben das Gefühl, dass Sie einfach nur noch so tun, als ob Sie sich in einer Ehe- oder Liebesbeziehung befänden.

17. Sie haben emotional und psychologisch mit der Beziehung abgeschlossen.

18. Wenn die Schuldgefühle nicht wären, würden Sie sich sofort von Ihrem Partner/Ihrer Partnerin trennen.

19. Sie bleiben nur wegen der Kinder in der Beziehung.

20. Sie können nicht selbst für Ihren Unterhalt aufkommen und wollen Ihren gewohnten Lebensstil nicht aufgeben.

Diese zwanzig Aussagen sind eine Zusammenstellung vieler tiefer Probleme, Überzeugungen und Gefühle sowie bewusster und unbewusster Verhaltensweisen, die darauf hindeuten, dass Ihre Beziehung am Ende ist. Wenn Sie mit mehr als fünf dieser Aussagen übereinstimmen, befinden Sie sich wahrscheinlich im Trennungsprozess oder kurz davor, diesen Prozess einzuleiten. Welche der obigen Aussagen beschreibt Ihren gegenwärtigen emotionalen Zustand in Bezug auf Ihren Partner, Ihre Beziehung oder Ihre Zukunft am besten? Wenn Sie bereits geschieden oder getrennt sind, welche der obigen Aussagen spielte die größte Rolle für Ihre Entscheidung? Wie haben Sie Ihre Loyalitäts- und Schuldgefühle in den Griff bekommen? Was war oder ist für Sie der Punkt in Ihrer Beziehung, an dem es kein Zurück mehr gab?

### *Wie man das schlechte Gewissen loswird*

Nur Sie kennen die ganze Wahrheit über Ihre Liebesbeziehung. Wenn Sie Ihren Partner verlassen haben oder es vorhaben, erlauben Sie niemand anderem – seien es Familienmitglieder oder enge Freunde –, Ihre Entscheidung zu beeinflussen oder zu kontrollieren. Dazu gehört auch Ihr Expartner, der Sie oder die Beziehung vielleicht gar nicht zu schätzen wusste, bis sie vorbei war. Denken Sie daran, dass emotionales Leid und der anschließende Genesungsprozess oft zu persönlichem Wachstum führen.

**Ihre Entscheidung, mit sich und Ihrem Partner bzw. Ihrer Partnerin ehrlich zu sein, ist vielleicht eine der größten Liebestaten in Ihrer Beziehung.**

Vollkommene Ehrlichkeit gegenüber Ihrem Partner, was den Zustand Ihrer Beziehung anbetrifft, mag sehr schwerfallen – aber wahrscheinlich sprechen Sie Dinge an, die Ihr Partner längst weiß, selbst aber nie ansprechen würde. Wahrheit ist in allen Beziehungen unverzichtbar: Die Beziehung ist nicht mehr zu retten, aber das ist nicht das Ende. Es ist der Anfang eines neuen Kapitels in Ihrem Leben und ebenso im Leben Ihres Expartners. Erwarten Sie nicht, dass Ihr Ex Ihrer Entscheidung gleich zustimmt. Nur weil Ihr Herz vor Schmerz und Trauer schier zu platzen droht, heißt das noch nicht, dass Sie etwas falsch gemacht oder die falsche Entscheidung getroffen haben!

Das emotionale Leid ist eine Reaktion auf die Trennung von Ihrem Ex, keineswegs das Zeichen für eine falsche oder schlechte Entscheidung. Psychischer Schmerz ist die Folge von Veränderungen in Ihrem Leben und der Erweiterung Ihrer emotionalen »Komfortzone«.

## Weniger Schuldgefühle

Laura ist eine Frau von 32 Jahren, die mich wegen immer wiederkehrender Probleme in ihrer zehnjährigen Ehe aufsuchte. Sie hatte Ihren Mann schon dreimal verlassen und jedes Mal ungeheure Schuld und Scham empfunden. Wenn sie ihre Schuldgefühle nicht mehr aushalten konnte – meistens nach ungefähr drei Monaten –, kehrte sie zu ihrem Mann zurück. In einer Eheberatungsstunde sagte ihr Mann, er habe die Ehe nicht gewollt und er bedaure, dass er je geheiratet habe. Doch wegen seiner Herkunftsfamilie und der Kinder würde er sich nie scheiden lassen. Im Grunde wollte er Laura dazu zwingen, die Sache in die Hand zu nehmen und die Ehe zu beenden.

Laura wollte herausfinden, warum sie ihren tiefen Wunsch, sich scheiden zu lassen, nicht realisieren konnte. Sie hatte zwei kleine Kinder (einen sechsjährigen Sohn und eine vierjährige Tochter) und wollte ihnen ein stabiles Zuhause mit Mutter und Vater bieten. Aufgrund seines Verhaltens, seiner ständigen Aushäusigkeit und seiner zahlreichen Affären wusste Laura, dass Mark kein Interesse an ihrer Ehe hatte.

Nachdem Laura innerhalb von achtzehn Monaten zum dritten Mal zu ihrem Ehemann zurückgekehrt war, erzählte sie Folgendes: »Ich habe genug. Ich fühlte mich schuldig, weil ich mehr Rücksicht auf Marks Familie nehme als auf mich und die Kinder. Ich mag seine Eltern sehr und will sie nicht enttäuschen.«

Ich schlug vor, Laura solle sich mit ihren Schwiegereltern treffen und ihnen die Situation ihrer Ehe erklären. Das Ziel war, dass sie aufhörte, ihre Entscheidungen von den Vorstellungen anderer Leute abhängig zu machen. Zwar war sie gelähmt vor Furcht, doch sie wusste, dass sie etwas ändern musste. Laura traf sich mit ihren Schwiegereltern und erzählte mir später:

*»Marks Mutter hielt meine Hand und sagte, sie würde mich immer lieben, gleichgültig, was aus unserer Ehe würde. Sein Vater fragte sich, warum ich mir solche Sorgen über ihre Meinung machte und mich nicht schon nach dem ersten Jahr Ehe hatte scheiden lassen. Beide Eltern wussten von unseren Problemen und verstanden nicht, warum ich nicht viel früher gehandelt hatte. Sie waren ganz anders, als ich es erwartet oder mir vorgestellt hatte. Ich dachte, sie würden mich hassen, weil ich die Familie zerbrach und ihren Sohn verletzte. Da lag ich falsch. Sie gaben mir ihre volle Unterstützung und waren wütend auf Mark, weil er sich mir und den Kindern gegenüber so respektlos verhielt. Als ich sie verließ, war mir ein Riesengewicht von den Schultern genommen. Ich hatte meine ganze Enttäuschung auf sie projiziert, dabei drehten sich meine Gefühle doch eigentlich nur um das Ende meiner Ehe. Ich war dafür noch nicht bereit genug gewesen.«*

Drei Tage später hatten Laura und Mark eine paartherapeutische Sitzung bei mir. Laura sagte: »Mark, ich werde die Scheidung einreichen, und diesmal ist die Entscheidung endgültig. Wir hatten neun Jahre nur Probleme. Ich liebe dich, und ich werde dich immer lieben, aber ich kann mit dir nicht verheiratet sein. Wir werden bessere Freunde sein als Eheleute. Wir müssen zwei Kinder großziehen, und wir müssen bessere Eltern sein.« Mark stimmte überraschenderweise mit Laura überein, dass es das Beste sei, die Ehe zu beenden. Sie führten die Therapie fort, um die Probleme der Trennung zu verarbeiten und die Spannung,

Wut und Enttäuschung für sich zu behalten und die Kinder nicht mit hineinzuziehen.

Laura gleicht so vielen Frauen und Männern, die mit einem Riesenmühlstein aus Schuld beschwert in einer Beziehung festsitzen. Sie erkannte, dass sich in ihren Schuldgefühlen ihre eigene irrationale Verzerrung und Unsicherheit spiegelten, nicht die Wirklichkeit ihrer Situation. Sie war dazu erzogen worden, immer eine perfekte Tochter, Schwester, Frau, Ehefrau und Mutter zu sein. Perfektion hieß für Laura, keine eigene Meinung zu haben und nicht anzuecken. Ihr neuer Schritt war das Ergebnis einer Individuierung und Ablösung von ihrer Mutter-Tochter-Beziehung und den Perfektionserwartungen, die daraus entsprangen. Laura überwand ihren Schuldkomplex – und interessanterweise führte das nicht dazu, dass sie die Beziehung verließ. Vielmehr brachte es nur deren Wahrheit zum Vorschein. Der Ausdruck ihrer wahren Gefühle führte dazu, dass sich zwischen ihr und Mark eine neue Intimität und tiefere emotionale Bindung entwickeln konnten. Die Beziehung änderte sich auch, weil Mark seine außerehelichen Affären einstellte und Laura zu seiner Priorität machte. Diese Geschichte ist ein Beispiel dafür, wie eine Beziehung erst durch die Lösung der übergreifenden Schuldgefühle eines Partners zu sich selbst fand. Laura erreichte dies durch Ehrlichkeit sich selbst und ihrem Ehemann gegenüber. Laura wird die Ehe vielleicht noch verlassen, aber die Beziehung funktioniert momentan besser denn je.

# 4 DIE MACHT VON ENTTÄUSCHUNG, BETRUG UND AFFÄREN
## Wie Ihr Herz gebrochen wird

*Ich konnte es einfach nicht glauben, dass Gerald vor den Feiertagen Schluss machen wollte. Ich hasse es, an Silvester allein zu sein und zu all den Partys ohne Partner zu gehen. Ich lasse in diesem Jahr die Feiertage sausen und verkrieche mich in einer Höhle und komme erst in der zweiten Januarwoche wieder hervor. Ich ertrage diese Trennung nicht. Auf Männer ist kein Verlass, sie haben kein Durchhaltevermögen. Ich hasse es, allein zu sein, und ich will ein Baby!*
– Jessica, 44 Jahre alt, Single, unverheiratet.

*Zwei Tage, nachdem wir unsere Verlobung gelöst hatten, sah ich Debbie mit einem anderen Mann. Sie ist ein Miststück. Ich wusste, dass ich ihr nie hätte glauben dürfen, dass sie mich heiraten und eine Familie gründen will. Ich bin so froh, dass sie mich verlassen hat. Jetzt kann ich endlich eine gute Frau fürs Leben finden. Ich traue Frauen nicht über den Weg und glaube nicht, was sie sagen.*
– Mike, 37 Jahre, seit drei Jahren geschieden, seit der Scheidung dreimal verlobt.

*Mein Mann hat mich wegen einer Kollegin verlassen. Sie ist jünger, hübscher und ein Flittchen. Ich wusste, dass er seit Jahren eine Affäre hatte. Ich bin ihn los, aber es tut mir immer noch weh, dass unsere Ehe zerbrochen ist. Wir hatten eine gute Ehe. Ich kann nicht glauben, dass er mir das angetan hat. Ich werde ihm nie verzeihen.*
– Claire, 53 Jahre, Mutter von drei erwachsenen Töchtern, sechzehn Jahre lang verheiratet, seit sieben Jahren geschieden.

## Die Wirkung von »Altlasten«

Als Jessica, Mike und Claire in meine Sprechstunde kamen, hatten sie mehr gemeinsam als nur die Enttäuschung über ihre Liebesbeziehungen. Sie waren erbost und verbittert und zutiefst desillusioniert, was ihr Liebesleben anbetraf. Keiner dieser drei Erwachsenen erkannte, wie vorangegangene Enttäuschungen und Frustrationen aus alten Beziehungen es immer noch beeinflussten und steuerten. Sie wollten nicht glauben, dass diese emotionalen Altlasten – Betrogensein, Liebeskummer und Enttäuschung – eine negative Auswirkung auf die Gegenwart hatten. Doch die Ex-Faktoren von Mike, Jessica und Claire bestimmten nicht nur die Gegenwart sondern auch die Zukunft ihres Liebeslebens.

Werfen wir noch einmal einen Blick auf die Arbeitsdefinition des Ex-Faktors: *Die Ansammlung verlorener Träume, gebrochener Versprechungen, Enttäuschung, Reue, emotionaler Rückschläge, Verdrossenheit über ehemalige Liebespartner und unrealistischer Erwartungen bilden zusammen den Ex-Faktor.* All diese Elemente – ob sie allein oder zusammenwirken – stehen zukünftiger Zufriedenheit und Erfüllung in einer Beziehungen im Weg. Es ist sehr schwierig, emotionale Distanz zu Schmerz und Wut herzustellen, wenn man in nachfolgenden Beziehungen immerfort die gleichen Probleme und Ergebnisse erlebt.

Alle drei Klienten waren in ihrem Beziehungsstil, ihrer Partnerwahl und ihrer Unfähigkeit, nahe Beziehungen zu entwickeln und aufrechtzuerhalten, in einem verzweifelten Teufelskreis gefangen. Ihre Sehnsucht nach Geborgenheit und Liebe, nach einer unterstützenden und sicheren emotionalen Bindung in Liebesbeziehungen war eher zu einem Traum als zur Wirklichkeit geworden. Die Frage ist nur: *Warum?*

Die kurze Antwort auf diese Frage, sofern sie sich auf Sie bezieht, ist: *Ihre unverarbeitete emotionale Geschichte wird sich in Ihren Liebesbeziehungen immerfort wiederholen.* Die einzigen Menschen, die an diesen verhängnisvollen Mechanismus nicht glauben, sind diejenigen, die ihre Beziehungsgeschichte gerade mit der gleichen Art Mann oder Frau wiederholen. Die erwählten Liebespartner haben andere Namen und andere Lebensumstände, aber das Ergebnis ist immer dasselbe: *Enttäuschung.*

Doch unabhängig von Ihrer vergangenen Beziehungsgeschichte ist es möglich, dass Sie für sich eine andere Zukunft anstreben und gestalten! Um Ihren Kurs zu ändern, Ihren Schmerz und Ihre tiefe Enttäuschung darüber, dass Sie offenbar nie bekommen, was Sie wirklich wollen, zu überwinden, müssen Sie zunächst einen Blick auf sich selber werfen. Sie sind die einzige Person, die eine neue Beziehung so gestalten kann, dass sie für Sie erfüllend ist.

Zur Entwicklung eines anderen Beziehungsmusters benötigen Sie Ihre kognitiven Fähigkeiten (Einsicht in Ihre emotionalen Bedürfnisse und persönlichen Wünsche), Aufmerksamkeit, Verständnis und Engagement.

**Der schwierigste Teil beim Aufbau einer neuen Beziehung ist es, die alten negativen emotionalen Muster und intimen Verhaltensmuster zu durchbrechen.**

Lassen Sie sich von Ihren vorangegangenen Ehen oder alten Liebesbeziehungen nicht täuschen. Es ist möglich, über den Trennungsschmerz hinwegzukommen.

Viele Frauen und Männer entscheiden sich unbewusst dafür, immer weiter in den Wutgefühlen und Rachegelüsten gegenüber der Person zu baden, die ihnen wehgetan hat. Die Alternative dazu ist, sich mit der Wut auseinanderzusetzen und sie zu überwinden, denn sie überdeckt nur die Enttäuschung und das Gefühl des Zurückgestoßenseins. Wie schon gesagt, ist Wut nur ein Symptom für tief liegende emotionale Probleme und ungelöste Konflikte. Sich für die Wut zu entscheiden bedeutet einen sehr begrenzten Handlungsspielraum und ist ein sicheres Rezept für das Scheitern zukünftiger Liebesbeziehungen. Die Straße der Wut und Verbitterung zwischen Expartnern ist eine überfüllte Autobahn, auf der Millionen Menschen und täglich neue Teilnehmer verkehren. Sich von Freunden in der Wut auf den Ex bestärken zu lassen ist einfach. Aber Ihr Ziel – die Richtung zu ändern und so wenig Zeit wie möglich auf der Straße der Verzweiflung und Wut zuzubringen – ist schwieriger. Es gehört zur trügerischen Natur emotionaler Verletzungen, dass sie kurzfristig als Quelle der Selbsterkenntnis taugen. Aber Sie sollten nie zulassen, dass die Wut Ihre psychische Konstitution definiert oder dass sie zu Ihrem persönlichen Stil oder »Glaubenssystem« (Gefühle und Wahrheiten, die Sie über sich selbst und Ihre Beziehungen hegen, also das Bezugssystem, mit dem Sie Ihre Welt verstehen) wird. Jeder weiß das. Stattdessen kann Ihre Wut ein Weg sein, alte Probleme abzuladen und sie in der Vergangenheit zurückzulassen.

Das fortwährende Herumreiten auf all den Verfehlungen, Enttäuschungen und Verletzungen, die der ehemalige Partner Ihnen zugefügt hat, sorgt nur dafür, dass Sie diesen in Ihre neue Beziehung mitnehmen werden. Wenn Sie eine neue Liebesbeziehung ohne emotionale Altlasten wollen, müssen Sie den Ex in der Vergangenheit zurücklassen.

## Affären – der Super-GAU des Herzens

Das Beziehungsproblem, das sich für Frauen und Männer offenbar am schwersten überwinden lässt, ist eine Affäre. Der tiefste und verletzendste Aspekt der Beziehung ist für viele Paare, wenn einer der Partner den anderen wegen einer dritten Person verlässt. Selbst unter besten Bedingungen ist das Verlassenwerden ein äußerst niederschmetterndes und traumatisches Geschehen. Doch das Ausmaß an Wut, Energie und Furcht, das ausgelöst wird, wenn eine Affäre herauskommt, kann für alle Beteiligten eine überwältigende Dynamik entfalten. Meine Erfahrung als Therapeut hat mir gezeigt, dass niemand der an einer Affäre Beteiligten – sei es der bzw. die Betrügende oder der bzw. die Betrogene – je gestärkt oder glücklich aus einer solchen hervorgeht. Es bedarf keiner wissenschaftlichen Studien, um zu wissen, dass Affären die Beziehungen und das Leben der Beteiligten zerbrechen. In vielen Fällen ist die Beziehung bereits am Ende, doch ein Abgang mit einer Affäre ist weder gesund noch positiv.

Der gewaltige Zorn, den der hintergangene Partner über die gegenwärtige Affäre empfindet, verraucht gewöhnlich mit der Zeit, insbesondere nachdem eine Scheidung stattgefunden hat. Es sind aber die negativen Langzeiteffekte (hier steht an erster Stelle der Vertrauensbruch), die zu endlosem Leid führen können, wenn sie nicht richtig verstanden und psychisch verarbeitet werden. Keine Diskussion über die Heilung einer Beziehung durch eine Affäre kann über den Tatbestand des Verrats innerhalb einer Liebesbeziehung hinwegsehen. Das Gefühl, verraten worden zu sein, ist das Ergebnis des Vertrauens- und Treuebruchs zwischen zwei Menschen. Der Verlust des Vertrauens ist deshalb so schwerwiegend, weil wir genetisch prädestiniert sind, den Menschen, die wir lieben und die uns etwas angehen, zu vertrauen und sie an uns binden zu wollen. Betrug ist der »emotionale Bruch« des Liebesvertrauens. Es ist wider die menschliche Natur, dem Liebespartner nicht zu vertrauen. Es ist dieses allen Instinkten zuwiderlaufende Misstrauen, das für viele Leidtragende einer Affäre zur emotionalen Wunde wird. Selbstverständlich wollen die Menschen ihre Fähigkeit zurückgewinnen, ihrem zukünftigen Intimpartner zu vertrauen.

Häufig ist die Affäre nur ein emotionales Geschehen, ohne sexuellen oder körperlichen Kontakt. Gleichwohl können solche Bindungen außerordentlich stark sein. Viele Menschen unterschätzen die Bedeutung und Größe einer Affäre, in der es zu keiner körperlichen Begegnung kommt. Jede Art von Liebesaffäre – sei sie emotional, körperlich bzw. sexuell oder psychisch – ist eine Brutstätte der Enttäuschung, Verzweiflung und Hoffnungslosigkeit.

Es sagt einem der gesunde Menschenverstand, dass Affären im Kontext jeder Art von Liebesbeziehung schlicht nicht funktionieren. Affären sind kompliziert, und sie müssen von den Beteiligten verstanden und entziffert werden. Dass ein Partner in einer Ehe oder Liebesbeziehung fremdgeht, liegt meist daran, dass emotionale Bedürfnisse in der Intimbeziehung nicht befriedigt werden. Man muss herausfinden, was diese Bedürfnisse sind oder waren, und sie auch für sich selbst besser verstehen (ob Sie die Affäre hatten oder von ihr in Mitleidenschaft gezogen wurden). Ich habe hier keineswegs vor, über Affären zu richten. Mein Ziel ist es vielmehr, diese verheerenden, das Leben verändernden Ereignisse emotional zu verarbeiten und aus ihnen zu lernen. Unglücklicherweise haben Affären die Tendenz, alle beteiligten Personen tief zu schädigen. Niemand, der sich auf eine Affäre eingelassen hat, fühlt sich bei der Geheimnistuerei wohl, und niemand findet darin die Befriedigung seiner emotionalen Bedürfnisse. Affären schaffen eine Dreiecksbeziehung, in der niemand eine direkte Verbindung zu einer anderen Person hat. Es gibt keine direkte zweiseitige Kommunikation, es befindet sich immer eine dritte Partei in der Beziehung. Aus diesem Grund allein sind Affären problematisch und kontraproduktiv für die Entwicklung einer soliden Intimbeziehung mit einem der Partner.

*Ich komme nie über meinen Mann hinweg, der mir immer das Gefühl gab, etwas Besonderes zu sein. Warum hat er uns das angetan? Warum die andere Frau? Wir hatten jahrelang eine so gute Beziehung. Warum hat er unsere Beziehung weggeworfen?*
– Martha, 49 Jahre, Mutter von drei erwachsenen Kindern, seit fünf Jahren geschieden, achtzehn Jahre verheiratet.

So wie Martha empfinden viele Menschen in meiner Praxis, die sich vom Super-GAU einer Affäre in ihrer Beziehung zu erholen versuchen. Der zweite Schaden, den eine Affäre nach sich zieht, sind das Leid und die emotionale Vernichtung, die sie anrichtet. In über zwanzig Jahren, in denen ich nun schon mit gequälten Paaren in allen möglichen Konfliktsituationen zu tun hatte, wurde mir schon oft eine Frage gestellt, immer im Ton höchster Verzweiflung, Wut und Angst: *Kann ich die Untreue überleben?* Die Antwort lautet immer: Ja.

Wir wollen einmal annehmen, dass Sie, die Leser dieses Buches, auf der passiven Seite des Beziehungsbruchs stehen. Paare können sich von einer Affäre erholen, es bedarf aber großer Mühe und tiefen Verständnisses auf beiden Seiten. Es ist jedoch sehr wichtig für Sie, zu wissen, dass die meisten Beziehungen eine solche Verletzung und die damit verbundenen emotionalen Restfolgen nicht überstehen. Das gilt für jede Form von monogamer Beziehung, die auf Treue aufbaut. Die Statistiken zeigen zwar eine große Varianz[1], doch eine der neuesten und seriösesten Studien kommt zu dem Ergebnis, dass 37 Prozent der verheirateten Männer und 20 Prozent der Ehefrauen in ihrer Beziehung untreu waren oder sind.[2] Niemand kennt die genauen Prozentzahlen, aber ich könnte mir vorstellen, dass jemand, der seinen Liebespartner oder seine Ehepartnerin anlügt, auch einem Forscher nicht unbedingt die Wahrheit sagt. Doch selbst bei zurückhaltender Schätzung lässt sich mit einer gewissen Sicherheit sagen, dass in den USA eines von 2,7 Paaren – über 20 Millionen – in seiner Beziehung mit Untreue zu tun hat.[3]

Diese Zahlen sind frappierend und von größter Bedeutung für alle Liebesbeziehungen. Eine Affäre kann für die Neuentwicklung jeder Art von Liebesleben ein ernstes Hindernis darstellen. Die Angst, dass ein solcher Betrug erneut geschehen kann, ist für viele Menschen Grund genug, keine Liebesbeziehung mehr einzugehen. Man kann davon ausgehen, dass auch Ihre Wut und Enttäuschung durch den Betrug Ihres Partners starken Zündstoff erhalten. Die Verletzung des Vertrauens ist für den betrogenen Partner eine emotionale Katastrophe.

Nachdem die Affäre entdeckt ist und der emotionale Wirbelwind sich gelegt hat, ist es wichtig, Ihren Gefühlen und Gedanken Ausdruck zu verleihen. Eine Affäre kann Ihnen das Gefühl geben, Sie verlören Ihren Verstand, aber dem ist nicht so. Sie teilen Ihren Schmerz, Ihre Verwirrung und das Gefühl des Betrogenseins mit vielen Menschen – Sie sind also nicht allein.

Die starke emotionale und psychische Reaktion auf den Betrug ist jeder Art von Liebesbeziehung gemeinsam. Doch ist es notwendig, dass Sie das Ende Ihrer Beziehung von der Affäre trennen. Das Ende der Beziehung hat mit der Affäre (oder den Affären) zu tun, aber es findet nicht ausschließlich deswegen statt. Die große emotionale Enttäuschung besteht darin, dass die Illusion von Liebe und Sicherheit für immer verloren ist. *Doch Ihre Beziehung hatte viele Aspekte, von denen die Untreue nur einer war.* Frauen wie Männer erliegen meist dem Fehler, alle Beziehungsprobleme auf die Affäre zu schieben. Die Verletzung des Vertrauens ist nur das Symptom für tiefere ungelöste Probleme innerhalb des Kontexts der Beziehung und der beteiligten Personen. *Ihre Ehe oder Liebesbeziehung ging nicht aufgrund einer Affäre in die Brüche.* Liebesbeziehungen sind sehr viel komplizierter und stärker als ein One-Night-Stand oder ein Flirt mit einem Kollegen oder

115

einer Kollegin. Die Affäre ist nur ein weiteres Symptom für die tief liegenden Probleme in der Beziehung.

## Das große Geheimnis der Enttäuschung

Mike, Jessica und Claire repräsentieren die große Mehrheit frisch getrennter Erwachsener: diejenigen, die nie formell verheiratet waren, solche, die geschieden sind, und all die anderen Beziehungsmöglichkeiten (einschließlich sexueller Orientierungen).

**Der erste Schritt zur Veränderung Ihrer Beziehungslandschaft ist, dass Sie die Macht Ihrer vergangenen bzw. frühen emotionalen Enttäuschungen nicht unterschätzen oder ignorieren dürfen.**

Wenn der Schock des Peitschenhiebs, wenn Verdrängung und Wut nachgelassen haben, kommt unweigerlich die darunterliegende Enttäuschung (der Verlust Ihres Liebespartners und alle damit verbundenen Konsequenzen) zum Vorschein. Das kann geschehen, wenn der Ex aus der Wohnung auszieht, es kann aber auch erst geschehen, wenn die Scheidung vollzogen ist – doch Gefühle tiefer Enttäuschung werden sich zu gewissen Zeitpunkten immer wieder bemerkbar machen.

Ihre Enttäuschung enthält die Wahrheit – was, wie und warum Sie dem Ex gegenüber fühlen, wie Sie es tun. Gleichgültig wie »schrecklich« Ihre Trennung war, ist es verständlich, dass Sie mit dem Ex noch Liebesgefühle, zärtliche Gedanken, unerfüllte Sehnsüchte verbinden. Diese unterdrückten Gefühle bilden Inhalt und Stoff Ihrer emotionalen Enttäuschung. Die Dinge, die Sie mit Enttäuschung erfüllen, sind exakt die Dinge, die Sie in Ihrer Liebesbeziehung wünschen, ersehnen und brauchen. Vergessen Sie nicht, dass Ihre Enttäuschungsgefühle zugleich die Schlüsselelemente enthalten, die Ihnen zeigen, wie Sie Ihre Liebeszukunft aufbauen können (wir gehen in Kapitel 10 näher darauf ein). Viele Menschen vermeiden es, sich ihren Enttäuschungsgefühlen zu stellen, überdecken sie mit anderen Emotionen und halten sie auf Distanz. Wut ist die Hauptemotion, mit der sich der tiefe Schmerz und die Frustration über das Ende einer Beziehung überdecken lassen. Wut, wie wir schon gesagt haben, fungiert als Treibstoff, um Ihnen über den ersten Schock nach der Trennungsnachricht hinwegzuhelfen. Das Problem mit der Wut ist nur, dass sie ein Verhaltensstil gegenüber der Welt werden kann, ein persönliches Muster und falscher Freund. Wenn Sie an der Wut festhalten, wird sie mit der Zeit sehr destruktiv auf Ihre mentale, emotionale und körperliche Gesundheit wirken.[4]

Wenn Sie Ihrer Wut kein Ventil und keinen angemessenen Ausdruck geben, wird sie zu weiteren Problemen führen, einschließlich psychosomatischer Störungen. Zu den verbreiteten Gesundheitsstörungen, die auftreten können, gehören Bluthochdruck, Angstzustände einschließlich Panikattacken, Immunschwäche, Epstein-Barr-Virus, chronische Kopfschmerzen, Gewichtszunahme oder -abnahme, sexuelle Funktionsstörungen, Infektionen, Essstörungen, Drogenmissbrauch, Knochenbrüche, Schlaganfälle und manchmal sogar der Tod.[5]

## Eine Bestandsaufnahme Ihrer Enttäuschung

Beantworten Sie die folgenden Fragen zu Ihrem Trennungskummer und Ihrem gegenwärtigen emotionalen Zustand. Diese Fragen sollen Ihnen helfen, Ihre verborgenen emotionalen Verbindungen zu dem ehemaligen Partner zu erkennen. Versuchen Sie, alle Fragen mit Ihrem ersten Gedanken bzw. unmittelbaren Gefühl zu beantworten.

- Fühlen Sie sich deprimiert – lustlos, hoffnungslos, emotional leer, ohne Zukunft?
- Wenn Sie an Ihren bzw. Ihre Ex denken, was ist Ihr erster Gedanke?
- Was bedauern Sie an Ihrer Beziehung?
- Wie viel verbergen Sie hinter Ihrer Wut, emotional und psychisch?
- Wenn Sie nicht wütend auf Ihren bzw. Ihre Ex wären, was würden Sie stattdessen fühlen?
- Lassen Sie je das Gefühl des ganzen emotionalen, mentalen, körperlichen und finanziellen Verlusts Ihrer Ehe und Ihres bzw. Ihrer Ex zu?
- Glauben Sie, dass alle positiven Gefühle der Vergangenheit zerstört sind, dass es sie nicht mehr gibt?
- Ist es schwierig für Sie, Angehörigen des anderen Geschlechts zu trauen, insbesondere in Liebesdingen?
- Machen Sie Ihren bzw. Ihre Ex allein für das Ende Ihrer Beziehung verantwortlich?
- Können Sie sich nicht vorstellen, je wieder eine Liebesbeziehung zu haben?
- Fühlen Sie sich (und nur Sie kennen die Wahrheit) aufgrund Ihrer Scheidung oder Trennung vollkommen vernichtet, abgelehnt oder im Stich gelassen?
- Erscheint es Ihnen unmöglich, dass je wieder jemand Ihnen so nah sein wird wie Ihr bzw. Ihre Ex?
- Verlieben Sie sich regelmäßig in Leute, die absolut »falsch« für Sie sind? Wann begann dieses Muster?
- Geben Sie sich selbst die Schuld an der Affäre des Partners?
- Stecken Sie hinsichtlich Ihrer Vergangenheit in Wutgefühlen fest?
- Sagen Ihre Freunde, Sie seien seit Ihrer Trennung »feindselig« und »verbittert« gegenüber dem anderen Geschlecht?
- Was sind Ihre Bewältigungsstrategien (emotionale Einsicht, Geduld, Maßstäbe), Verhaltens- und Vorgehensweisen (neue Aktivitäten, Einzeltherapie, Sport, berufliche Neuorientierung, neue Freunde), um Ihren bzw. Ihre Ex hinter sich zu lassen?

Welche dieser Fragen beschreibt am zutreffendsten Ihren derzeitigen Gefühlszustand? Was würde es Sie kosten, Ihre Enttäuschung loszulassen und sie durch Hoffnung zu ersetzen? Was geschähe, wenn Sie nicht länger enttäuscht denken, handeln und sind? Welche psychischen, emotionalen und sozialen Veränderungen gäbe es, wenn Ihre Enttäuschung verschwunden wäre? Die Idee, unsere Enttäuschung in etwas Nützliches zu verwandeln, mag unlogisch erscheinen. Aber wenn wir aktiv über unsere tiefsten Enttäuschungen hinausgehen, sie hinter uns lassen, dann entsteht ein emotionaler, mentaler und psychischer Raum, in dem unsere Träume, Hoffnungen und Wünsche wieder erstehen. Somit ist es wichtig, die emotionalen Blockaden zu verstehen – und aufzulösen –, die eine Überwindung unserer Enttäuschung verhindern.

Die Beschäftigung mit unserer Wut ist ein sehr guter Ausgangspunkt für jede Art der Veränderung, die wir in unserem Beziehungsleben vorhaben. Um auf Ihrem Weg durch die fünf Phasen der Trennung weitere Schritte nach vorn zu machen – emotional und psychisch –, müssen Sie Ihre Wut aufgeben! Wut und emotionale Genesung sind inkompatibel. In Kapitel 2 haben wir jede der fünf Phasen – Peitschenhieb, Verdrängung, Wut, Loslassen und Hoffnung/Kreativität – und ihre überragende Bedeutung für Ihr Leben und Ihre Zukunft beschrieben. *Der problematischste Stolperstein ist Phase drei: Wut.* Ich werde häufig gefragt, warum Wut eine so schwer zu lösende und zu heilende Emotion ist. Die Antwort ist einfach: Wut trübt das Bewusstsein. Es gibt keinen Drogen- oder Alkoholcocktail auf diesem Planeten, der stärker wäre als Wut.

Wenn Sie wütend sind, fühlen Sie so gut wie keine andere Emotion mehr. Sie haben gleichermaßen einen Verlust an geistiger Klarheit wie an emotionaler Perspektive. Wut, wie wir gesehen haben, erlaubt Ihnen, die Gefühle von Verzweiflung und Enttäuschung, die die Scheidung oder Trennung in Ihnen auslöst, zu vermeiden. Ebenso schützt die Wut Ihr Bewusstsein vor Panik und Verunsicherung. Wut kümmert sich nicht um Ihren eigenen Anteil an der Trennung. Wut ist eine vervielfachte Reaktion auf Ihre unerfüllten Wünsche, Hoffnungen und Träume hinsichtlich einer dynamischen Ehe bzw. Beziehung, die sich anders entwickelt hat, als Sie es erwartet hatten. Nicht verwirklichte Erwartungen schlagen sich emotional in der Regel als Wut und Bitterkeit nieder. Egal, ob Sie die Person sind, die die Beziehung verlässt oder die verlassen wird, Sie werden jedenfalls ein gewisses Maß an Enttäuschung und Wut empfinden.

Depression, Wut, Angst, Panikattacken und andere heftige negative Gefühlsreaktionen auf eine Trennung sind Ablenkungen, Verteidigungsmechanismen, die Ihnen helfen, den darunterliegenden Gefühlen auszuweichen. Verteidigungsmechanismen versetzen uns in die Lage, schmerzhafte Gefühle wie Verzweiflung, Einsamkeit, Abgewiesensein auszublenden – wie kurzfristig auch immer – und uns vor ihnen zu schützen. Zwar kann Wut uns anfänglich helfen, die erste Phase einer Trennung durchzustehen, aber wir dürfen nicht zulassen, dass sie zum Motor unserer Zukunft wird. Anhaltende Wut hindert uns daran, in der Zukunft befriedigende Liebesbindungen einzugehen. Es ist kontraproduktiv für die Entwicklung jeder Art liebevoller, emotional sicherer Beziehungen, wenn Sie eine Menge Wutenergie gegenüber dem Ex mit sich herumschleppen. Die negative Wutenergie wird Ihre nächste Liebesbeziehung so lange negativ beeinflussen, bis sie verarbeitet ist.

Um endlich Ihre Exbeziehung und all die Dinge, die damit zusammenhängen, hinter sich zu lassen, müssen Sie Ihre Wut »ablegen« und Ihren weicheren und freundlicheren Gefühlen Raum geben. Wir alle haben eine weiche Seite. Sie mag unter zwölf Tonnen Wut, Hass und Selbstgerechtigkeit begraben sein – aber sie ist da. Ihre weiche Seite mag sich für Sie so ungewohnt anfühlen, dass sie ein Fremder in Ihrem Leben geworden ist. An sie heranzukommen scheint für Frauen vielleicht leichter als für Männer. In Wahrheit ist unsere emotionale Gesundheit aber tiefer verwurzelt als Geschlechtsstereotypen oder selbst auferlegte Grenzen im Selbstausdruck. Wenn eine Frau wegen ihrer Scheidung traurig ist, dann heißt das nicht, dass sie übermäßig emotional ist, noch bedeuten die zusammengebissenen Zähne eines nach außen hin kontrolliert wirkenden Mannes, dass er nicht tiefes Leid empfindet. *Stereotype Geschlechtsstile sind kein exakter Indikator für emotionales Leid und den Einfluss, den dieses Leid auf eine bestimmte Person hat.* Nach einer Trennung ist es sehr wichtig, Ihre erhöhte Sensibilität, die Verlustgefühle und Verzweiflung, Veränderungen der familiären und ökonomischen Lebensumstände sowie stressbedingte Krankheiten zu verstehen und mit ihnen bewusst umzugehen. Jeder, der eine Trennung erlebt, hat in einem bestimmten Grad mit diesen Problemen zu tun. Wer auch immer die Trennung initiiert hat: Es spielt eine sehr große Rolle für die Neugestaltung Ihres Lebens, ob Sie sich Ihrer Enttäuschung gestellt haben. Niemand wird von der Enttäuschung verschont, die aus diesem Veränderungsprozess und seinen weitreichenden Konsequenzen für das zukünftige Leben resultiert.

## Ein Brief der Enttäuschung an sich selbst

Wissenschaftler vertreten seit Jahrhunderten die Ansicht, dass Schreiben uns erlaubt, unserer Kreativität und unseren unterdrückten Gedanken Ausdruck und eine Stimme zu verleihen. Schreiben ist ein Befreiungsprozess und eine der produktivsten Möglichkeiten, unsere unbewussten Konflikte und verborgenen Enttäuschungen hörbar und sichtbar zu machen und schließlich zu lösen. Selbst wenn Sie sich nicht für einen sonderlich ausdrucksfähigen Menschen halten, sollten Sie sich dennoch hinsetzen und aus der Perspektive Ihrer Enttäuschung einen Brief schreiben. Damit geben Sie Ihrer Enttäuschung eine Stimme. Das mag weit hergeholt klingen, aber es funktioniert.

Versuchen Sie sich vorzustellen, Ihre Enttäuschung spräche zu Ihnen wie zu einem alten, vertrauten Freund. Nun erlauben Sie Ihrer Enttäuschung, einen Brief an Sie über das Ende der Beziehung zu schreiben. Beachten Sie, dass es nicht um die letzte Scheidung oder Trennung gehen muss, sondern um diejenige, an die Sie sich immer wieder erinnern. Erlauben Sie Ihrer Enttäuschung, Ihre Ehe, Erwartungen, persönlichen Veränderungen, Hoffnungen und Ängste zu diskutieren. Die folgenden Beispiele sind interessant, weil die Enttäuschung schließlich eine Quelle der Hoffnung und Erkenntnis über Ihr Leben und Ihre Zukunft werden kann. Es gibt keine richtige oder falsche Art, diesen Brief zu schreiben. Wenn Sie ratlos sind, wie Sie Ihren Brief beginnen sollen, dann denken Sie darüber nach, wie anders Ihr Leben sich anfühlt im Vergleich dazu, wie Sie es sich eigentlich vorgestellt haben. Und vergessen Sie nicht, Ihr Schreiben muss nicht rational, logisch oder wie in einem Besinnungsaufsatz geordnet sein – es muss nur freimütig, ehrlich und ungeschönt sein.

**Beispiele von »Enttäuschungsbriefen«**
*Mark, 52 Jahre alt:* Ich bin baff, dass du den Mut hattest, endlich um das zu bitten, was du in deiner Ehe wolltest. Ich weiß, du wolltest dich nie scheiden lassen. Du hattest eine gute Ehe. Du bist dir jetzt deiner Bedürfnisse und Wünsche bewusst geworden. Ich weiß, du bist entsetzlich enttäuscht von deinem Leben. Karen ist durchgedreht und hat sich von dir scheiden lassen. Zwar hielt sie es für das einzig Richtige, aber sie hat es dir auf sehr unschöne Weise beigebracht. Ich weiß, du bist am Boden zerstört.

*Lisa, 47 Jahre alt:* Deine Ehe war ruiniert. Du warst unglücklich, und Frank war weder zu dir noch zu den Kindern gut. Du solltest erleichtert sein und dich über das Wachstum und die Veränderungen in der ganzen Familie freuen. Du hast seit der Scheidung schon so viel mit deinem Leben angefangen. Du wirst wieder eine wundervolle Beziehung haben. Du machst Fortschritte, mach dir keine Sorgen darüber, ob du »gut« bist. Dein Schmerz und deine Traurigkeit hören irgendwann auf.

*Sarah, 33 Jahre alt:* Hör auf, Mike die Schuld an der Trennung zu geben. Du musstest erwachsen werden und dich auf eine ernstere Beziehung und Ehe zubewegen. Du hast das Recht, den Verlust zu fühlen, aber deine Zukunft fängt gerade erst an. Weine nicht über die Vergangenheit. Mike wird niemals heiraten, versuche also nicht länger, ihn davon zu überzeugen, dass er dich heiraten soll. Du siehst verzweifelt aus.

*Jennifer, 39 Jahre alt:* Ich weiß, du bist wirklich verzweifelt, dass du nicht mit Don verheiratet bist. Du wirst irgendwann heiraten und Kinder bekommen. Pass auf, dass deine Torschlusspanik nicht dein Leben bestimmt. Du wirst Kinder haben. Künstliche Befruchtung, Adoption oder Stiefkinder sind auch noch Möglichkeiten. Es wird vielleicht nicht so ablaufen, wie du es dir vorgestellt hast. Vielleicht wirst du nie Kinder haben, und das ist eine gewaltige Enttäuschung.

*John, 44 Jahre alt:* Wenn die Beziehung mit Jean nicht in die Brüche gegangen wäre, hättest du Maggie nie kennengelernt und geheiratet. Ich weiß, du wolltest Jean wirklich heiraten. Sie wollte dich aber nicht. Jetzt hast du eine wundervolle Frau. Lass Jean los und höre auf, an sie zu denken. Du wolltest perfekt sein, damit Jean sich nicht von dir trennt. Du bist nicht perfekt, finde dich damit ab.

*Margo, 27 Jahre alt:* Ich weiß, du konntest nicht mit Jeff ins neue Haus ziehen. Er wollte heiraten, und du wusstest, dass es für dich zu früh war. Jetzt kannst du tun und werden, was du willst. Dein Traum von Kindern und einem Ehemann wird sich erfüllen. Jeff hat dich und alles, was du für ihn getan hast, nicht gewürdigt.

*Liz, 31 Jahre alt:* Jason ist weit weggezogen, das ist doch unfassbar! Ich weiß, du wolltest ihn unbedingt heiraten. Akzeptiere die Trennung, du aber haderst damit. Hör auf! Du kannst mit Jason keine Beziehung haben. Er hat eine neue Freundin. Du hast gewusst, dass es Probleme in der Beziehung gab, aber alle Signale ignoriert. Jetzt kannst du dich auf Männer einlassen, die mit dir zusammen sein wollen. Es ist okay, wenn eine Beziehung zu Ende geht. Dein Leben ist nicht vorbei. Jason ist weg.

*Stan, 63 Jahre alt:* Ich weiß, du hast 35 Jahre lang hart gearbeitet, um ein tolles Leben mit Familie, Ehe und im Ruhestand zu haben. Denke nicht, dass alles umsonst war, denn das war es nicht. Deine Kinder sind glücklich, gesund und alle erfolgreich. Die Menschen mögen dich, und du bist nie allein, auch wenn Sherri dich verlassen hat. Sherri hat dich nie geschätzt.

*Peggy, 58 Jahre alt:* Die Kinder sind weg, das Haus ist leer, und dein Ex ist ebenfalls weg. Du hast nichts zu bedauern oder dich wegen irgendetwas zu schämen. Du weißt, es war Zeit für eine Veränderung, und jetzt ist es Zeit, dein Leben zu finden. Single sein ist zum Kotzen, aber es ist besser als eine tote Ehe.

*Shannon, 36 Jahre alt:* Ich hasse mein Leben. Ich weiß, du hast nie erwartet, irgendwann mit drei kleinen Jungen allein dazustehen. Du kommst mit der Herausforderung zurecht und wirst sie zu wunderbaren erwachsenen Männern erziehen. Sei nicht wütend wegen der Scheidung: Es ist passiert, und jetzt ist es vorbei. Du bist für Männer immer noch begehrenswert, gleichgültig, wie deine Lebensumstände sind.

\* \* \*

Schreiben Sie Ihren Brief mit Füller und Tinte auf ein Blatt Briefpapier. Es ist wichtig, dass Ihre innere intuitive Stimme und die verdrängten Gefühle über Ihr Liebesleben – das vergangene oder gegenwärtige – hörbar werden. Es gibt keine richtige oder falsche Vorgehensweise, Ihren Verlust, Ihren Schmerz und Ihre Verzweiflung auszudrücken. Es ist schlimmer, die Verzweiflung zu vermeiden, statt sich ihr direkt zu stellen. Ihr Gefühl unvollständiger Träume, unerfüllter Wünsche, unbefriedigter emotionaler Bedürfnisse, der Verlust positiver Erwartungen und Zukunftshoffnungen, all das sind wichtige Elemente Ihrer Enttäuschung. Wenn Sie Ihre Enttäuschung verstehen, können Sie einen Schritt nach vorn machen und können Ihre zukünftigen Liebesbeziehungen entwickeln.

Wie fühlt es sich an, sich seinen tiefsten Ängsten zu stellen? Um sich emotional von einem gebrochenen Herzen zu erholen, muss man seiner unausgesprochenen Enttäuschung und Traurigkeit über die Scheidung oder Trennung freien Lauf lassen. Ein ehrlicher Umgang mit dem Liebesverlust spielt eine große Rolle bei der Bewältigung von Enttäuschung und Verzweiflung über vergangene Liebesbeziehungen.

Wenn Sie die Büchse Ihrer tiefen unausgesprochenen Emotionen geöffnet haben, was ist dann in ihr, das keine Stimme bekommen hat? Wie stark überdeckt Ihre Wut Ihren Liebesschmerz? Sie mögen glauben, Verzweiflung und Enttäuschung spielten in Ihrer Trennung keine Rolle, vielmehr sei die fortbestehende Wut das Problem. *Vergessen Sie nicht: Wut ist immer eine Reaktion auf unsere*

*Gefühle des Verlassen- und Betrogenseins, des gebrochenen Vertrauens, der Abweisung und emotionalen Verletzung.* Sie hätten nie so viele Gefühle, Liebe, Zeit und Energie in Ihre Beziehung mit Ihrem Ex investiert, wenn er bzw. sie Ihnen nicht wichtig gewesen wäre. Die Meinung, all Ihre Bemühungen seien Zeitverschwendung gewesen, stellt eine Verzerrung dar, die der Verbitterung entspringt. Diese Ansicht geht deshalb fehl, weil Sie sich nicht erlauben, sich an die positiven Momente, Geschehnisse und Gefühle zu erinnern, die mit Ihrer Beziehung verbunden waren. Sich der positiven Dinge in der Beziehung zu erinnern ist keineswegs falsch oder wahnhaft; auch ist es kein »Leben in der Vergangenheit« oder ein Versuch, sich mit Ihrem bzw. Ihrer Ex zu versöhnen. Die Erinnerung an die Beziehung in Ihrer Gesamtheit – mit Gutem und Schlechtem – ist ein Weg, die emotionalen Verletzungen zu überwinden und die Wut zu verarbeiten.

### Liebe und Wut – zwei Seiten der gleichen Medaille.
### *Auf welcher Seite befinden Sie sich?*

Machen Sie nicht den verbreiteten Fehler, zu vergessen, dass Enttäuschung und Wut die Kehrseite der Liebe sind. Sie wären nicht so enttäuscht über das Ende Ihrer Beziehung, wenn es darin nicht großartige Dinge, Momente und Erfahrungen gegeben hätte. Vielleicht haben Sie wunderbare Kinder, eine neue Karriere, eine bessere Gesundheit oder eine Reihe anderer bemerkenswerter Dinge infolge Ihrer vergangenen Liebesbeziehung. Ihre unbewussten Verteidigungsmechanismen – Wut und Verdrängung – lassen es nicht zu, dass Sie sich nach der Beziehung sehnen und den Ex wirklich vermissen. Wenn sich solche positiven Gefühle melden, werden sie von Ihrem Unterbewusstsein verdrängt, und Sie selbst vermeiden diese, indem Sie sich ganz auf Ihre Wut konzentrieren. Ihr Schmerz und Ihre Verlustgefühle sind so stark, dass sie keinerlei emotionalen Raum für glückliche, positive Erinnerungen in Ihrem Bewusstsein lassen. Die Wellen der Enttäuschung sind emotional paralysierend. Diesem Teufelskreis aus Verdrängung, Enttäuschung und Wut entfliehen Sie nur, wenn Sie sich Ihrem emotionalen Schmerz stellen. Der nächste Schritt ist das Schreiben eines Wutbriefs. Doch bevor Sie diesen Brief schreiben, wollen wir uns zunächst einige Facetten der Wut anschauen.

## Das Umlenken der Wut – weg von Ihrem bzw. Ihrer Ex

Wenn Sie im Verhältnis zu Ihrem bzw. Ihrer Ex ein emotional angemessenes Gleichgewicht finden wollen, dann müssen Sie Ihre Wut und Verbitterung hinter sich lassen. Die Umstände, die das Ende Ihrer Beziehung begleitet haben, sind vielleicht entsetzlich gewesen. Dafür, dass Sie die ganze Zeit eine dysfunktionale Partnerschaft toleriert hatten, wurden Sie mit einem Herzen voller Wut und Bitterkeit gegenüber sich selbst und Ihrem Partner zurückgelassen. In Kapitel 3 kämpfte Christine mit ihrer Wut, nachdem sie ihren Mann in ihrer gemeinsamen Wohnung beim Sex mit einer anderen Frau erwischt hatte. Es war nicht das erste Mal, dass ihr Mann sie betrog, aber es löste Christines endgültigen emotionalen Bruch mit ihrem Mann aus. Die emotionalen Folgen dieser letzten Enttäuschung waren furchtbar, tragisch und überwältigend. Sie konnte die Missachtung ihres Mannes für sie nicht damit übereinbringen, dass sie drei fabelhafte Kinder und viele Jahre eine stabile Ehe geführt hatten. Es gab keinen nachvollziehbaren Grund oder keine rationale psychologische Erklärung, warum Christines Mann durch sein Verhalten kontinuierlich versuchte, das Ende ihrer Beziehung herbeizuführen. Sein destruktives Verhalten (Serienbetrug, Sexsucht) signalisierte Christine, dass ihre Ehe für sie vorbei war.

**Wenn Menschen nicht die emotionale Einsicht haben, ihre Trennungs-
und Verlustängste zu bewältigen, werden oft destruktive und irrationale
Verhaltensweisen der Ausweg aus der Beziehung.**

Es gibt manchmal keine Worte oder psychologische Erklärungen für die Grausamkeiten, die Partner sich gegenseitig im Trennungsprozess antun.

Der Mangel an emotionaler Klarheit, Einsicht und Reife, verbunden mit der Ambivalenz gegenüber dem Ende der Beziehung, führt in der Regel zu tragischen Trennungsprozessen. Der unnötige emotionale Schmerz, den so viele Erwachsene erleiden, ist mehr als traurig. Doch gibt es in solchen Fällen immer eine verborgene Ursache, eine tief sitzende emotionale Angst, die sich in der Beziehung stets wiederholt. Menschen, die ihre Aggression oder Wut ausagieren, sind sich häufig der langfristigen Wirkungen ihres Verhaltens auf ihren bzw. ihre Ex, auf sich selbst und andere unschuldige Beteiligte – Kinder, Verwandte und Freunde – nicht bewusst.

Es ist wichtig, nicht in die übliche Falle zu tappen, den Ex als »böse« zu brandmarken, nur um sich selbst besser zu fühlen. So zu tun, als ob dieser eine schreckliche Person sei, macht Sie selbst weder stärker noch weniger enttäuscht. Die chronische Kritik an ihm oder ihr verzögert nur Ihre Fähigkeit, sich zu entwickeln, zu verändern und vorwärtszukommen. Sie verdrängen Ihre Schmerz- und Verlustgefühle, wenn Sie sich ausschließlich auf das irrationale Verhalten und die neue Beziehung Ihres bzw. Ihrer Ex konzentrieren und auf Rache sinnen. Je mehr Zeit und Energie Sie auf Hass, Vorwürfe und Ressentiments gegen den Ex verwenden, desto mehr Zeit verbringen Sie in der Vergangenheit mit ihm oder ihr. Ihr wichtigstes Ziel ist es aber, vorwärtszukommen und Ihr Leben neu zu gestalten. Lassen Sie sich von Ihrer Wut nicht vormachen, Sie hätten keinen klaren Kopf in Bezug auf Ihren bzw. Ihre Ex. Ihre fortgesetzte emotionale Beschäftigung mit Ihrem Expartner ist ein klares Zeichen dafür, dass Sie sich von der Ehe- oder Liebesbeziehung noch nicht entfernt haben. Wenn Sie sich selbst dabei erwischen, dass Sie nur Negatives von diesem denken oder sagen, dann sind Sie immer noch stark an Ihre vergangene Beziehung gebunden. Bevor Sie Ihre Enttäuschung nicht überwinden, werden Sie eng mit ihm oder ihr verbunden bleiben. Ihr Leben wird so lange eine Tretmühle sein, bis Sie Ihre Wut, Enttäuschung und Verbitterung gegenüber Ihrem bzw. Ihrer Ex ausgelöscht haben.

Ihr Ziel muss sein, Ihren emotionalen und mentalen Fokus auf jenes chronische Kindheitsproblem, auf Angst oder langzeitige persönliche Defizite zu lenken, die das Ende Ihrer Beziehung in Ihrem Leben aktiviert hat. Wenn Ihnen nichts einfällt, dann nehmen Sie Ihre Enttäuschung als Anhaltspunkt für Ihre tieferen Gefühle, die um den persönlichen Verlust kreisen. Die Entwicklung einer emotionalen Distanz und klareren Perspektive auf Ihren bzw. Ihre Ex hilft Ihnen, Ihr seelisches Gleichgewicht zurückzuerlangen. Wer aggressiv gegenüber seinem bzw. seiner Ex reagiert (verbal, emotional, körperlich und finanziell), wird von der Unfähigkeit geleitet, sein eigenes Gefühl der Ablehnung, Hilflosigkeit und Verzweiflung zu kontrollieren. Unkontrollierte Rachsucht, Bestrafungsverhalten und irrationales Denken sind sowohl emotional als auch körperlich für alle Parteien in einem Trennungsprozess gefährlich.

## Eine Abfolge von Wuthandlungen

Passiv-aggressive Handlungen und Bestrafungsverhalten erscheinen vielen Partnern als die einzige Möglichkeit, das Ende einer Beziehung zu beschleunigen. Diese Verhaltensweisen sind oft sehr viel schmerzhafter für Sie als die gesamte vergangene Beziehung. Die Bitterkeit und Feindseligkeit, die ein Partner, dem man ehemals vertraut hat, auslösen kann, sind manchmal schwer glaubhaft und werden häufig zum letzten bleibenden Eindruck der Beziehung. Es kommt oft vor, dass Partner zu erstaunlich selbstzerstörerischen Mitteln greifen, um die Beziehung zu beenden und keine Möglichkeit für eine Versöhnung offen zu lassen. Wenn Sie zum Beispiel eine Beziehung verlassen haben, in der Sie misshandelt wurden, dann sind Sie vielleicht tief enttäuscht, wütend oder grollen Ihrer bzw. Ihrem Ex, weil Sie gezwungen waren, die Misshandlungen schließlich zu stoppen und die Beziehung zu beenden (indem Sie ausgezogen sind, die Scheidung eingereicht oder eine einstweilige Verfügung erwirkt haben). Ihr Partner hat vielleicht die Verantwortung für seine rücksichtslosen Handlungen, Worte, Grausamkeiten Ihnen gegenüber abgelehnt.

Die zahllosen Geschichten von Expartnern, die Rufmord begehen, sind bedauerlich und traurig. Dieses extrem empörende, abstoßende und scheußliche Verhalten verweist auf die brutale Wirklichkeit, die mit dem Versuch einer Lebenstrennung verbunden ist. Aufgrund dieser emotional so komplexen und belastenden Umstände rangieren Trennungen bezüglich ihrer psychischen Auswirkungen auf einer ähnlichen Stufe wie Tod oder tödliche Krankheiten.[6] Niemand ist darauf vorbereitet, die eigene Welt auf den Kopf gestellt zu bekommen, noch dazu von der geliebten Person, die bisher der beste und vertrauteste Freund war. Dass die Person, mit der man ein Leben aufgebaut hat, einen plötzlich emotional und mental zu zerstören versucht (denn so fühlt es sich an), übersteigt das Fassungs- oder Verständnisvermögen der meisten Menschen. Das Gefühl, »zerstört zu sein«, hat damit zu tun, wie plötzlich und drastisch das Leben (vielleicht nach zwanzig Jahren Ehe) unwiderruflich verändert wird. Aufgrund der tiefen emotionalen Verletzungen, die ihnen – absichtlich oder ungewollt – vom Ex zugefügt werden, beschließen viele Erwachsene, sich auf keine intime Liebesbeziehung mehr einzulassen. Nie wieder verletzbar zu sein, so glauben sie, ist das Mittel der Wahl, um über ihre Expartner und gescheiterten Beziehungen hinwegzukommen. Seien Sie nicht entmutigt, aber es braucht viel Einsicht und Verständnis, wenn Ihre Vergangenheit nicht Ihre Gegenwart und Zukunft beeinflussen oder bestimmen soll. Das Hauptziel dieses Buches ist es, Sie systematisch durch Ihren »Ex-Faktor-Prozess« zu führen. Die Wut, die unnötigerweise von den ehemaligen Lebenspartnern während oder nach einer Scheidung oder während einer sich hinziehenden Trennung produziert wird, lässt sich in großem Maßstab dokumentieren. Die Gerichte können ein Lied von der Dynamik und den irrationalen Handlungen singen, die solche extrem belastenden Situationen hervortreiben. Das Gesetz nennt solche emotionalen Explosionen »Mord aus Eifersucht«. Keiner von Ihnen beiden möchte einen Part bei so etwas spielen. Daher ist es entscheidend, keinen Augenblick länger in den hoffnungslosen, schmerzerfüllten Gefühlen zu verweilen, die so etwas möglich machen.

## Ein wütender Brief an Ihren bzw. Ihre Ex

Ein Brief an Ihren bzw. Ihre Ex aus der Perspektive Ihrer Wut ist eine der schnellsten und sichersten Möglichkeiten, aus dem finsteren Tal der Verzweiflung herauszukommen. Sie müssen Ihrer Wut eine Stimme geben und ihr Ausdruck verleihen. Wenn Sie Ihre Wut ignorieren, wird sie sich auf andere Arten bemerkbar machen. Das können, wie gesagt, psychosomatische Symptome sein, plötzliche Gesundheitsprobleme oder auch chronische Erkrankungen, weil Ihr Körper von Ihrer Wut regelrecht geschwächt wird.[7] Frauen werden traditionell dazu angehalten, keine Wut zu äußern, weil sie sonst als »zänkisch« oder »hysterisch« angesehen werden. Männern wird Wut als maskuline Emotion nahegebracht, die sie gerne äußern dürfen. Beide Stereotypen sind sehr einengend und sowohl für Männer wie für Frauen hochproblematisch.

## Beispiele von Wutbriefen

Mit den folgenden Beispielen verfolgen wir den Zweck, Sie moralisch zu unterstützen, wenn Sie »in das Feuer der Leidenschaft« geraten. Wut kann unerschlossene Gefühle freisetzen und eine unglaubliche emotionale Klarheit mit sich bringen, wie Sie sie vielleicht noch nie in Ihrem Leben gespürt haben. Ihrer Wut Ausdruck zu verleihen kann sehr klug und pragmatisch sein, aber Sie sollten daraus keine Gewohnheit machen. Nur sehr wenige Menschen nehmen sich je die Zeit oder haben den Mut, ihrer Wut vorsätzlich freien Lauf zu lassen. Es ist beängstigend, den eigenen Zorn zu spüren und den rücksichtslosen Wunsch, Ihren Expartner zu verletzen. Das Schreiben ermöglicht Ihnen, etwaige selbstzerstörerische Anwandlungen zu neutralisieren und ein tieferes Verständnis der Situation sowie emotionale Distanz zu erreichen. *Falls das nicht gelingt, sollten Sie eine Therapie anstreben.* Sobald Ihre Wut Sie nicht länger verzehrt und Ihr Urteilsvermögen und Verhalten definiert, werden Sie fähig sein, Ihr Leben neu zu beginnen.

Die folgenden kurzen »Wutbeispiele« stammen von einigen meiner Klienten und Klientinnen, die trotz des rücksichtslosen Verhaltens ihrer Expartner ihre Wut losgelassen und sich in ihrem Leben weiterentwickelt haben. Diese Briefe geben nur einen winzigen Einblick in das Leid, die Enttäuschung, Verzweiflung, Zurückweisung und Traurigkeit, die von der Wut überdeckt wurden. Alle diese Schreiber und Schreiberinnen mussten sich endgültig von ihrer Wut lösen, weil ihr Leben in ihrer Wut, Verzweiflung und Enttäuschung unterzugehen drohte.

*Robert, 43 Jahre alt:* Es ist nicht zu fassen, dass ich je zugelassen habe, dass du mich dermaßen kontrollierst. Ich verabscheue deine Haltung und Arroganz und dass du immer versucht hast, mich schlechtzumachen. Ich bin nicht länger in deiner Umlaufbahn und werde ein sehr viel besseres Leben ohne dich leben. Egal, was du über mich sagst oder unseren Freunden über unsere Beziehung erzählst, du hast nicht gewonnen. Ich will das Geld nicht, das Haus nicht, ich will auch dein Unglück nicht länger ertragen. Jetzt lebst du allein in einem leeren Haus – ich hatte nie den Eindruck, dass du irgendjemand anderen lieben kannst als dich selbst. Du bist extrem narzisstisch und selbstbezogen. Du hast meine Familie gegen mich benutzt, aber das hat dir schließlich nichts gebracht, wir alle wissen, was für ein mieser Mensch du bist.

*Rebecca, 46 Jahre alt:* Du versuchst mich immer noch über die Kinder, das Sorgerecht und Geld zu kontrollieren. Die Kürzung der Unterhaltszahlungen für mich und die Kinder wird mich nicht dazu bewegen, zu dir zurückzukommen. Ich habe dich verlassen, weil du ein Dreckschwein bist. Ich würde lieber verarmen, als auch nur einen weiteren Tag unter deiner Fuchtel zu leben. Ich habe dich verlassen und weiß, dass es das Richtige war und ist. Du kannst mich nicht mehr verletzen, mein Herz ist vor dir versteckt, und ich werde nie zulassen, dass du noch einmal in seine Nähe kommst. Du hast mich nie geliebt. Du liebst nur die Vorstellung von Liebe. Niemand wird dich je so lieben oder sich so um dich kümmern, wie ich es getan habe. Es war Idiotie von dir, mich zu ignorieren. Du wirst einsam sterben, und du bist ein trauriges Exemplar von einem Mann. Wir hatten ein tolles Leben zusammen, und du musstest alles kaputt machen und die 22-jährige Trainerin im Fitnessstudio ficken. Du bist abstoßend, und ich wünsche, du wärest tot. Du hättest in dem Autounfall umkommen sollen. Mein Leben wäre dann besser verlaufen.

*Bonnie, 36 Jahre alt:* Du hattest nicht den Mut, mir die Wahrheit zu sagen, also hattest du eine Affäre mit meiner Geschäftspartnerin. Ich hasse euch beide für eure Feigheit und hoffe, dass ihr in der Hölle sterbt. Ihr seid nutzlos und eine Vergeudung menschlichen Lebens. Ich werde dir nie verzeihen, und die Kinder halten dich ebenfalls für einen Wichser. Du warst sowieso nie ein richtiger Mann, weil du deiner Frau das Geldverdienen überlassen hast, während du zu Hause geblieben bist. Echte Männer arbeiten, und du bist kein Mann, du bist ein feiger kleiner Junge.

*Tammy, 39 Jahre alt:* Du hast mich die ganze Zeit in unserer Ehe angelogen. Ich fühle mich so betrogen und verletzt von dir. Wie viele Affären hattest du? Du hast Drogen genommen, gespielt und die ganze Zeit unsere Beziehung missachtet. Du hast meine beste Freundin geheiratet, und ich kann es immer noch nicht fassen, dass du mir das angetan hast. Warum? Was habe ich dir getan, dass mir so etwas Abscheuliches passieren musste? Ich werde nie wieder mein Herz an dich verlieren. Du bist eine riesige Enttäuschung und eine gigantische Niete. Deine neue Frau schielt sowieso nur nach dem Geld. Ich hoffe, ihr verrottet in der Hölle.

*Carlos, 49 Jahre alt:* Ich habe mit voller Absicht wegen der Kinder mit dir prozessiert und dir das Sorgerecht nehmen lassen. Ich wollte dich verletzen und bin froh, dass ich es getan habe. Du bist eine grauenhafte Person, eine miserable Mutter und ein menschliches Wrack. Du wirst die Kinder nie wiedersehen. Du verdienst weder das Geld, das ich zahle, noch die Dinge, die du aus der Ehe mitgenommen hast. Ich wünschte, du wärest tot und die Kinder hätten nur noch Erinnerungen an dich. Du bist fett, schlecht im Bett und ein wirklich zu allem fähiges Weib. Du bist eine Schande für alle Exfrauen. Ich wollte nie mit dir Sex haben, weil es entsetzlich war. Deine Schwester ist dreimal hübscher als du, ich hätte sie heiraten sollen.

\* \* \*

Schreiben Sie Ihren Wutbrief an Ihren bzw. Ihre Ex. Der Brief kann viele Stunden, Tage oder Wochen in Anspruch nehmen, bis er abgeschlossen ist. Noch einmal: Es gibt keine richtige oder falsche Vorgehensweise. Das Ziel ist, Ihrer Wut vollen Ausdruck zu verleihen. Das Schreiben über Ihre tiefsten Verletzungen und Ihre Gefühle des Zurückgestoßen- und Betrogenseins braucht nichts als Ihre ehrlichen Gefühle.

*Es wäre sehr unklug, diesen Brief an Ihren bzw. Ihre Ex zu schicken oder zu mailen.* Er oder sie braucht keine weitere Information, emotionale Munition oder zusätzliche persönliche Machtbefugnisse über Ihren Prozess der inneren Ablösung und Genesung. Wenn Sie ein übergroßes Verlangen empfinden, Ihren Wutbrief an Ihren bzw. Ihre Ex abzuschicken, bedenken Sie zuerst Folgendes: Der Versuch, abzurechnen und Ihren Gefühlen über das Verhalten Ihres ehemaligen Partners Luft zu machen, tut Ihnen nichts Gutes. Ihre Gefühle haben mit *Ihnen* und Ihrem eigenen Genesungsbedürfnis zu tun, nicht mit dem Ihres Ex. Sie können das Verhalten und die Unsensibilität Ihres Ex im Nachhinein nicht ändern oder korrigieren. Sie sind nicht Teil des Heilungsprozesses oder der emotionalen Genesung Ihres Expartners. *Sie sind nicht Teil seines oder ihres Lösungsprozesses.* Es ist gut, Ihre Gefühle herauszulassen, aber Sie wollen nicht in einem Teufelskreis aus sich wiederholenden Wuthandlungen, feindseligen Gefühlen und negativen Gedanken stecken bleiben. Es ist Zeit, ihn oder sie seelisch loszulassen und die emotionalen Bindungen in Ihrem Leben zu ändern. *Die einzige Möglichkeit der Heilung besteht in der Ablösung.*

## Das Band der Enttäuschung durchschneiden – der letzte Schritt

Kaum jemand wird behaupten, einer der besten Wege, um eine emotionale Bindung zu kappen, führe durch die Tür der Vergebung.

**Das Problem mit dem Verzeihen ist, dass gewisse Handlungen, Verhaltensweisen und Entscheidungen im Leben unverzeihlich scheinen.**

Die böswilligen und grausamen Handlungen eines Expartners mögen schwer zu glauben oder mit menschlicher Vernunft nicht zu verstehen sein. Es herrscht kein Mangel an Beispielen für negatives, abstoßend liebloses Verhalten. Da wir alle Menschen sind und auf tönernen Füßen stehen, ist die zwingende Notwendigkeit, uns zu lösen, vielleicht das Beste, was wir in dem Trennungsprozess tun können. Danach vielleicht – nach Jahren, wenn die Kinder groß sind, Geld kein zentrales Problem mehr ist, eine neue Ehe geschlossen wurde und die Erinnerung an die alte Beziehung kein gewaltiges Loch in der Seele zurücklässt –, *dann* können wir vielleicht vergeben und verzeihen. Eine umfassende Vergebung bedeutet, dass unser Expartner keine automatische emotionale oder psychische Reaktion mehr in uns hervorruft. Der oder die Ex ist eine Nullität geworden, eine unbedeutende Figur, eine Nummer, eine Person aus unserer Vergangenheit (und das ist sogar möglich, wenn aus der Beziehung Kinder hervorgegangen sind).

Das Maß Ihrer emotionalen Reaktion auf Ihren oder Ihre Ex

lässt sich auf einer Skala von null bis zehn messen. Zehn bedeutet unkontrollierte Wut, ständiges Reagieren, intensive Rachegelüste. Zehn ist der schlimmste emotionale Zustand, in dem wir uns befinden können, und erfordert in der Regel eine dritte Partei – vielleicht sogar die Polizei oder das Gericht –, um uns zu bremsen oder um die Sicherheit und Gesundheit der Beteiligten zu gewährleisten. So weit wollen Sie nicht gehen. Null ist das entgegengesetzte Ende auf der Skala, und das heißt: Sie können Ihren bzw. Ihre Ex sehen, ohne dass Ihnen übel wird oder die Wut ins Gesicht steigt. Null-Reaktion heißt, dass Sie keinerlei körperliche Reaktion oder negative Gefühle ihm oder ihr gegenüber zeigen oder empfinden. Sie können ihn oder sie betrachten, ohne von Wut oder Trauer überwältigt zu werden.

In unserem Versuch, uns zunehmend neutral zu der Person oder den Ereignissen zu verhalten, die uns so außerordentliches emotionales und mentales Leid beschert haben, müssen wir mit aller Kraft die innere Ablösung anstreben. Das ist der erste Schritt im Prozess der Vergebung. Selbst wenn Sie nur die Ablösung zuwege bringen, haben Sie immer noch eine Großtat vollbracht, die Ihr persönliches Wachstum und Ihre wiedergewonnene Stärke zeigt. Sich emotional, mental, psychisch und geistig zu lösen ist ein Mittel, um zu genesen und erneut Kontrolle über das eigene Leben zu gewinnen.

Die Ablösung befähigt Sie, sich bewusst von Ihrem Schmerz und Ihren negativen Gefühlen gegenüber dem schrecklichen Trennungsprozess »abzukoppeln«. Die Ablösung ist Ihr Weg, wieder Hoffnung und Zuversicht in Ihrem Leben zu spüren, heute und morgen. Wenn Sie einmal eine gewisse geistige und körperliche Distanz zu Ihrem bzw. Ihrer Ex gewonnen haben, dann können Sie sich darauf konzentrieren, Ihr Leben Schritt für Schritt vorwärtszubringen. *Verwechseln Sie Ablösung nicht mit einer verwässerten Form der Vergebung.* Das ist sie nicht. Sie ist nur

Ihre Fähigkeit, sich nicht weiter mit den vergangenen oder gegenwärtigen Handlungen Ihres bzw. Ihrer Ex zu beschäftigen. Sie hindert Sie auch daran, sich obsessiv auf die Vergangenheit zu beziehen, auf die feindseligen, rücksichtslosen Akte der Untreue und den beharrlichen Schmerz, den diese Ereignisse ausgelöst haben. Wenn Sie nach diesen Ausführungen das Buch am liebsten in die Ecke schleudern und schreien möchten, lesen Sie weiter.

## Geheimnisse der Ablösung

Die folgende Liste soll Ihnen helfen, in Ihrem inneren Überzeugungssystem eine Veränderung einzuleiten (neue Einsichten zu gewinnen), sodass Sie endlich aufhören können, Ihre emotionale Energie auf Ihren bzw. Ihre Ex zu konzentrieren. Bedenken Sie, dass Ihre tägliche Entscheidung, sich zu lösen, nur Ihnen und niemandem sonst hilft. Es ist Ihre Form praktizierter Selbstliebe und Selbstunterstützung. Mit der Entscheidung zur Ablösung verhindern Sie, dass Sie weiterhin von Ihrer Vergangenheit, Ihrem bzw. Ihrer Ex und Ihren eigenen Unzulänglichkeitsgefühlen misshandelt und emotional gequält werden. Die folgenden Ideen und Aussagen sind keineswegs als vollständig zu betrachten. Sie sollen Ihnen Anregungen für ein Ablösungsprogramm nach Ihren persönlichen Bedürfnissen und Grundüberzeugungen geben. Es spielt keine Rolle, wie Sie sich lösen – Sie müssen es einfach nur tun. Sie werden wahrscheinlich feststellen, dass Ihre Enttäuschung dramatisch abnimmt und Ihre Hoffnung und Zuversicht für die Zukunft wachsen, wenn Sie sich zunehmend besser lösen können. Vergessen Sie nicht: Sie sind emotional, psychisch und körperlich nicht frei für eine neue Liebesbeziehung, solange Sie mental mit Ihrem bzw. Ihrer Ex verbunden bleiben. Es gibt keinen Platz in Ihrem Herzen oder Bewusstsein für jemand anderen, wenn Sie immer noch an der alten Beziehung hängen. Dieser Umstand allein sollte Sie genügend motivieren, sofort mit der Ablösung zu beginnen.

- *Das Verhalten Ihres bzw. Ihrer Ex hat nichts mit Ihnen zu tun.* Es kann sich gegen Sie richten wie ein Raketengeschoss, aber es sagt nichts über Sie aus. Die negative Reaktion Ihres Ex auf Sie hat mit seinen oder ihren ungelösten Problemen aus der Vergangenheit zu tun. Diese Probleme und Konflikte sind älter als Sie und die Beziehung. Sie sind nicht verantwortlich für seine oder ihre Kindheitswut und Vorwürfe.
- *Sie kontrollieren, wie Sie fühlen und handeln.* Niemand kann Sie zwingen, etwas zu denken oder zu fühlen, was Sie nicht wollen. Sie selbst kontrollieren Ihre Gefühle und Gedanken. Wenn Sie glauben, jemand könne Sie zwingen, sich »schlecht« zu fühlen, dann unterschätzen Sie Ihre persönliche Macht.
- *Lassen Sie nicht länger zu, dass Ihr bzw. Ihre Ex Sie verletzen kann.* Sie haben die Fähigkeit, die Äußerungen Ihres Expartners als seine Meinung zu hören und nicht als die Ihre. Die wichtigste Meinung über Sie ist Ihre eigene. Ihre Ansichten, Gedanken und Gefühle über sich selbst sind die einzigen, die zählen. Die Meinungen Ihres Ex über Sie gehen Sie nichts mehr an und haben Sie nicht mehr zu interessieren.
- *Niemand kann Sie definieren oder entscheiden, wer und wie Sie sind, außer Sie selbst.* Es ist allein Ihre Verantwortung und Pflicht, Ihr eigenes Leben zu definieren. Ihr bzw. Ihre Ex hat keinen Anteil an der Entwicklung Ihrer persönlichen Identität.
- *Erfinden Sie Ihre eigenen Mantras als Gedächtnishilfen, wie und wer Sie sind.* Betrachten Sie sich selbst als von Ihrem bzw. Ihrer Ex getrennt. Zum Beispiel: »Ich kontrolliere mein Leben. Das ist seine bzw. ihre Meinung, nicht meine. Ich streite nicht mehr. Das ist eine schlechte Phase, kein schlechtes Leben. Mein/e Ex ist wütend, aber ich bin nicht die Lösung. Seine bzw. ihre Wut stammt aus einer Zeit vor unserer Beziehung.«

- *Akzeptieren Sie das Ende der Beziehung.* Hören Sie auf zu wünschen oder zu hoffen, die Dinge zwischen Ihnen und Ihrem bzw. Ihrer Ex lägen anders. Hören Sie auf, gegen die Wirklichkeit Ihrer Situation anzukämpfen, und kümmern Sie sich um Ihre Zukunft. Bilden Sie sich nicht ein, Ihr/e Ex sei der entscheidende Mensch in Ihrem Leben. Das Verdrängen des Endes ist der Versuch, emotional in Verbindung zu bleiben.

- *Ihr Leben findet in der Gegenwart statt, nicht in der Vergangenheit.* Sie sind nicht mehr verheiratet oder mit Ihrem bzw. Ihrer Ex auf intime Weise zusammen. Sie teilen sich vielleicht das Sorgerecht für die Kinder, aber das ist keine Liebesbeziehung.

- *Erkennen Sie Ihre emotionalen Auslöser.* Diese sollten Sie beseitigen und darauf achten, dass Ihr Expartner sie nicht sieht. Erlauben Sie zum Beispiel nicht, dass sein oder ihr Verhalten eine emotionale Reaktion »anschaltet«, wenn Ihr Bedürfnis nach Achtung und Respekt bedroht ist. Erwarten Sie von Ihrem bzw. Ihrer Ex nicht, dass er oder sie Ihnen gegenüber respektvoll oder positiv auftritt. Gehen Sie davon aus und seien Sie sich sicher, dass Sie persönlich für Ihr Selbstwertgefühl und die Schadensbegrenzung verantwortlich sind (d. h. verlieren Sie nicht die Beherrschung)

- *Entwickeln Sie strikte emotionale Grenzen zwischen sich und Ihrem bzw. Ihrer Ex.* Besprechen Sie mit dem Expartner keine persönlichen Dinge. Beschränken Sie die Gespräche aufs Technisch-Sachliche – Kinder, Geld und dergleichen –, und halten Sie sich von emotionalen Themen fern. Reden Sie nie über Ihre neuen Liebespartner oder Beziehungen. Wenn Sie darüber sprechen, wie aufregend Ihr neuer Liebhaber oder Ihre neue Geliebte ist, so hält das nur Ihre emotionale Verbindung zu Ihrem bzw. Ihrer Ex aufrecht. Rache führt nicht zu Heilung und Ablösung, wie Sie sie wahrhaft wollen und brauchen. Die Absicht, mit Ihrem neuen Liebesleben Ihrem bzw. Ihrer Ex Verletzungen zuzufügen, ist fehlgeleitet und wird Ihnen wahrscheinlich nur zusätzliche Probleme einbringen.

- *Keinerlei Körper- oder gar sexuellen Kontakt.* Es ist unmöglich, sich von Ihrem bzw. Ihrer Ex zu trennen, wenn Sie weiterhin körperlich oder sexuell involviert sind. Wenn Sie noch gemeinsam sexuellen Kontakt haben, dann ist Ihre Beziehung nicht vorbei. Unabhängig von Ihrem Trennungsstatus: Sexualität ist gleichbedeutend mit einer innigen Beziehung. Expartner sind niemals neutrale Sexualpartner. Sex einzusetzen, um in Verbindung zu bleiben, ist emotional gefährlich und eine grob fahrlässige kurzfristige Lösung für ein langfristiges Trennungsproblem. Die Lösung Ihres Ex-Faktors erfordert den unbedingten Verzicht auf jeden sexuellen Kontakt mit Ihrem ehemaligen Partner.

Bitte erweitern Sie diese Liste um weitere Punkte, die dazu beitragen können, Ihre emotionale, psychische und mentale Distanz von Ihrem bzw. Ihrer Ex zu fördern. Wenn Sie nah beieinander wohnen oder gemeinsame Kinder haben, so berührt das nicht Ihre Fähigkeit, sich von ihm oder ihr zu distanzieren. Ihre Kinder dürfen nicht als Vorwand herhalten, emotional verbunden zu bleiben – das wäre nur eine andere Form der Verdrängung und Ablehnung Ihrer neuen Liebessituation.

*Wenn Sie gegen jemanden tiefen Groll hegen, dann sind Sie an diese Person oder an diesen Zustand durch eine emotionale Klammer gebunden, die stärker ist als Stahl. Vergebung und Abstand sind die einzige Möglichkeit, um sich von dieser Klammer zu befreien.*
– Catherine Ponder, Psychologin

# TEIL 2

# DAS TAL DER VERZWEIFLUNG

> »Das Spiel von Schuld und Schuldzuweisung ist ein verlockendes Spiel in jeder Beziehung, sei sie persönlich, beruflich oder politisch. Wenn es irgendeine Belohnung in diesem Spiel gibt, dann sind es Selbstbestrafung und Trennungsgefühle.«
> – Gerald G. Jampolsky, Arzt

# 5   DAS AUFSAMMELN DER SCHERBEN
## Schadensbegrenzung

*Man kann in einer Ehebeziehung leben, ohne je verheiratet zu sein.*
– Charlotte, 78 Jahre alt, 55 Jahre verheiratet, seit acht Monaten verwitwet.

Mit dem obigen Zitat lassen sich viele langjährige Beziehungen und Ehen beschreiben. Die Erkenntnis, dass man in einer Beziehung gelebt hat, die eigentlich keine war, kann sehr ernüchternd und demütigend sein. Ich lernte Charlotte auf der Hochzeit eines Freundes kennen, und sie beschrieb mir mit diesem Satz die ganze Verzweiflung, die sie fast vierzig Jahre lang empfunden hatte, während sie ihr Eheleben lediglich absolvierte. Sie sagte: »Erst, als wir beide 62 wurden, wurden wir ein echtes Paar.« Sie und ihr Ehemann brauchten vierzig Jahre, um sich vollständig – emotional und mental – auf ihre Ehe einzulassen und sich an der beiderseitigen Liebe und Unterstützung zu erfreuen. So merkwürdig es klingt, im vierzigsten Jahr ihrer Ehe fanden sie zu einer sicheren Liebesbindung. Bei vielen Paaren findet diese Bindung während der Phase der Verlobung oder der frühen Zeit ihrer Ehe statt oder manchmal entwickelt sie sich auch im Verlauf der Ehe – für andere aber nie. Wirklich in einer Ehe zu leben – im metaphorischen, spirituellen, psychologischen und emotionalen Sinn –, bedeutet, eine liebevolle Bindung zu entwickeln und zu erhalten.

Es ging aus Charlottes Geschichte klar hervor, dass sie ihren

Mann immer geliebt hatte, aber er brauchte geschlagene vierzig Jahre, um zu erkennen, was für eine wunderbare Frau sie war. Erst ab diesem Zeitpunkt ließ er sich voll und ganz auf die Ehe ein. Charlotte hatte das Gefühl, dass sie in ihrer 55-jährigen Ehe mehrfach verheiratet und geschieden waren. Weder sie noch ihr Mann Lenny zog je aus dem gemeinsamen Haus aus, aber sie schliefen öfter jahrelang in getrennten Schlafzimmern. Endlich aber, im vierzigsten Jahr ihrer Ehe, entwickelten sie eine erfüllende, sichere und tiefe emotionale Bindung. Nach ihrem vierzigsten Hochzeitstag schliefen sie nie wieder getrennt. Charlotte erzählte mir von ihrer Ehe zwei Monate vor ihrem Tod; sie starb zehn Monate nach Lennys Hinscheiden. Sie konnte ohne ihren lebenslangen Partner und besten Freund nicht leben. Im letzten Kapitel ihres Lebens hatten Charlotte und Lenny eine Ehe, um die sie viele beneideten, aber sie brauchten vier Jahrzehnte, um diese innige Beziehung zustande zu bringen. Natürlich bedürfen Liebesbeziehungen immer der Anstrengung und des Einsatzes beider Beteiligter.

### Wir alle sehnen uns nach Sicherheit und Halt

Eine Liebesbeziehung ist per definitionem ein sicherer emotionaler Ort, wo die Liebespartner ihr wahres intimes Ich miteinander teilen. In einer sicheren Liebesbeziehung erfährt man die transformatorische Kraft von Liebe und emotionaler Unterstützung. Jede Art intimer Beziehung, die diese Elemente enthält – also die wesentlichen menschlichen Bedürfnisse und Wünsche – ist eine Ehe, gleichgültig ob eine Trauung stattgefunden hat. Die innere Freistatt aus Sicherheit und gegenseitiger Unterstützung ist unschätzbar und etwas, das alle Erwachsenen brauchen und ersehnen.[1] Es ist normal, natürlich und vollkommen berechtigt, in einer Atmosphäre der Liebe und Akzeptanz leben und verstanden werden zu wollen. *Es sind das Streben nach diesem Glück und das Nichterreichen dieses Ziels, was zur emotionalen Härte von Trennungen und Scheidungen führen kann.*

Es ist eine Binsenweisheit, dass niemand eine Beziehung eingeht, die zur Ehe führt, oder sich verliebt, um sich an einem bestimmt Punkt in der Zukunft trennen zu können. Gleichwohl kommen Trennungen vor, aber sie sind kein Grund, den Wert und das Glück von Paarbeziehungen in Abrede zu stellen. Die Motivation für eine Liebesbeziehung ist – bewusst und unbewusst – ein Streben nach Vervollständigung durch unser Liebesleben. Durch unsere Liebesbeziehungen und -bindungen fühlen wir uns lebendig, geschätzt und emotional vollständig. Häufig ist der erschreckendste Aspekt einer Trennung die Erkenntnis, dass eine lange bestehende Liebesbeziehung nicht in der Lage war, die positive, unterstützende und liebevolle Atmosphäre zu schaffen, die beide Partner brauchten. Einer der schmerzhaftesten Prozesse bei der Überwindung des Traumas und der Enttäuschung, der die Trennung von Ihrem bzw. Ihrer Ex begleitet, ist das Eingeständnis, dass Sie vielleicht *nie* eine enge Verbindung hatten, sich nie wahrhaft geliebt oder tief verstanden gefühlt haben. Manche Menschen empfinden die Vorstellung, in einer Beziehung könne man sich emotional »komplett« fühlen, als geradezu lachhaft – das ist eine sehr traurige Realität. Der Schmerz einer Trennung liegt unter anderem darin, für sich akzeptieren zu müssen, dass die Beziehung nicht das war, was man gewollt und erhofft hatte. Dass Sie bei alledem eine wichtige Rolle spielten und Verantwortung dafür hatten, wie Sie mit Ihrem Ex interagierten und emotional verbunden waren, ist eine sehr schwerwiegende Tatsache. Oft löst diese Einsicht einen großen emotionalen Schmerz, Verlustgefühle und tiefes Bedauern aus.

## Die Schadensermittlung

*Meine Welt ist vollkommen sinnlos geworden. Ich fühle mich verloren und absolut leer. Ich wollte nie eine Scheidung. Ich hasse meine Frau, ich hasse es, geschieden zu sein.*
– Christian, 43 Jahre alt, 15 Jahre verheiratet, kürzlich geschieden.

Es mag schwer zu akzeptieren sein, dass Sie sich in der Beziehung nie wirklich verbunden, geliebt und wiedergeliebt gefühlt oder nie völlig funktioniert haben. Diese ehrlichen introspektiven Gefühle haben nichts mit der Dauer der Beziehung zu tun. Sie können fünf, fünfundzwanzig oder fünfzig Jahre zusammen gewesen sein und dennoch nie das Gefühl gehabt haben, dass die Beziehung das Richtige für Sie war. Diese Erkenntnis ist machtvoll und kann der Anlass sein, wesentliche Veränderungen in Ihrem Beziehungsmodell und Liebesstil vorzunehmen. In dem obigen Zitat spiegelt sich ungeschminkt und zutreffend, was viele Männer und Frauen über ihre vergangenen Liebesbeziehungen denken.

An diesem Punkt der ehrlichen inneren Bestandsaufnahme, die zum Prozess der Lösung vom Ex-Faktor gehört, beginnen Sie, die Scherben Ihres Lebens zusammenzusuchen, Ihr Herz zu heilen und Ihr Schicksal in die Hand zu nehmen. Christians Aussage ist Beleg für seine klare Erkenntnis, dass seine Ehe oder Liebesbeziehung zu Ende war und dass ihm die Wahrheit über sie große Probleme bereitete. Er verstand seine Welt nicht mehr und wusste nicht, wie er die Teile seines Lebens, das in Stücke zerbrochen war, wieder zusammensetzen sollte. Alles fühlte sich anders und beängstigend an. Um nach einem solchen Verlust vorwärtszugehen, bedarf es einer Menge Mut und Klarheit, und Christian konnte nicht länger in der Vergangenheit leben (und seiner Expartnerin Vorwürfe machen), selbst wenn er das wollte.

Seine Ehe war unwiderruflich vorbei, und Christian musste sein Leben und seine Zukunft neu definieren.

Würden Sie Ihr Liebesleben und Ihre Beziehungen mit den Worten »frustrierend«, »qualvoll« oder »armselig« charakterisieren? Wenn dies die zutreffende Beschreibung für Ihr Eheleben, Ihre Beziehungen oder die Summe Ihres erwachsenen Liebeslebens ist, verfallen Sie nicht in Panik. Viele Menschen verbringen Zeit in Ehen oder lang anhaltenden Liebesbeziehungen, ohne sich emotional dem Partner tief verbunden zu fühlen oder sich vollständig einzubringen. Viele Menschen – Frauen und Männer gleichermaßen – sprechen davon, dass sie in ihrer Ehe oder eheähnlichen Partnerschaft nur so taten, als ob. *Niemand will seine Zeit absitzen und so tun, als liebe er jemanden – und es gibt keinerlei Grund dafür, dass man das je wieder müsste.* Nach Ihrer Scheidung oder Trennung wissen Sie sehr viel besser oder beginnen zu erkennen, was Sie von einem Partner bzw. einer Partnerin wollen und was nicht. Sie wissen jetzt oder beginnen zu erkennen, was für Sie in Ihrer Beziehung mit einem Liebespartner funktioniert und was nicht.

Wir können wohl davon ausgehen, dass Sie gern mit einem neuen Partner bzw. einer neuen Partnerin eine Liebesbeziehung eingehen würden. Sie haben jetzt die Motivation, die Einsicht, den Mut und die Erfahrung, sich in Ihrer nächsten Beziehung anders zu verhalten und anders auf Ihren neuen Liebespartner zuzugehen. Je mehr Sie Ihren eigenen Liebesstil erkennen und verstehen, desto mehr Kontrolle haben Sie bei der Neugestaltung Ihrer Zukunft. Ihre vermehrte Einsicht befähigt Sie, aus der ewigen Wiederholung alter Muster aus Frustration, emotionaler Leere und Verzweiflung auszubrechen. *Sie müssen nie wieder in einer Beziehung leben, in der Sie nur Darsteller einer Rolle sind, statt mit Ihrer ganzen Person zu lieben und als ganze Person geliebt zu werden.*

## Die Fähigkeit, Liebe zu akzeptieren

Die Entwicklung Ihres Intimlebens und Ihre Teilhabe an einer Liebesbeziehung hängen einzig und allein von Ihnen und Ihrer Bereitschaft ab, Ihre »Komfortzone«, was Beziehungen angeht, zu verlassen. Ihre emotionale und psychische Komfortzone ist eine Kombination aus Ihren alten Beziehungsmustern, Ihrem Liebesstil und Ihren persönlichen Grundüberzeugungen. All diese Elemente wollen wir in diesem Teil des Buches diskutieren. Die neu gewonnene Einsicht in Ihre Liebesbeziehungen wird Ihnen helfen, sich mit dem Lieben und Geliebtwerden sehr viel wohler zu fühlen. Mit anderen Worten, sie wird Ihre emotionale und psychische Fähigkeit steigern, zu akzeptieren, dass Ihr Partner bzw. Ihre Partnerin Sie ernsthaft liebt und dass ihm bzw. ihr viel an Ihnen liegt. Diese Vorstellung mag zunächst seltsam und wie ein Ding der Unmöglichkeit erscheinen, aber es ist an Ihnen, diese neue Liebeszuwendung Ihres neuen Partners anzunehmen. Wenn Sie einem anderen erlauben, Sie zu lieben und zu umarmen, müssen Sie auch sich selber lieben und umarmen. Ein höheres Niveau, ein neuer Standard der Liebe und eine größere Fähigkeit, zu lieben und geliebt zu werden, beginnen mit der Überwindung und Lösung des Traumas, das die Trennung Ihrer entscheidend wichtigen Beziehung (gegenwärtig oder vergangen) in Ihnen ausgelöst hat. Es ist wichtig, zu beachten, dass Ihre letzte Beziehung oder Ehe vielleicht gar nicht die Liebesbeziehung war, die das größte emotionale Gewicht oder den größten negativen Einfluss auf Sie hat. Welche Liebesbeziehung hat für Sie die größte Energie? Das kann eine Liebe aus der Schulzeit, aus dem Studium, eine ehemalige Arbeitskollegin oder Ihr Exehemann sein. Wer ist es für Sie? Lassen Sie uns zunächst die vier Grundelemente beschreiben, die zu einer Erweiterung Ihrer Liebes- und Beziehungsfähigkeit beitragen:

- *Erstens:* Glauben Sie daran, dass Sie mehr Erfüllung in Ihrem Liebesleben verdienen und haben können. Ihre vergangenen Liebesbeziehungen müssen nicht Ihre Liebeszukunft bestimmen. Sie sind mehr als Ihre Vergangenheit. Die Vergangenheit ruhen zu lassen ermöglicht Ihnen, die Dinge in Gegenwart und Zukunft anders zu handhaben. Sie können nicht gleichzeitig in der Vergangenheit und in der Gegenwart sein. Ihrem Leben ist besser gedient, wenn Sie in der Gegenwart leben.

- *Zweitens:* Seien Sie fest davon überzeugt, dass Sie die Art von Liebesbeziehung haben können, die Sie sich wünschen. Sie sind die einzige Person, die Ihr Liebesleben neu schaffen, gestalten, erfinden kann. Niemand sonst hat Ihr Liebesschicksal in der Hand, unabhängig von Ihren in der Vergangenheit liegenden Enttäuschungen und Liebesschmerzen. Machen Sie sich bewusst, was Sie sich in einer Beziehung wünschen und was Sie nicht tolerieren oder akzeptieren wollen.

- *Drittens:* Glauben Sie daran, dass ein Liebesleben nach Ihrem bzw. Ihrer Ex möglich ist. Unabhängig von der emotionalen und mentalen Krise und der Intensität des seelischen Traumas, das Sie überstanden haben, können Sie sich ein neues Leben aufbauen. Sie dürfen nie vergessen, dass *aus dem seelischen Schmerz ein neues Leben entsteht*. Eine Neuausrichtung Ihrer innersten Überzeugungen, was Werte (z. B. persönliche Prioritäten, Familie, Kinder, Geld, Karriere etc.) und Selbstwertgefühl angeht, beginnt damit, dass Sie Ihr Herz wieder zusammensetzen. Menschen, die sich zertrümmert fühlen, vergessen oft, dass es möglich ist, wieder eine ganze Person zu werden. Gewiss ist es grauenhaft, sich emotional, mental, psychologisch und finanziell ruiniert zu fühlen. Aber vergessen Sie nicht: Es kommen wieder bessere Zeiten.

- *Viertens:* Glauben Sie daran, dass Ihr Schmerz, Ihre Angst, Hoffnungslosigkeit und Verzweiflung nachlassen werden. Es gibt für Ihren Schmerz und Ihr Leid immer einen Endpunkt, und diesen können Sie beeinflussen. Wie alles im Leben hat auch das Leid einen Anfang und ein Ende. Ihre Entschlossenheit und Offenheit, Ihr Beziehungstrauma aktiv zu verarbeiten, kann Ihren Heilungsprozess stark beschleunigen. Ihre bewusste Entscheidung, nicht alles in Ihrer Beziehungsgeschichte Ihrem bzw. Ihrer Ex anzulasten, ist für eine Genesung Ihres zerbrochenen Herzens und Ihrer zerstörten Träume von größter Wichtigkeit. Es ist nie zu früh oder zu spät, um die Scherben Ihres Lebens aufzuklauben und wieder zusammenzufügen – aber diesmal neu und anders. Es kostet unglaublichen Mut und Durchstehvermögen, um das Leben und die Beziehungen zu schaffen, die man immer wollte, aber Sie können es erreichen.

## Nicht mehr zerbrochen

Häufig ist das Ende einer Liebesbeziehung so zerstörerisch, dass die Betroffenen sich fühlen, als ob sie in tausend Stücke aus Schmerz und Kummer gehauen werden. Jeder Teil des Lebens scheint zerbrochen und unwiederbringlich dahin. Das Gefühl, nur noch ein Scherbenhaufen zu sein, geht weit über den Schock, die Betäubung oder Fassungslosigkeit hinaus, die die plötzliche Trennung in Ihnen ausgelöst hat. Ein zerbrochenes Leben fühlt sich so zerstört an, als ob es keine Hoffnung mehr gäbe. Sie haben das Gefühl, nichts funktioniere mehr, nichts scheine mehr sicher, Sie erkennen sich selbst nicht mehr – Sie essen unregelmäßig und schlecht, legen an Gewicht zu oder ab, verlieren Ihre Beziehungsroutine und Stabilität. Ihr Leben ist Ihnen fremd geworden, Sie sind sich selbst fremd geworden und kommen mit den Veränderungen in Ihrem Leben nicht zurecht. In der Regel finden diese Veränderungen abrupt und mit enormer persönlicher Schockwirkung statt. Es gibt Bücher, Videos und Workshops dazu, wie man sein Leben nach einer Reihe verheerender Ereignisse wieder in den Griff bekommt. Sie könnten hilfreich für Sie sein.

Wir wollen uns hier darauf konzentrieren, Ihnen dabei zu helfen, die Teile Ihres Herzens nach einer Scheidung oder Trennung wieder zusammenzusetzen. Egal, wie Ihre Beziehung endete, vielleicht fühlen Sie sich wie eine Glasvase, die in tausend Stücke zersprungen ist. Doch die Erfahrung des »Zersplittertseins« wird von vielen Wissenschaftlern als der Beginn einer nachhaltigen Veränderung angesehen.[2]

## Geschichten von Betroffenen

Die folgenden Geschichten handeln von drei Erwachsenen, die glaubten, ihr Leben sei vorbei und emotional nicht mehr zu retten. Es sind wahre, schmerzhafte, aber sehr hilfreiche Beispiele, in denen die Betroffenen ihr Gefühl, emotional, mental und körperlich zerbrochen zu sein, überwunden haben. Es ist wichtig, sich klarzumachen, dass keiner der Schritte zur persönlichen Heilung und emotionalen Erneuerung möglich gewesen wäre, wenn diese drei sich nicht ab einem bestimmten Punkt entschlossen hätten, sich von ihrer Krise emotional zu distanzieren. Sie begriffen die Notwendigkeit, keine innere Verbindung mehr mit ihren ehemaligen Partnern aufrechtzuerhalten und das Drama, das aus ihrer Beziehung hervorgegangen war, abzubrechen. Sie zogen sich zurück und kappten die Verbindung zu den Meinungen, Handlungen und Launen Ihrer Expartner. Sie vermieden es, ihre Gefühle in die Vergangenheit abdriften zu lassen. Ihre Fähigkeit, das endlose psychische Leiden zu beenden, begann damit, dass sie in der Gegenwart blieben und sich mit den Dingen des Augenblicks beschäftigten. Ihr Weg der Heilung und Neugestaltung ihres Lebens schien ebenso wundersam wie die Ereignisse, die dazu führten. Wir wollen ihre Geschichten betrachten und dann Wege finden, wie Sie über Ihre Enttäuschung und Ihren Beziehungsschmerz hinwegkommen.

## Roberts Trennungserfahrung

### Hintergrund

Es war am letzten Freitag im Februar, zwei Tage vor dem Los-Angeles-Marathon. Robert war kürzlich nach zwölfjähriger Ehe geschieden worden und hatte während des ganzen Scheidungsprozesses intensiv trainiert, um buchstäblich und sinnbildlich »das Rennen zu machen«. Robert brauchte sowohl körperliche Ausdauer, um am Marathonlauf teilzunehmen, als auch emotionale Ausdauer, um den Scheidungsprozess durchzustehen. Robert, ein Orthopädiechirurg und alleinerziehender Vater von zwei Kindern (einem achtjährigen Sohn und einer zehnjährigen Tochter) kämpfte mit Schuld-, Scham- und Wutgefühlen wegen der Scheidung von seiner Frau Margo. Die Ehe war eine koabhängige Beziehung. Roberts koabhängiges Verhalten zeigte sich darin, dass er ständig versuchte, Margo zufriedenzustellen, bis er schließlich am Ende seiner Kräfte war. Margo war narzisstisch und sehr anspruchsvoll und konnte nicht verstehen, warum Robert nicht immerzu ihre Wünsche befriedigte. Roberts Bedürfnisse, Wünsche und Sehnsüchte hingegen spielten keine Rolle. Die Beziehung war dazu da, Margos Bedürfnisse zu befriedigen – Robert hatte keine Bedürfnisse.

### Roberts Geschichte

Ich lernte Robert mitten in einer Familienkrise kennen. Robert war von der Familientherapeutin angezeigt worden, weil er angeblich seinen Sohn während eines »Ringkampfs« unzüchtig berührt hatte. Robert war noch nie wegen körperlicher oder sexueller Belästigung seiner Kinder aufgefallen. Seine Exfrau hatte aber das Empfinden, dass Robert zu körperlich und »intim« mit ihrem Sohn umgehe, und wandte sich an die Therapeutin. Robert war sehr verstört, als er mir seine Situation berichtete:

»Ich bekam von unserer Familientherapeutin einen Anruf, sie habe mich beim Jugendamt wegen Kindesmissbrauchs angezeigt. Mein Sohn hatte angeblich der Therapeutin erzählt, ich hätte beim Ringen seinen Po angefasst. Das war lächerlich und zugleich Furcht einflößend. Ich bin kein Pädophiler oder Kindesmisshandler. Die Therapeutin glaubte mir nicht und benachrichtigte das Jugendamt. Drei Tage später kam eine Sozialarbeiterin zu mir nach Hause. Ich hatte keinen Anwalt, und ich wollte, dass sie sich unser neues Zuhause anschaute, wo die Kinder und ich lebten. Die Frau war eine Afroamerikanerin aus Jamaica. Sie kam in unser Haus, sah mir direkt in die Augen und stellte mir drei Fragen: Haben Sie eine neue Freundin? Haben Sie das Haus gerade erst gekauft? Haben Sie Ihrer Frau gesagt, dass Sie sich mit ihr nicht versöhnen werden?

Mein Herz schlug heftig, und ich hatte solche Angst, dass ich sehr ruhig wirkte. Ich sagte der Dame, dass ich vor wenigen Monaten eine wunderbare Frau kennengelernt hätte, dass ich das Haus vor drei Monaten gekauft hätte und nicht vorhätte, je zu meiner Exfrau zurückzukehren. Ich erwähnte, dass meine Exfrau die Scheidung gewollt, sich dann aber umentschieden habe. Ich war emotional absolut am Ende, weil ich immer versucht hatte, ihr Freude zu machen und all ihre Wünsche zu befriedigen. Die Sozialarbeiterin meinte, ich solle das Haus nicht verlassen, sie wolle jetzt gleich zu meiner Frau gehen (wir wohnen nur fünf Minuten auseinander).

Eine Stunde später kehrte die Sozialarbeiterin zurück und erklärte mir, das nächste Mal, wenn meine Frau mich fälschlich des Kindesmissbrauchs beschuldigte, würde sie (die Sozialarbeiterin) mir das alleinige Sorgerecht für die Kinder übertragen. Ich fragte sie, woher sie denn wisse, dass ich kein Pädophiler oder Kinderschänder war. Sie sagte, kein Pädophiler lädt eine Sozialarbeiterin vom Jugendamt zu sich nach Hause ein, setzt sich mit ihr zusammen und bittet sie um Hilfe gegen seine wütende Exfrau. »Sie sind es, der hier missbraucht wird«, sagte sie, »und ich rate Ihnen, dieser Frau einen Riegel vorzuschieben.«

*Ich war selten so voller Erleichterung und zugleich voller Wut wie in diesem Moment. Der Irrsinn, mich wegen Kindesmissbrauchs anzuzeigen, war so entsetzlich und niederschmetternd, dass ich das ganze nächste Jahr über leichte Panikattacken hatte. Ich brauchte volle drei Jahre, um mich vollständig von diesem bösartigen Angriff zu erholen. Ich habe seither große Mühe, Frauen zu vertrauen, und habe auch keine wirklich ernste Beziehung entwickelt. Meine damalige Freundin brach mit mir, und meine Kinder waren die nächsten sechs Monate sehr distanziert.«*

## Roberts Genesung

Robert besuchte dann dreimal wöchentlich eine Therapeutin, um seine Koabhängigkeit und seine Furcht vor Kontakten mit seiner Exfrau in den Griff zu bekommen. Er hatte allen Grund, seiner Exfrau zu misstrauen, nachdem sie versucht hatte, sein Leben und seinen Beruf zu zerstören und ihm die Kinder zu nehmen. In der Therapie musste Robert seine Kindheitsangst vor der Enttäuschung und Rachsucht seiner Mutter durchsprechen und verarbeiten. Er hatte auch wegen der Scheidung ein schlechtes Gewissen und schämte sich, dass er sich von seiner Exfrau tyrannisieren ließ. Er brauchte mehrere Jahre, bis er die Hoffnung, den Mut und die persönliche Kraft aufbrachte, sich auch nur vorzustellen, sein Herz einer neuen Frau gegenüber zu öffnen. Er lernte, seine emotionale und mentale Furcht zu meistern, wenn er sich über Erziehungsfragen mit seiner Exfrau austauschen musste. Er begründete seine Fähigkeit, in einer Beziehung zu lieben und geliebt zu werden, neu. Er fing an, zu verstehen und zu glauben, dass er als gleichgestellter Partner in einer Beziehung leben könnte.

Robert verabredete sich mit Frauen, die nett waren, aber es war nie die wirklich Passende darunter, denn er hatte nach wie vor unbewusst Angst davor, einer Frau zu vertrauen oder ihr den Zutritt zu seinem Inneren zu gewähren. Er entwickelte eine größere Toleranz in der Selbstwahrnehmung, sodass die Enttäuschung einer Frau nicht mehr sein Fehler oder seine Verantwortung war, sondern ihr eigenes Problem. Davor hätte Robert sich nahezu in der Luft zerrissen, um zu verhindern, dass seine Exfrau oder frühere Freundinnen auf ihn wütend wurden oder sich von ihm enttäuscht fühlten. Er war jetzt emotional nicht mehr gelähmt und vermied auch nicht mehr, seine eigenen Wünsche und Bedürfnisse in einer Beziehung anzumelden. Schließlich heiratete er wieder – nachdem er aufgehört hatte, sich Frauen auszusuchen, die in ihren Forderungen und Reaktionen sehr an seine Exfrau erinnerten.

Sicherheit und Vertrauen entwickelte Robert erst wieder, als er mit der Frau zusammenkam, die schließlich seine zweite Ehefrau werden sollte. Er brauchte sieben Jahre, bis er sich geheilt und bereit fühlte, sich dem Abenteuer einer neuen Zukunft zu stellen. Zugleich nahmen die Altlasten an negativen Gefühlen gegenüber den feindseligen Akten seiner Exfrau ab. Robert konnte auch in seinem weiteren Leben seiner emotionalen Fähigkeit vertrauen, nie wieder Opfer ihrer emotionalen und mentalen Ausfälle zu werden.

### *Maries gebrochenes Herz*

### Hintergrund

Marie lernte ihren Exfreund Ben auf einer Geschäftsreise nach New York kennen. Sie wohnten beide in Santa Monica, Kalifornien, nur zwei Straßenzüge voneinander entfernt. Der Umstand, dass sie beide alleinstehend und im gleichen Alter waren, dass sie so nahe beieinander wohnten und beide eine Familie anstrebten, dass sie beruflich erfolgreich waren und einen ähnlichen (katholischen) Familienhintergrund hatten, war ungewöhnlich, und sie fanden schnell zusammen. Die emotionale Chemie, körperliche Anziehung und umfassende Zuneigung waren für Ben und Marie eine intensive, neue Erfahrung. Sie waren beide erst seit Kurzem Singles, nachdem sie mit anderen Affären gehabt, aber nicht geheiratet hatten, und sehnten sich nach einer festen Liebesbeziehung. Nur zwei Monate, nachdem sie sich kennengelernt hatten, zog Ben in Maries neues Haus. Ben hatte einen Vertreterjob, für den er zwei Wochen im Monat reisen musste, aber er entschloss sich, weniger unterwegs zu sein und mehr Zeit zu Hause in Los Angeles zu verbringen. Marie war nie ganz glücklich darüber gewesen, dass Ben so rasch bei ihr eingezogen war, aber sie wollte offen sein und die Sache auf sich zukommen lassen. Auch machten ihr Bens plötzliche Wutausbrüche wegen bedeutungsloser Kleinigkeiten Sorgen. Nachdem sie eine Weile zusammengelebt hatten – Ben trug nichts zu den Haushaltskosten bei –, wurde die Beziehung für Marie zu einer immer größeren Belastung, und sie begann, ihre Gefühle für Ben zu überprüfen.

## Maries Geschichte

Ich lernte Marie kennen, als sie versuchte, die Beziehung mit Ben zu beenden – sechs Monate, nachdem sie zusammengezogen waren. Sie erzählte:

>*Ich kann die verbalen Misshandlungen und das blödsinnige unreife Verhalten nicht mehr ertragen. Seit er bei mir eingezogen war, wurde er verbal ausfallend, wenn er sich aufregte oder wütend auf mich war. Ich wusste, dass die Beziehung falsch war. Ich konnte nur einfach die Dynamik unserer Beziehung nicht aufhalten. Sechs Wochen, nachdem wir uns kennengelernt hatten, wollte Ben mich heiraten. Ich wusste, dass das aus vielen Gründen falsch war. Der Hauptgrund war, dass wir einander nicht gut genug kannten, um eine so weitreichende Lebensentscheidung treffen zu können. Jetzt kann ich ihn nicht dazu*

*bewegen, auszuziehen oder mich zu verlassen. Ich zahle für alles. Ich komme mir vor, als hätte ich es mit einem kleinen Jungen zu tun, und ich wäre die Mutter. Ich habe ihm versprochen, dass ich ihm einen neuen Sportwagen kaufe, wenn er in den nächsten vier Wochen auszieht. Das ist es wert, wenn ich ihn auf diese Weise loswerde. Vor zwei Jahren hatte ich Hautkrebs, und ich will keine so große Belastung, dass mein Körper einen weiteren Rückschlag erleidet. Ich wusste, dass mein Krebs mit all den Jahren zu tun hatte, als es in meiner Familie nur Streit und verbale Misshandlungen gab. Ich wusste, dass Ben ein intensiver Mann ist, aber seine Unreife und sein Narzissmus gehen über alles hinaus, was ich je gesehen oder erlebt habe. Im Vergleich zu ihm ist mein Vater ein Heiliger. Ich habe immer geglaubt, mein Vater sei der selbstsüchtigste Mensch, den ich je gekannt habe. Aber Ben ist schlimmer als mein Vater. Es ist wirklich ein niederschmetternder Gedanke, dass sich Ben und mein Vater sehr ähnlich sind. Ich habe das Gefühl, ich drehe durch.«*

Marie hatte große Angst, dass Ben gewalttätig werden könnte, wenn ein Streit zwischen ihnen eskalierte. Marie war sich keineswegs sicher, ob Ben sie in einem seiner Wutanfälle nicht im Affekt umbringen würde. Er rastete laut Marie vollkommen aus, wenn sie mit ihm über ihre Beziehungsprobleme zu reden versuchte. Bens Vorgeschichte war nicht durch Gewalt oder Misshandlungen gekennzeichnet, aber Marie hatte Angst, er könnte ihr etwas antun, wenn sie seinen Wünschen oder Forderungen nicht nachkam. Sie sagte:»Ich hatte mir vorgenommen, mich nie im Leben so zu verhalten, wie ich es jetzt tue, und es ist mir zuwider, dass ich eine eingeschüchterte Frau bin und in so einer Beziehung festhänge. Ich habe immer Frauen kritisiert, die ihre Freunde aushalten. Jetzt bin ich eine von diesen Frauen. Ben will ein Kind mit mir haben, und ich glaube, er hat den Verstand verloren. Letzte Woche hat er mir mitgeteilt, dass er seinen Job verloren hat und Geld von mir leihen muss. Ich fühle mich wie eine Geisel in meinem eigenen Haus. Ben hat sein eigenes Haus zwei Häuserblocks entfernt, aber er zieht nicht bei mir aus. Ich drehe wirklich bald durch, wenn er nicht seine Sachen packt und verschwindet. Ich glaube, ich erzähle die Geschichte meinem Vater und lasse Ben und ihn die Sache regeln.«

In den nächsten sechs Monaten versuchte Marie, die Beziehung zu verbessern, und ging zur Paarberatung. Sie verdrängte das tatsächliche Ausmaß der Dysfunktion in ihrer Beziehung mit Ben. Sie erwischte ihn sogar dabei, wie er sie mit mehreren anderen Frauen betrog. Er lehnte es dennoch ab, ihr Haus zu verlassen, solange sie ihm nicht für das ihm zugefügte emotionale Leid Schmerzensgeld zahle. Marie hatte als Hausbesitzerin in Kalifornien keine rechtliche Handhabe, Ben aus ihrem Haus zu vertreiben. Stattdessen zog sie für sechs Monate nach Santa Barbara und ließ Ben allein in ihrem Haus in Santa Monica zurück. Schließlich zog Ben aus, nachdem Maries Vater ihn vor dem Haus zur Rede gestellt hatte. Das emotionale Trauma, ständig mit Ben um seinen Auszug kämpfen zu müssen, hinterließ tiefe Spuren. Marie hatte das Gefühl, ihr Leben in die Hände eines emotionalen Terroristen gegeben zu haben.

## Maries Genesung

Als Marie in Santa Barbara lebte, ging sie dreimal wöchentlich zur Therapie. Marie erfuhr, dass sie sich zunächst emotional von Ben lösen müsse und sich nicht vor seiner Reaktion auf ihre neuen emotionalen und körperlichen Grenzen und ihre berechtigten Beziehungsansprüche fürchten dürfe. Dann erkannte sie, dass sich in ihrer Beziehung mit Ben ihre ungelöste Vater-Tochter-Problematik spiegelte. Sie begann, sich emotional von ihren Versagensängsten, ihrer traumatischen Vater-Tochter-Beziehung und ihrer Situation mit Ben zu lösen. Mit Ben hatte Marie sich unbewusst eine jüngere Version ihres Vaters angelacht. Bens Beschimpfungen glichen den verbalen Misshandlungen, die sie in ihrer Kindheit und Jugend von ihrem Vater hatte erdulden müssen. Ähnlich wie Ben hatte ihr Vater von ihr verlangt, dass sie perfekt war und ihn emotional immer unterstützte. Maries Stimmungen wechselten zwischen Wut, Hysterie und Angst, wenn sie mit Ben oder ihrem Vater sprach. Sie begann daraufhin, Ben und ihren Vater in ihrem Bewusstsein zu trennen, wo die beiden die gleiche Person waren, bis ihr die Verbindung zwischen ihrer gegenwärtigen Beziehung und ihrer Vergangenheit klar wurde.

Mit der Zeit fühlte sich Marie emotional sicherer. Sie konnte sich von Ben innerlich distanzieren und ihrer chronischen Koabhängigkeit auf den Grund gehen. Sie konnte ihn dazu bewegen, ihr Haus zu verlassen, und stellte die finanzielle Unterstützung für ihn ein. Sie beendete die Beziehung zu ihm und lehnte es ab, ihn wiederzusehen. Seit zwei Jahren hat sie ihn mittlerweile nicht mehr gesehen. Danach begann Marie, sich mit den Ansprüchen ihres Vaters auseinanderzusetzen. Sie stellte für sich fest, was sie für ihn tun konnte und was nicht. Marie schränkte die Telefonate mit ihrem Vater auf zweimal in der Woche ein (zuvor waren es zwei Anrufe pro Tag) und traf ihn nur alle zwei Wochen zum Essen (zuvor hatte sie ihren Vater fünfmal pro Woche gesehen). Nachdem sie sich von Ben getrennt hatte und an ihrem Heilungsprozess arbeitete und die Scherben ihres Lebens wieder zusammensetzte, mied sie drei Jahre lang den intensiveren Kontakt zu Männern. Sie wusste, dass sie emotional genesen und einen anderen Standard für ihre Liebesbeziehungen entwickeln musste, bevor sie eine erfolgreiche Beziehung zu einem neuen Partner eingehen konnte.

## Charlenes Pechsträhne

Charlenes Leben ging in die Brüche, als ihr Mann Mark mit ihren Eltern und Geschwistern eine Entziehungskur für sie inszenierte (es gab keine Kinder in der Ehe). Charlene war bereit, dreißig Tage in eine Drogen- und Alkoholentzugsklinik in Arizona zu gehen. Während sie dort behandelt wurde, beantragte ihr Mann die Scheidung, ließ die Schlösser im Haus auswechseln, hob das Geld von allen gemeinsamen Bankkonten ab und holte seine Freundin ins Haus. Er packte Charlenes gesamte Kleidung in ihr Auto, das in der Einfahrt vor dem Haus stand. Er teilte außerdem ihrem Arbeitgeber mit, sie habe Alkoholprobleme und könne nicht mehr bei ihm arbeiten. Charlene, Unternehmensanwältin, hatte den Haushalt finanziert. Mark, ein arbeitsloser Schauspieler, war marihuanasüchtig und hatte seit etwa zehn Jahren kein festes Engagement mehr gehabt. Charlene erlag etwa dreimal im Jahr einem Alkoholrausch, das heißt, sie trank bis zu 72 Stunden an einem Stück. Jede dieser Trinkkrisen hing mit ihrer drohenden Scheidung zusammen, mit Marks mangelndem Ehrgeiz und seinen chronischen Frauengeschichten, die Charlene in ihrer Beziehung sehr verunsicherten. Charlene verstand nie, dass sie in der Ehe eine Verantwortung für ihre eigenen Probleme hatte. Es war einfach nicht Marks Schuld, dass sie trank und sich emotional »gefangen« fühlte. Im Laufe der Jahre hatte sich zwischen Charlene und Mark sehr viel Wut und Abneigung aufgestaut. Sie konnten nie ihren Groll hinsichtlich des Umgangs mit dem Geld (das Charlene kontrollierte) oder Marks Freundinnen (Untreue) ausräumen, und hinzu kam noch der Stress mit dem Bau eines neuen Hauses.

### Charlenes Geschichte

Charlene wurde von einer ihrer ehemaligen Anwaltskolleginnen an mich verwiesen. Bei unserer ersten Begegnung erzählte sie:

»Ich wurde entlassen, als ich noch in der Entzugsklinik war. Die Firma darf so etwas nicht. Es ist ungesetzlich, aber mein Exmann machte ihnen mit meinem Klinikaufenthalt Angst. Es macht keinen Sinn, dass mein Exmann meine Karriere zerstört hat, weil er auf mein Geld angewiesen ist. Abgesehen davon ist es besser für mich, woanders hinzugehen und meine Mandanten mitzunehmen. Mein Exmann hat vor drei Monaten die Scheidung beantragt, als ich noch in der Entzugsklinik war. Ich wohne jetzt in einem Apartment im Silicon Valley, während er mit seinen Schauspielerflittchen in unserem neu erbauten Vier-Millionen-Dollar-Haus in den Bergen von Hollywood wohnt. Sie liegen nachmittags an unserem neuen Pool, und ich suche nach einem neuen Job. Man fragt sich wirklich, warum Frauen Ihre Exmänner hassen!«*

Charlenes Wut verwandelte sich plötzlich in tiefe Traurigkeit. Sie begann zu schluchzen, und mühsam fuhr sie mit ihrer Geschichte fort:

»Der Richter in unserem Scheidungsprozess wies mich an, die Zahlungen fürs Haus weiterzuführen, bis die finanziellen Fragen der Scheidung geklärt seien. Wissen Sie, wie miserabel ich mich fühle? Ich zahle dafür, dass mein Exmann mit seinem arbeitslosen Schauspielerflittchen in unserem neuen Haus lebt. Ich bin so wütend, aber ich trinke nicht, ich kann gar nicht. Wenn ich jetzt trinken würde, würde es mich umbringen. Ich möchte gerne schlafen und erst wieder aufwachen, wenn dieser Albtraum zu Ende ist. Ich habe solche Angst und fühle mich absolut verloren. Ich sitze in der Falle, ich muss mein Leben auf die Reihe kriegen, oder ich lande auf der Straße – eine Stadtstreicherin mit Jura-Examen –, und es kümmert niemanden. Mark hat es so eingerichtet, dass ich für alles bezahlen muss, und ich kann zurzeit nichts tun. Ich werde finanziell ausgesaugt. Ich brauche meine Ersparnisse, meine Altersversorgung und Familiendarlehen auf, um das Haus und die laufenden Unkosten zu bezahlen. Und mitten in meinem Super-

GAU suche ich nach einem Job. Ich weine mindestens zwei Stunden jeden Tag. Wenigstens habe ich einen tollen Scheidungsanwalt, aber er kostet zehntausend Dollar im Monat. Meine Stiefkinder rufen mich nicht zurück, und meine Eltern schimpfen, dass ich Mark nicht als Erste verlassen habe – damit hätte ich den ganzen Schlamassel verhindern können. Halten Sie mich ruhig für verrückt, Dr. Poulter, aber ich habe Mark wirklich geliebt, und ich kann nicht glauben, dass ich es je so weit habe kommen lassen. Ich wusste seit Jahren, irgendwann würde ich die Quittung dafür bekommen, dass ich die Brötchen verdiente und ständig daran herumnörgelte, dass Mark keine Arbeit hatte. Er ist wahnsinnig faul und wahnsinnig intelligent, das ist eine üble Kombination. Er hat meine Karriere, meine Familie, meine Stiefkinder und mich zerstört. Ich würde weglaufen, wenn ich irgendwohin könnte.«

## Charlenes Genesung

Charlene fuhr mit ihrer Therapie fort und stellte sich immer mehr ihren persönlichen Problemen. Es war sehr schwierig für sie, zu verstehen, dass ihr Alkoholismus in ihrer Ehe nur ein zweitrangiges Problem war. Mark hatte Charlene nur deshalb in die Entziehungskur geschickt, um sie aus dem Haus zu bekommen und die Scheidung einzureichen. Charlenes zwanghafte Neigung, ihren Exmann »auf Vordermann bringen« zu wollen – so wie die anderen wichtigen Männer zuvor –, war die ungelöste Krise in ihrem Leben. Mark ließ sich nicht »auf Vordermann bringen« (so wenig wie sonst irgendjemand; das ist eine eigene individuelle Entscheidung, nicht die des Partners), doch Charlene hatte diese Tatsache nie akzeptiert. Mark war nicht der erste Mann, den Charlene unterhalten hatte. Charlene hatte eine lange Geschichte der Rettungsversuche hinter sich – für jeden ihrer Expartner wollte sie immer das Leben in Ordnung bringen. Ihre heimliche Hoffnung und unausgesprochene Absicht war es, für ihre außerordentliche Anstrengung und bedingungslose Liebe umgekehrt ebenfalls

**163**

geliebt zu werden. Aber sie erhielt diese Liebe nie zurück, vielmehr scheiterte sie am Ende immer an der Zurückweisung und Unempfänglichkeit der Partner. Charlene hatte vor ihrer Ehe mit Mark zwei längere Beziehungen mit Männern gehabt, aber alle drei endeten auf die gleiche Weise: katastrophal.

Das emotionale Trauma ihrer ersten beiden Trennungen war extrem demütigend und erschütterte ihr Selbstvertrauen. Doch sie hatte es nach eigener Aussage zuvor abgelehnt, sich mit ihrer Koabhängigkeit und ihren Selbstwertproblemen auseinanderzusetzen, die in der Beziehung zu den Männern vor Mark bereits sichtbar geworden waren. Sie begann anfallsweise zu trinken, um ihre Gefühle der Hoffnungslosigkeit und Verzweiflung zu betäuben, wenn ihr Partner sich nicht zu dem Mann machen ließ, nach dem sie suchte. Bis hierher hatte sich Charlene nie um ihre tiefer liegenden Probleme, um ihr Suchtverhalten im Zusammenhang mit Männern und ihr ständiges Bedürfnis nach deren Beifall gekümmert. Sie wiederholte die gleichen Liebesverhaltensmuster bei Mark, und diesmal waren die Folgen zu schmerzhaft, um ignoriert werden zu können. Die Umstände ihrer Scheidung – ihre finanzielle Situation, seine neue Affäre und seine mangelnde emotionale Unterstützung – waren so extrem, dass sie ihre Probleme nicht länger übersehen konnte. In der Vergangenheit hatte sie mit ihrem Trinken ihre Wut und ihre Angst, nicht liebenswert zu sein, verdrängt und betäubt. In der Vergangenheit hatte sie sich emotional sicherer gefühlt, wenn sie sich mit Alkohol betäubte, als sich mit ihren seit Langem bestehenden Problemen mit Männern zu beschäftigen, die sie sich als Lebenspartner erwählt hatte. Sie wusste jetzt, dass sie nicht trinken, Marihuana rauchen oder andere Drogen nehmen und dabei gleichzeitig emotional klar, psychologisch einsichtsvoll und geistig wach sein konnte. Sie musste ihr Leben heilen und vollkommen neu gestalten: Das Gefühl dieser Notwendigkeit war nie so dringlich gewesen. Schließlich setzte sich Charlene mit ihrem grundlegenden Vater-Tochter-Problem auseinander und schaffte es, ihre Scheidung von Mark erfolgreich zu bewältigen. Ihr erster Schritt war, sich von Mark auch innerlich zu trennen und ihre Wut darüber, dass er sie im Stich gelassen hatte, zu ersticken. Zugleich musste sie sich mit ihrer Angst konfrontieren, nicht liebenswert zu sein.

Während der nächsten zwei Jahre, die Charlene bei mir die Therapie besuchte, entdeckte sie ihren tiefen Groll und ihre Verbitterung gegenüber ihrem Vater, der sich von ihrer Mutter hatte scheiden lassen, als sie ein zwölfjähriges Mädchen war. Charlene identifizierte ihr Bedürfnis nach männlicher Aufmerksamkeit als die emotionale »Wunde«, die aus der verlorenen Beziehung zu ihrem Vater nach der Scheidung hervorgegangen war. Charlene arbeitete an ihrem ungelösten Schmerz (nie hatte sie über diesen gewaltigen Verlust in ihrem Leben gesprochen). Sie stellte eine Verbindung her zwischen ihrem Bedürfnis, Männer »bessern« zu wollen, ein unbewusster Versuch, ihren Vater zu bessern, damit er sie und die Familie nicht verließe. Charlene ließ nun auch Trauer über den Verlust ihres Vaters zu. Sie hatte ihren Vater nur viermal vor seinem Tod gesehen, als sie 28 Jahre alt war. Sie begann eine tiefe innere Erleichterung zu spüren, als ihr klar wurde, dass sie ihren Exehemann nicht bessern musste – und auch keinen zukünftigen Liebespartner mehr in ihrem Leben.

## Ein neuer Liebesstandard

Entscheidend für die Entwicklung zukünftiger Liebesbeziehungen ist, dass Sie Zuneigung besser akzeptieren lernen, dass Sie für sich zulassen, Liebe neu zu erfahren und Liebe zu geben. Ebenso sollten Sie sich Ihre Bedürfnisse bewusst machen: welche Art von Verhalten Sie akzeptieren und welche Art von Liebesverhalten Sie sich von Ihrem Partner wünschen. Was muss Ihr Partner tun, damit Sie das Gefühl haben, geliebt und bewundert zu werden?

Theorie, Praxis und Alltag der Liebe in Partnerbeziehungen waren lange Gegenstand religiöser und psychologischer Diskussionen. Eine Vielzahl von Popsongs, preisgekrönten Filmen und Gedichten handelt von nichts anderem. Die Liebe und die Rolle, die sie in Ihrem Leben und in Ihren Beziehungen spielt, sind Themen, die Sie ergründen müssen. Ein wesentlicher Teil Ihrer emotionalen, psychologischen und spirituellen Genesung hängt davon ab, ob es Ihnen gelingt, der Liebe in Ihrem Leben breiteren Raum zu geben. Niemand kann sich der transformierenden Kraft der Liebe entziehen. Wir alle haben das Bedürfnis, jemanden zu lieben und von jemandem geliebt zu werden. Diese grundlegenden Bedürfnisse verschwinden weder, noch werden sie schwächer, auch wenn sie vielleicht nach einer schmerzhaften Trennung in den emotionalen Untergrund abtauchen.

Ein zentrales Element, das Ihnen helfen wird, Ihr Leben wieder zusammenzusetzen, ist Ihre Fähigkeit, Ihren Liebesfaktor zu verstehen. Der Liebesfaktor besteht aus den Elementen, Handlungen, Verhaltensweisen und Gesten, die Ihnen das Gefühl geben, geliebt, akzeptiert und verstanden zu werden. Es gibt eine Menge Faktoren im Leben, doch der Liebesfaktor ist der bedeutendste von allen. Nur sehr wenige Menschen können ein erfülltes und sinnvolles Leben leben ohne das Gefühl, geliebt zu werden, und ohne andere zu lieben. Die extremste Folge der Unfähigkeit, andere Menschen zu lieben oder Empathie für sie zu empfinden, ist das bestimmende Merkmal fragmentierter Persönlichkeiten – von Menschen ohne Gewissen und Gefühle für andere.[3]

Ihre Liebesgefühle, Ihre Fähigkeit, Liebe zu empfinden und zu erfahren, und Ihre Fähigkeit, Liebe auszudrücken, sind der emotionale Treibstoff Ihres gesamten Lebens.[4] Es ist undenkbar, Ihr Leben ohne den Wirkstoff der Liebe als wichtigen Bestandteil neu aufzubauen. Ihr Verständnis von Liebe, Ihre Erfahrung mit Liebe sowie Ihre Fähigkeit, sich lieben zu lassen, sind von entscheidender Bedeutung.

**Die gesamte Zukunft Ihrer Liebesbeziehungen hängt von Ihrer Fähigkeit ab, zu lieben und Liebe zu akzeptieren – von Ihrem Liebesfaktor also.**

Das Konzept der Liebe mag Ihnen angesichts dessen, was Sie in Ihrer Scheidung oder Trennung durchgestanden haben, fremd erscheinen. Doch unabhängig von Ihren Trennungsumständen und Ihrer Geschichte *muss* Liebe ein Teil Ihrer Zukunft sein. Wenn Sie akzeptieren, dass Liebe wieder ein Teil Ihres Lebens sein kann, tun Sie einen wichtigen Schritt zur Bewältigung Ihres Ex-Faktors – Sie gewinnen Hoffnung und ermöglichen sich eine andere Zukunft.

Wenn Sie hingegen Ihrem Bedürfnis und Ihrem Wunsch nach Liebe ausweichen, geraten Sie in die Isolation und tiefer in die Verzweiflung. Ihre Furcht davor, zurückgewiesen, betrogen, im Stich gelassen und misshandelt zu werden, lässt sich nur überwinden, wenn Sie die Rolle, die die Liebe in Ihrem Leben spielt, umfassender verstehen. Der Versuch, das Bedürfnis nach intimer Vertrautheit zu kontrollieren, zu deichseln und wegzuerklären, führt in die Sackgasse – führt Sie geradewegs ins Nirgendwo und schafft mehr Verzweiflung und Angst. *Wenn Sie Ihr Herz heilen und Ihr Leben durch emotionale Kraft, durch Mut und Hoffnung neu gestalten wollen, müssen Sie die Liebe als Hauptelement hinzufügen.*

## Warum Liebe immer zählt

Robert, Marie und Charlene wussten, dass ihr Verhalten, ihre Partnerwahl, ihre ängstlichen und kopflosen Reaktionen auf ihre jeweilige Krise nicht ihre besten Gefühle zum Vorschein brachten, sondern im Gegenteil: ihre schlimmsten. Ihr Bedürfnis, geliebt und geschätzt zu werden, ohne selbst um irgendetwas zu bitten, war der eigentliche Grund für das Scheitern ihrer Beziehungen. Man kann dieses Beziehungsmuster auch anders beschreiben: Dass Sie die Rolle des »Fußabstreifers« in der Beziehung spielen und die eigenen emotionalen Bedürfnisse verleugnen, dass Sie »*nichts zurückhaben wollen für das, was Sie investieren und aushalten*«, in der Hoffnung, der Partner würde Ihnen dafür irgendwann ein kleines Bröckchen Liebe zuwerfen – das funktioniert in Ihrem Leben nicht mehr. Es sind diese allzu enge Sichtweise auf Beziehungen, die selbstzerstörerische Einstellung und der mangelnde Respekt gegenüber den eigenen emotionalen Bedürfnissen, der in Ehen und Beziehungen zu großer Schieflage führt.

**Das Bedürfnis, geliebt zu werden, ist natürlich.**
**Ihr Bedürfnis nach Liebe und Ihre Fähigkeit, zu lieben,**
**sind zwei vollkommen verschiedene Dinge.**

Das Bedürfnis, geliebt zu werden, ist eine natürliche Sehnsucht, die sich aus Ihrer Geschlechtszugehörigkeit, Familiengeschichte, Erziehung und Ihren bisherigen Liebeserfahrungen zusammensetzt. Problematisch ist es, wenn Sie sich mit jedem Krümelchen emotionaler Freundlichkeit und Anteilnahme zufriedengeben. Die zweite Liebesdynamik ist die volle Erkenntnis Ihres Bedürfnisses und Ihrer Fähigkeit, als Erwachsene/r geliebt zu werden – und zwar mit ausgewogenem Geben und Nehmen. Je besser Sie Ihr unausgesprochenes Verlangen nach Liebe verstehen, desto weniger wird das verwundete Kind oder der abgewiesene Erwachsene in Ihnen Entscheidungen für Sie treffen. Die erweiterte Einsicht in Ihre Sehnsucht nach Liebe und in Ihre Akzeptanz von Liebe wird zur Antriebskraft für Ihre zukünftige Partnerwahl. *Sie müs-*

*sen sich auch klarmachen, was Sie von Ihrem Partner wollen, brauchen und annehmen können.*

Diese drei Menschen mussten ihre alten automatischen Verhaltenmuster beenden: sich ungeliebt zu fühlen, weil ihr Leben in tausend Stücke zerbrochen war. Sie waren mit sehr ernsten Umständen konfrontiert, die ihr Leben vollkommen überwältigen würden, wenn sie sich nicht für einen neuen Weg in die Zukunft entschieden. Denn die alten Wege, auf denen sie nach Liebe suchten, hatten sich als Irrwege entpuppt und waren nicht mehr gangbar. Robert hätte seine Arztkarriere aufs Spiel setzen und die Fähigkeit verlieren können, seine Kinder zu unterstützen, wenn er weiterhin einem Konflikt ausgewichen wäre. Marie verlor fast ihre Stelle; zum Glück gab ihr die Investment-Firma sechs Monate frei, damit sie ihre persönlichen Probleme lösen konnte. Ben kaufte mit Maries Geld und unter ihrem Namen die Kapitalanlagen eines Konkurrenzunternehmens. Charlene verlor ihre Anteile in dem Unternehmen, die sie sich fünfzehn Jahre lang erarbeitet hatte, und fast die Möglichkeit, weiterhin als Anwältin zu arbeiten, weil Mark ihre Trinkgewohnheiten bösartig ausschlachtete.

Jeder dieser hoch leistungsfähigen Erwachsenen lernte – durch tiefen seelischen Schmerz und das Gefühl, in den Staub getreten zu sein –, dass er die Rolle der Liebe in seinen Beziehungen verstehen musste, wenn er eine andere Zukunft für sich anstrebte. Ihre bisherigen Liebes- und Partnerentscheidungen hatten sich jedenfalls als desaströs erwiesen.

In den nächsten Jahren distanzierten sie sich bewusst von dem Irrsinn ihrer vergangenen Beziehungen. Ihre Herzen und Seelen begannen zu genesen, als sie langsam darangingen, ihr Leben neu auszurichten. Das erste Problem, das jeder von ihnen lösen musste, war das Liebesproblem. Robert, Marie und Charlene verbrachten die nächsten Jahre damit, ein Verständnis für die von mir so genannten *»sechs Gesichter der Liebe«* zu entwickeln. Um das eigene Leben neu aufzubauen und das Selbstwertgefühl wiederherzustellen, muss man diese *»sechs Gesichter der Liebe«* verstehen und erkennen, wie sie im eigenen Leben zur vollen Entfaltung kommen können. Sie müssen jede dieser Ideen, Einsichten und Anregungen umsetzen, um Ihre gegenwärtige oder zukünftige Beziehung zu verbessern.

## Die sechs Gesichter der Liebe – sechs Strategien für ein neues Leben

1. *Glauben Sie daran, dass Sie mehr verdienen.* Das A und O Ihrer Liebesbeziehungen sind Ihre Grundüberzeugungen und Entscheidungen. Sie sind die einzige Person, die entscheidet, wann und mit wem Sie eine neue Liebesbeziehung eingehen. Sie haben mehr Kontrolle und Entscheidungsmacht, als Sie glauben.

2. *Verlassen Sie Ihre emotionale »Komfortzone«.* Gehen Sie über Ihren altgewohnten Liebesstil hinaus – erweitern Sie ihn. Veränderung setzt immer voraus, dass Sie bereit sind, neue Dinge auszuprobieren und auf Ihren zukünftigen Partner anders als gewohnt zu reagieren.

3. *Bauen Sie erneut Vertrauen auf.* Ihre Verletzlichkeit ist Ihr Weg zur Heilung und zur Erweiterung Ihres Liebeslebens. Die Vermeidung von Beziehungen ist nie die Antwort auf Liebeskummer oder tiefe emotionale Enttäuschung.

4. *Hören Sie mit den Schuldzuweisungen auf.* Sie alleine sind für Ihre Vergangenheit, Gegenwart und Zukunft verantwortlich. Anklagen und Schuldzuweisungen verstärken nur Ihre Unfähigkeit, sich psychisch von Ihrem bzw. Ihrer Ex zu lösen und Ihre alte Beziehung hinter sich zu lassen.

5. *Keine selbstzerstörerischen Entscheidungen mehr.* Sie müssen verstehen, warum Sie Liebe in Ihrem Leben nicht akzeptiert haben. Lernen Sie, sich selbst zu mögen. Akzeptieren Sie keinerlei respektlose und unfaire Behandlung, als ob Sie diese verdient hätten. Überdenken Sie Ihre alten Liebesmuster und -entscheidungen – was hat in Ihrem Liebesleben funktioniert und was nicht?

6. *Lassen Sie Ihre/n Ex los.* Nehmen Sie Ihr Leben wieder lustvoll in die Hand, nachdem der Schmerz vorbei ist. Die Geschichte Ihres Liebeslebens steht nicht für immer fest, sie lässt sich ändern. Ihre Zukunft hält vielleicht eine neue Ehe oder Liebe bereit, unabhängig von Ihrem gegenwärtigen emotionalen und mentalen Zustand. Das »Weitergehen« in Ihrem Leben erfordert von Ihnen, nach vorne zu sehen, nicht zurück auf die beendete Ehe oder Liebesbeziehung.

Diese *»sechs Gesichter der Liebe«*, die gleich bedeutend sind mit sechs Strategien für ein neues Leben nach der Trennung, sind die praktische Grundlage für mehr Toleranz, Akzeptanz in Ihrem Liebesleben und für neue Liebeserfahrungen – sowohl zu lieben als auch geliebt zu werden. Es ist nicht leicht für die meisten Menschen, sich in einer Liebesbeziehung damit abzufinden, dass ein anderer in ihnen einen Seelenverwandten sieht – liebenswert, einzigartig und jemand, bei dem man sich wohlfühlt. Diese Liebesgefühle zwingen den Empfänger, den Sender entweder zu akzeptieren oder zurückzuweisen. Die Zurückweisung des Senders ist ein verbreitetes Verhaltensmuster bei Frauen und Männern, die eine emotional tief verstörende Scheidung oder Trennung hinter sich haben. *Es ist sehr viel leichter – zumindest hat es den Anschein –, einen neuen Liebesbewerber als falsche Wahl abzuweisen, wenn er Sie in neue, unvertraute Bereiche der Liebe und Nähe führen will.*

Dass Sie über Ihre gewohnten Liebesmuster hinausgehen, ist eine der Voraussetzungen für den Neuaufbau Ihres Liebeslebens. Es ist für Sie entscheidend, Liebe in Ihrem Leben zu tolerieren und anzunehmen. *Ihre zunehmende Fähigkeit, erneut zu lieben, beginnt bei Ihnen selbst.* Der Glaube, Sie seien nicht liebenswert, fehlerhaft oder nicht gut genug, ist ein altes Muster, das zu einer neuen Liebestragödie in Ihrem Leben führen kann. Es ist Zeit,

Schluss zu machen mit Selbsthass, emotionaler Unsicherheit, Schamgefühlen und Selbstverneinung. Um diesen destruktiven Überzeugungen zu begegnen und sie zu ändern, müssen Sie die sechs transformatorischen Gesichter der Liebe in die Tat umsetzen. Nehmen Sie sich Zeit, lesen Sie die Punkte 1–6 noch einmal durch und erweitern Sie sie um eigene Ideen und Gedanken. Das Ziel ist, Ihr Liebesleben aus einer frischen, neuen Perspektive zu betrachten.

In den nächsten sechs Kapiteln wollen wir herausfinden, wie Sie Ihr Repertoire für erfüllende Liebesbeziehungen erweitern können. Wir werden dabei ausführlich auf die sechs Punkte zurückkommen und anhand von Beispielen Strategien entwickeln, die Sie unmittelbar in Ihrem Leben anwenden können. Ihre Liebesgegenwart und -zukunft, Ihre Arbeit, Ihre Familie, Kinder, Stiefkinder, Ihre neue Partnerin bzw. Ihr neuer Partner sowie Ihre gesamte Gesundheit werden direkt davon beeinflusst, wie Sie diese »sechs Gesichter der Liebe« in Ihrem Alltagsleben umsetzen. Ihre Zukunft wird aussehen wie eine Reihe von Schritten zu einer neuen Selbstakzeptanz, um Ihre Fähigkeit zu steigern, sich lieben zu lassen und zu lieben.

# 6 WEN VON MEINEN ELTERN HABE ICH GEHEIRATET?
## Lebenslange Muster

*Ich wusste, ich hätte Daniel nie heiraten dürfen. Alle haben gesagt, er sei genau wie mein Vater, nur in einer jüngeren Version. Wir stritten uns ununterbrochen, und er erwies sich als ein noch größerer Tyrann als mein Vater. Ich kann nicht glauben, dass ich ihn geheiratet habe!*

– Karen, 44 Jahre alt, Mutter von drei Kindern, vierzehn Jahre verheiratet, seit drei Jahren geschieden.

*Ich war immer stolz darauf, anders zu sein als meine Eltern. Ich habe geschworen, nie eine Frau wie meine Mutter zu heiraten. Sie war mit vier Männern verheiratet und hat sich von allen scheiden lassen, als ich noch ein Junge war. Sie war eine Katastrophe. Meine zweite Frau wurde nach unserer Eheschließung genau wie meine Mutter und trennte sich nach zehn Jahren von mir. Meine beiden Ehen gleichen eher dem Leben meiner Mutter als meinem. Ich müsste dazugelernt haben, aber ich treffe mich nach wie vor mit Frauen, die meiner Mutter ähneln.*

– Dan, 52 Jahre alt, zweimal geschieden.

*Wir neigen dazu, den Elternteil zu heiraten, mit dem wir die meisten ungelösten Konflikte haben, und das hat nichts mit dem Geschlecht zu tun.*

– Salvador Munichin, Arzt und Familientherapeut.[1]

Ich erinnere mich noch genau daran, wo ich saß – in einer Vorlesung an einem Mittwochabend vor vielen Jahren –, als ich zum ersten Mal vom Prozess der unbewussten Partnerwahl hörte. Das Herz rutschte mir daraufhin sofort in die Hose. Die tolle Frau, mit der ich damals »ging« (nicht meine zukünftige Frau), war emotional distanziert, depressiv und manchmal sehr launenhaft. Dann wieder konnte sie außerordentlich liebevoll und attraktiv sein, gewiss eine ernsthafte Heiratskandidatin. Ihr Verhalten war verwirrend und frustrierend, aber es war mir irgendwie vertraut, und ich konnte damit umgehen. Ich hatte keine klare Vorstellung davon, warum ich mich zu einer Frau hingezogen fühlte, die in vielerlei Hinsicht für mich eine »falsche Wahl« war. Das Ende unserer Beziehung zwei Jahre später war eine Wiederholung meiner Mutter-Sohn-Dynamik – kalt, abweisend, koabhängig und depressiv. Mein erster Gedanke war, dass ich genau das tat, was in der Vorlesung gesagt worden war – ich liebte eine Frau, deren Persönlichkeitstyp dem meiner Mutter glich: kritisch, unnahbar und wenig unterstützend. Dann war mein nächster Gedanke: *Niemals werde ich einen von meinen Eltern heiraten.* Da sollte ich mich irren. Ich habe mich auf beide eingelassen und beide geheiratet – und es ging jedes Mal nicht gut.

## Warum habe ich mich in meine/n Ex verliebt?

Die Grundlage jeder Partnerwahl ist, dass wir unsere Liebespartner auf der Basis der ungelösten Probleme aussuchen, die wir mit einem unserer beiden Eltern haben. Dabei spielt es keine Rolle, ob wir Männer oder Frauen sind oder ob die Hauptspannung unserer Eltern-Kind-Beziehung zwischen uns und unserer Mutter oder zwischen uns und unserem Vater besteht. Diese Eltern-Kind-Spannungen, Konflikte, Missverständnisse und Traumata haben großen Einfluss auf die Wahl unserer Liebespartner. Aber zugleich müssen wir uns klarmachen: Wir können diesen Prozess verändern. Wenn beispielsweise eine Tochter ein emotional belastendes, ungelöstes Problem mit ihrer Mutter hat, dann wird sie instinktiv Männer als Liebespartner suchen, die ihrer Mutter gleichen – in einem unbewussten Versuch, diese Probleme zu lösen. Jede unserer Partnerentscheidungen ist unbewusst motiviert von einem Grundbedürfnis, den zentralen Konflikt mit einem Elternteil zu lösen und zu heilen.

Wenn wir uns dessen nicht bewusst sind, wenn wir nicht geheilt sind und nicht aufgehört haben, unsere Mutter oder unseren Vater für all unsere Schwierigkeiten verantwortlich zu machen, dann suchen wir uns wahrscheinlich einen Liebespartner nach ihrem oder seinem Ebenbild. Natürlich wollen wir Liebe und Akzeptanz vor allem von dem entfremdeten Elternteil, mit dem wir in Konflikt stehen oder ein problembelastetes Verhältnis haben. Um dies zu erreichen, suchen wir uns vielleicht automatisch Liebespartner, die die Kernprobleme und ungelösten Spannungen mit unserer Mutter oder unserem Vater gleichsam in sich tragen.

Diese Voraussetzung trifft allerdings nicht zu, wenn wir unsere bewussten und unbewussten Konflikte mit unseren Eltern gelöst haben. Leider gewinnen die meisten von uns – mich eingeschlossen – die nötige Einsicht in den Prozess unserer Partnerwahl erst, nachdem eine herzzerreißende Beziehung in die Brüche gegangen ist. Diese Einsicht ist Ergebnis unserer Genesung und der Erweiterung unserer persönlichen Grenzen: wenn wir gelernt haben, emotionale Nähe zuzulassen und Liebe und Unterstützung zu akzeptieren. Es ist keineswegs Schwäche oder Mangel an Urteilsvermögen, wenn unsere Wahl eines Liebespartners direkt von unserem Eltern-Kind-Verhältnis beeinflusst wird. Das Bedürfnis, von unseren Eltern geliebt und geschätzt zu werden – und mit ihnen im Reinen zu sein –, ist eine mächtige Triebkraft in unser

**175**

aller Leben und auch in unseren Entscheidungen. Wir müssen anerkennen, dass dies für die meisten von uns gilt. Aber wir können aus dieser Konstellation wertvolle Einsichten für unser Liebesleben und für die Wahl unserer ehemaligen und zukünftigen Partner gewinnen. Die wichtigste Frage, die wir uns stellen müssen, lautet: Wie werden unsere erwachsene Liebesbeziehung und Ehe durch die Beziehung zu unseren Eltern beeinflusst?

## Probleme mit der Mutter

Wenn Sie eine Frau sind, war Ihre Beziehung zu Ihrer Mutter vielleicht sehr konfliktträchtig, eine Quelle ständigen Leids in Ihrem Leben, seit sie ein junges Mädchen waren. Oberflächlich betrachtet mag Ihr Mann, Freund oder Liebhaber keine Ähnlichkeit mit Ihrer Mutter haben. Doch unter dieser Oberfläche können sich ähnliche Persönlichkeitsprobleme, Verhaltensweisen, Haltungen oder Wertvorstellungen verbergen wie bei Ihrer Mutter. Die gleichen Muster gibt es auch bei Männern mit ihren Müttern oder Vätern. Viele Männer, die ein problematisches Verhältnis zu ihrem Vater haben, lieben und heiraten Frauen, die weibliche Versionen ihrer Väter sind. Es ist ein ziemlich verblüffendes Konzept, sich vorzustellen, dass wir eine weibliche Version unseres Vaters oder eine männliche Version unserer Mutter geheiratet haben, aber die Scheidungs- und Wiederverheiratungsraten deuten darauf hin, dass viele intelligente Erwachsene wiederholt den gleichen Elternteil heiraten, mit dem sie ungelöste Konflikte haben. Dieser unbewusste Akt der Partnerwahl hat nichts mit der sexuellen Orientierung oder damit zu tun, dass sich »Gegensätze anziehen«.

**Was uns zu unseren Liebespartnern hingezogen hat, sind häufig ungelöste Beziehungsprobleme mit unseren Müttern oder Vätern.**

Ein weiteres mögliches Puzzleteil dieser unbewussten Partnerwahl ist, dass wir in einer Abwehrreaktion gegen unsere belastete Eltern-Kind-Beziehung jemanden geheiratet haben, der sich emotional und psychologisch scheinbar grundlegend unterscheidet. Auf den ersten Blick mag das Verhalten tatsächlich anders erscheinen, doch gleichwohl kann die Beziehung die gleiche Dynamik wie in Ihrem Eltern-Kind-Verhältnis entwickeln. Margaret war von einer ängstlichen, liebevollen, überbehütenden Mutter großgezogen worden. Ihr ganzes Leben lang wurde Margaret in ihren Entscheidungen von Barbara, ihrer Mutter, gegängelt. Barbaras ständiges Mantra – verbal und nonverbal – lautete: Die Welt ist voller Gefahren. Seit Margaret fünf Jahre alt war, hörte sie fortwährend, dass die Welt besonders für attraktive Frauen gefährlich sei. Kurz nach dem College lernte Margaret Ari kennen und heiratete ihn. Er war eine extrem beherrschende und starke Persönlichkeit. Margaret fühlte sich bei Ari sicher, aber das ging auf Kosten ihrer psychischen Unabhängigkeit und ihrer emotionalen Weiterentwicklung. Während Ari seine Kontrolle über Margaret immer mehr ausweitete, kam es zunehmend zu Misshandlungen – verbal, emotional und körperlich.

Die Kontrolle, die Ari ausübte, wurde in den vier Jahren ihrer Ehe immer unerträglicher, und schließlich brach Margaret aus. Anfangs sah sie keine Verbindung zwischen ihrer Mutter und Ari. Doch später begann sie zu erkennen, dass sie Ari aus Schutzgründen geheiratet hatte, und zwar als unbewusste Reaktion auf die ständigen Ängste und Sorgen ihrer Mutter. Ironischerweise hatte sich Margaret bei Ari nie emotional geborgen gefühlt, obwohl er sie vor der Welt und der Panik ihrer Mutter abschirmte. Margaret wurde klar, dass sie tatsächlich die männliche Version ihrer Mutter geheiratet hatte. Unbewusst hatte sie Ari die Kontrolle über ihr Leben eingeräumt, weil sie sich, von Barbaras Ängsten affiziert, nicht zutraute, selbst in der Welt zu bestehen.

Während der Scheidung lernte Margaret nicht nur, dass sie auf sich selbst aufpassen konnte, sondern auch, dass ihr Exmann nie auf ihre Bedürfnisse und Wünsche in der Ehe eingegangen war. Der Verarbeitungsprozess von Margarets Ex-Faktor brachte zum Vorschein, dass ihre verborgene Kraft, für die eigene Sicherheit zu sorgen, für sie nie ein Problem dargestellt hatte, sondern nur für ihre Mutter und ihren Exehemann.

## Die unbewussten Puzzleteile des Lebens

Selbst wenn Sie nicht erkennen oder glauben, dass Sie jemanden geheiratet haben, der das Pendant zu Ihrer Mutter oder Ihrem Vater ist, zeigt Ihre Reaktion auf Ihre Eltern – selbst wenn Sie jemanden mit den entgegengesetzten Eigenschaften wählen –, welchen enormen Einfluss diese auf die Wahl Ihres Liebespartners haben. Dieser Auswahlprozess ist kein bewusster Akt, sondern folgt einer mächtigen, unbewussten Dynamik, die unser wesentliches Bedürfnis nach Liebe, Selbstakzeptanz und emotionaler Sicherheit antreibt. Der Elternteil, bei dem wir uns am unsichersten oder verlassensten fühlen, mit dem wir die meisten Konflikte haben, von dem wir die größte emotionale Gleichgültigkeit, einen Mangel an Liebe und Empathie oder Ablehnung erfahren – dieser Elternteil ist wahrscheinlich der Prototyp, die Schablone für unsere Auswahl eines Liebespartners. Aber legen Sie deswegen das Buch nicht aus der Hand, und geraten Sie auch nicht in Panik! Dieser unbewusste Prozess der Partnerwahl in Ihren Liebesbeziehungen lässt sich lösen. Wenn wir die Dynamik des Prozesses verstehen, dann erkennen wir oft, warum wir einen bestimmten Typ von Mann oder Frau geheiratet, geliebt und ein Leben mit ihm oder ihr aufgebaut haben. Häufig wundern sich unsere engsten Freunde und die anderen Menschen in unserem

Leben darüber, warum wir mit dieser bestimmten Person zusammengelebt und Kinder bekommen haben. Menschen, die ihren Ex-Faktor verarbeiten, finden oft heraus, dass ihre Partnerwahl sehr komplex und mehr als nur Verliebtheit war, und sie freuen sich über ihre neu gewonnene Fähigkeit, künftig gesündere und vernünftigere Liebesentscheidungen zu treffen. Viele zweifeln allerdings an dieser Analyse der Liebespartnerwahl und halten sie für Psychogeschwätz. Gleichwohl ist es eine brauchbare familiensystemische Theorie, die nur leider häufig missverstanden und manchmal auch ignoriert wird.[2]

Als ich vor vielen Jahren in jener Vorlesung saß, wusste ich sofort, welche Probleme ich mit meinem Vater, mit meiner Mutter hatte und warum ich auf bestimmte Frauen flog, die zwar wunderbar waren, aber eigentlich nicht zu mir passten. Ungeachtet dieser Einsichten in die belasteten Beziehungen zu meinen Eltern spielte ich meine Probleme mit meinen Partnerinnen durch. Erst als diese Liebesbeziehungen zerbrachen, gewann ich eine emotionale und mentale Verbindung zu meinen zentralen Problemen. Für mich gab es keinen Zweifel, dass Dr. Munichins Erforschung von Eltern-Kind-Beziehungen außerordentliche Einblicke in familiendynamische Prozesse und deren Einfluss auf die Ehen der nachfolgenden Generation eröffnete. Die meisten Menschen, mich eingeschlossen, sind über diese sehr genaue Betrachtungsweise der Liebe und Ehe sowie die Rolle, die unsere Eltern in unserem Liebesleben spielen, verblüfft. Die psychologische Familiensystemtheorie sagt, dass wir unsere Liebespartner auf der Basis ungelöster Probleme mit unseren Eltern aussuchen. *Die Vorstellung, dass unsere Eltern-Kind-Geschichte einen großen Einfluss darauf hat, wen wir uns als Liebespartner wählen, mag sehr verstörend sein.* Lassen Sie uns unserer Diskussion zuliebe annehmen, dass diese Theorie stimmt und dass sie von Ihnen ernst genommen, überprüft und verstanden werden muss. Niemand kann sich weiterhin mit der geringsten Aussicht auf Erfolg in denselben Typ Mensch verlieben, ihn heiraten oder mit ihm zusammenleben, ohne sich zuvor ein Bild von seinen Eltern-Kind-Problemen gemacht zu haben. Solange Sie sich nicht darüber klar geworden sind, warum Sie Ihren Liebespartner ausgewählt haben, können Sie sich nicht sicher sein, dass sie oder er wirklich die richtige Wahl ist. Es ist ein sich wiederholender Kreislauf der Enttäuschung, und Sie können keine erfüllende Beziehung aufrechterhalten, ohne die Gründe und Motivationen zu kennen, die hinter Ihrer Wahl stehen. Die Anwendung des Prinzips, »nicht unseren problematischen Elternteil zu heiraten« und unser Verhältnis zu ihm zu klären, kann uns helfen.

Es ist wichtig, dass Sie darüber nachdenken, welche Probleme und Ereignisse in der Beziehung zu Ihren Eltern die größte und nachhaltigste Wirkung auf Ihr Leben hatten. Etwas ist nicht schon dadurch unwichtig, weil es vor dreißig Jahren geschah; Ihr Unbewusstes speichert diese Ereignisse, indem es sie »einfriert« (die Erinnerung schwindet nicht mit der Zeit). Ihre Eltern-Kind-Konflikte sind keinem linearen Zeitablauf unterworfen. Zum Beispiel sind Gefühle des Verlusts, des Abgewiesen- und Verlassenseins in Ihrem Gedächtnis gespeichert, ohne an ein Datum gebunden zu sein. Diese Gefühle können von Ihrem Liebespartner wieder erweckt werden, ohne dass Sie eine Verbindung zu ihrer Ursache herstellen müssen – Sie wissen nur, dass Sie sich von Ihrem Partner enttäuscht und tief verletzt fühlen.

Es ist notwendig, sich klarzumachen, dass dieses Konzept der unbewussten Partnerwahl ebenso zutreffen kann, wenn Sie ein sehr positives Verhältnis zu einem Elternteil hatten. Der gesunde Menschenverstand sagt einem, dass man, wenn man als Kind ein gutes Verhältnis zu einem Elternteil hatte, einen Liebespartner auswählt, der diesem Elternteil ähnelt. Die Eltern-Kind-Beziehung hat jedenfalls weitreichendere Folgen, als die meisten Menschen annehmen. Das Wesentliche ist, dass wir uns aller Einflüsse unserer Familienherkunft bewusst werden.

Ihr Partner kann Sie zum Beispiel aufgrund Ihrer emotionalen Stabilität und Ihres Mangels an Elternkonflikten auserkoren haben. Wenn Sie in einer Mutter-Tochter-Beziehung aufgewachsen sind, die unterstützend und liebevoll war, und wenn Ihr Vater Sie ebenfalls von ganzem Herzen geliebt hat, dann werden Sie unbewusst wahrscheinlich Partner wählen, die eine ähnliche emotionale Sicherheit ausstrahlen. Positive Eltern bilden für Kinder eine Basis, die gleiche Art gut funktionierender und liebevoller Beziehungen zu entwickeln, wenn sie erwachsen sind. Ein weiteres Beispiel ist die positive Kommunikation in der Familie. Wenn Ihre Eltern einen sicheren Raum für die Äußerung von Gefühlen und Gedanken geschaffen haben, dann werden Sie unbewusst wahrscheinlich einen Partner wählen, der die gleiche Fähigkeit und Neigung zu offener Kommunikation hat. Unser Augenmerk liegt hier darauf, wie wir unsere unbewusste Affinität zu bestimmten Persönlichkeitstypen, kontraproduktiven Verhaltensmustern und unvollkommenen emotionalen Bindungen verändern können, die für unsere Liebesbeziehungen schädlich sind. Wir alle treffen Partnerentscheidungen, aber wir befassen uns hier mit jenen, die auf alten dysfunktionalen Erfahrungen basieren und zu gestörten erwachsenen Beziehungen führen.

## Elterliche Wirkungen auf Ihr Liebesleben

Die folgende Liste von bleibenden Wirkungen aus Ihrer Kindheit auf Ihre heutigen Beziehungen ist ein wichtiger Ausgangspunkt für die Heilung von Liebesproblemen. Die Fragen sind so formuliert, dass sie Ihnen helfen, die zahlreichen Verbindungen zwischen Ihnen und Ihren Eltern besser zu verstehen. Die alten

Konflikte zwischen Ihnen und Ihrer Mutter oder Ihrem Vater mögen sich beruhigt haben, doch die schmerzlichen Gefühle können unterschwellig noch jahrelang andauern. Es ist wahrscheinlich, dass diese unbewusst bleibenden Grundeinstellungen und Gefühle einen negativen Einfluss auf Ihr Leben haben, ohne dass Sie es wissen. Das unmittelbare Ziel für Ihre gegenwärtigen Beziehungen ist, Ihren inneren Konflikt mit dem Elternteil zu vermindern, mit dem Sie die größten Probleme haben. Das heißt nicht, dass Sie zum Telefonhörer greifen und Ihre Mutter oder Ihren Vater zur Rede stellen sollen. Es ist vielmehr besser, Ihre Eltern überhaupt nicht damit zu konfrontieren – und die innere Arbeit für sich selbst zu leisten. Ihre Eltern-Kind-Probleme sind jetzt *Ihre* Probleme, und es ist *Ihre* Aufgabe, sie zu lösen.[3]

Stellen Sie sich folgende Fragen:
- Wer von Ihren Eltern (oder Stiefeltern) hat sich für Ihr Liebesleben in mancher Hinsicht am problematischsten erwiesen?
- Wer von Ihren Eltern ruft bei Ihnen die stärksten negativen Reaktionen hervor?
- Haben Sie heute noch Zerwürfnisse, Konflikte und Spannungen mit einem bestimmten Elternteil?
- Wenn ja, was ist für Sie das wiederkehrende Problem?
- Was bindet Sie emotional an den Konflikt zwischen Ihnen und Ihrer Mutter oder Ihrem Vater?
- Was ist im Streit mit Ihrer Mutter oder Ihrem Vater Ihr Ziel?

### Mutter-Tochter-Konflikte

Stellen Sie sich vor, welchen Einfluss die Kritik einer tadelsüchtigen Mutter immer noch auf Sie und auf die Art hat, wie Sie mit sich selbst, Ihrem Liebespartner oder Ihrer eigenen Tochter sprechen. Vielleicht sind Sie sehr kritisch, was das Gewicht oder Aussehen Ihrer Tochter anbelangt. Sie glauben vielleicht nicht, dass Ihre kritische Haltung und Ihre Furcht, übergewichtig zu sein, etwas mit der Obsession Ihrer Mutter zu tun hat, die Ihr Aussehen in Ihrer Jugend kritisch beäugt hat. Sie haben das Gefühl, dass Ihre Mutter eine perfekte Tochter haben wollte, und vielleicht haben Sie gedacht – und denken immer noch –, dass Sie sich dem unausgesprochenen Standard Ihrer Mutter angenähert haben. Sie wissen, dass Ihre Mutter sich manchmal schneidend über Ihr Aussehen geäußert hat, aber Sie glauben nicht, dass dies das Hauptproblem zwischen Ihnen und Ihrem Exmann und vielleicht sogar zwischen Ihnen und Ihrer Tochter ist.

Diese Dynamik könnte sich so fortsetzen: Wenn Sie eine Tochter im Teenageralter haben, die sich Ihnen gegenüber aufsässig verhält, wird sie sich vielleicht in einen »gefährdeten« jungen Mann verlieben, um sich so von Ihnen emotional zu distanzieren. Ihre Tochter weiß, dass Sie ihren Freund nicht schätzen, weil er nicht »perfekt« ist. Beide streiten genauso, wie Sie und Ihre Mutter immer noch in Streit geraten. Ihr Exehemann hat Sie vielleicht für eine jüngere Frau verlassen. Seine Erklärung für die plötzliche Scheidung war, dass Sie nicht mehr schlank, attraktiv oder interessant seien – dabei spielt es keine Rolle, dass er selbst in die Jahre gekommen ist, denn das war für Sie nie ein Problem. Außerdem haben Ihre beiden letzten Liebespartner Ihnen eine Brustvergrößerung und kleinere kosmetische Operationen empfohlen.

Diese unglücklichen Umstände scheinen ohne Zusammenhang zu sein, aber sie rühren möglicherweise von dem ständigen Perfektionsdrang Ihrer Mutter her. Sie fühlen sich immer noch unsicher in Ihrer Ausstrahlung auf Männer, da Ihre Mutter Sie ständig an Ihr fortschreitendes Alter erinnert. Zugleich fällt es

Ihnen schwer, daran zu glauben, dass ein Mann sich für Sie interessiert. Sie sind attraktiv, intelligent und erfolgreich, und Männer finden Sie begehrenswert und wollen eine Beziehung mit Ihnen. Doch aufgrund Ihrer Unsicherheit wählen Sie nur Männer, die Sie nicht perfekt, sondern mangelhaft finden. Ihre Mutter hatte in der Zwischenzeit zahlreiche Facelifts und andere kosmetische Eingriffe über sich ergehen lassen. Ihre Tochter sagt Ihnen, Sie seien genauso wie Großmama. Ihre belastete Beziehung zu Ihrer Mutter hat immer noch großen Einfluss auf Sie und steuert jeden Bereich Ihres Lebens. Sie fühlen sich wegen der Spannungen und Konflikte mit Ihrer Tochter als Versagerin, und Ihre Mutter erinnert Sie an Ihre eigenen Defizite als Mutter.

## Vater-Sohn-Konflikte

Stellen wir uns vor, Sie sind ein intelligenter, erfolgreicher, liebevoller Familienvater, der unbewusst eine weibliche Version seines Vaters geheiratet hat. Ihr Vater ist vielleicht vor einigen Jahren gestorben oder er wohnt weit weg oder Sie besuchen ihn einmal wöchentlich im Pflegeheim – wie auch immer die Situation sein mag, er spielt in Ihrem Leben immer noch eine Rolle. Ihr Vater hat in Ihrem ganzen Leben mit Zustimmung und Akzeptanz gegeizt. Sie haben das Gefühl, was Sie auch tun, es ist niemals »gut genug« für ihn. Als Erwachsener suchen Sie ständig nach Bestätigung durch andere, so wie Sie es schon als Junge getan haben. Ihr Vater hat Sie und Ihre Entscheidungen weder verbal noch emotional je unterstützt. Jetzt nehmen seine körperliche und mentale Stabilität ab, aber unabhängig von seinen gegenwärtigen Lebensumständen, seiner finanziellen Lage, seinem Alter oder gesundheitlichen Zustand ist sein emotionaler Einfluss auf Ihr Leben ungebrochen.

**Probleme mit dem Vater**

Mike fühlte sich von jeher von sarkastischen, intelligenten und narzisstischen Frauen angezogen. Seine vorehelichen Liebesbeziehungen hatten immer wieder gezeigt, dass diese Frauen seinem Leben und seiner seelischen Gesundheit nicht förderlich waren. Trotz der Ablehnung, Vernachlässigung und vergeudeten Energie, die diese Beziehungen kennzeichneten, versuchte er doch immer wieder, diesen Frauen zu gefallen und ihre Anerkennung zu finden. Mike wollte sie immer davon überzeugen, dass er ein guter Mann und Partner war, während er seine Vater-Sohn-Beziehung zu bewältigen versuchte. Als Mike zum ersten Mal seine Exfrau traf, wirkten ihre unmittelbar kritische Haltung und Ablehnung seinem Vater gegenüber auf ihn erfrischend und emotional unterstützend.

Vierzehn Jahre später ließ sich Mike von seiner Frau scheiden, weil er ihre verbalen Ausfälle und ständige Kritik an seinem Leben, seinen Freunden, seiner Familie und seinen Vaterqualitäten nicht länger ertrug. Unbewusst hatte Mike sich eine Frau gesucht, die eine weibliche Version seines emotional distanzierten, narzisstischen Vaters war. Ständig war Mike die Zielscheibe ihrer Wut und Enttäuschung über ihr Leben, über ihre Ehe und ihre finanzielle Situation. Mikes Vater David hatte ihn als Kind immer dafür kritisiert, dass er die Ursache für seine Ehe mit Mikes Mutter war. Eines Morgens explodierte Mike, als seine Frau ihm mitteilte, sie wolle von der Ost- an die Westküste ziehen, um dort ein besseres Leben zu beginnen. Er verlor die Beherrschung und sagte seiner Frau, dass er von der Ehe seit Jahren die Nase voll habe und die Scheidung wolle. Innerhalb von zwölf Wochen zog Mike aus, reichte die Scheidung ein und begann – als Reaktion auf seine emotionale Verlorenheit – ein Verhältnis mit einer anderen Frau.

Mike hatte während seiner vierzehnjährigen Ehe das deutliche

Gefühl gehabt, dass seine Frau und sein Vater sich sehr ähnlich waren – emotional, mental und psychisch. Nach dem College hatte Mike mit seinem Vater gebrochen und fünf Jahre lang keinen Kontakt mit ihm gehabt – doch unbewusst sehnte er sich immer noch nach Anerkennung durch seinen Vater. Interessanterweise berichtete Mike, dass die Sexualität mit seiner Frau immer belastet war, weil er sich ihr gegenüber nicht verletzbar und emotional offen zeigen wollte. Der automatische Selbstschutzreflex, den Mike gegenüber seinem Vater entwickelt hatte – sich zu distanzieren und gleichzeitig Anerkennung zu erheischen –, war derselbe, den er seiner Frau gegenüber entwickelte. Obendrein fühlte sich Mike seiner Frau gegenüber oft wie ein kleiner Junge, ganz ähnlich wie es ihm erging, wenn er mit seinem Vater sprach. Vor seinem Tod tadelte der Vater Mike dafür, dass er sich genauso durch seine Ehe quäle, wie er es selbst getan hatte.

Mike hatte das Gefühl, es seiner Exfrau nie recht machen zu können – einschließlich des gemeinsamen Sorgerechts für ihre drei Kinder. Weder Mikes Vater noch seine Exfrau hatten je Liebe, Akzeptanz oder positive Gefühle ihm gegenüber gezeigt. Er war in einer lieblosen, gefühllosen Atmosphäre aufgewachsen. Seine Ehe spiegelte den Mangel an Akzeptanz und offener Kommunikation in der Beziehung zu seinem Vater. Mike fand sich in einer lieblosen, sexuell leblosen und emotional negativen Ehe, in der er die gleiche Angst verspürte, mit seiner Frau über Konflikte zu sprechen, wie es ihm als Jungen mit seinem Vater ergangen war.

Mike fühlte sich weder bei seinem Vater noch bei seiner Exfrau emotional, mental oder psychisch sicher. Beiden gegenüber verbarg er seine Gefühle, und nie äußerte er Ansichten, die den ihren widersprachen. Mikes Selbstschutzverhalten basierte auf der jahrelangen Erfahrung, dass sein Vater ihn emotional bestrafte, wenn er nicht dessen Ansichten teilte. Und genau dieses Verhaltensmuster wiederholte er bei seiner Frau. Als Mike sich von ihr scheiden ließ, stimmte sein Vater mit ihr darin überein, dass Mike kein guter Vater sei – er ging sogar so weit, dies schriftlich im Sorgerechtsprozess gegen Mike zu bezeugen.

Mike begann die Verbindung, Ähnlichkeit und emotionale Gemeinsamkeit zwischen seinem Vater und seiner Exfrau zu verstehen. Als Teil des Genesungsprozesses von seiner Vergangenheit und als ersten Schritt zu einem anderen Liebesleben in der Zukunft machte er sich bewusst, dass er eine weibliche Version seines Vaters geheiratet hatte. Sechs Jahre nach seiner Scheidung hatte Mike immer weniger Probleme, sowohl mit seiner Exfrau als auch mit seinem Vater zu kommunizieren.

## Vater-Mutter-Konflikte

Viele Frauen können sich mit dem Vater-Sohn-Konflikt identifizieren, so wie es Männer gibt, die sich mit dem Mutter-Tochter-Konflikt identifizieren können. Beide Szenarien sind wichtig, wenn wir Einsicht in unsere Beziehungsgeschichte gewinnen wollen. Der Elternteil, den wir in unserem Herzen tragen, ist in der Regel vollkommen anders als der in unserer gelebten Wirklichkeit. Es ist der Elternteil in unserem Bewusstsein, der die meisten Konflikte und Störungen in unseren Beziehungen verursacht. Wenn wir eine Verbindung zwischen unserer Liebeswahl und der Beziehung zu beiden Eltern herstellen, dann ist dies der erste Schritt in eine bessere Zukunft. Unsere bisherigen Partner, Ehen und zerbrochenen Liebesbeziehungen haben ihre Wurzel in unserer Familiengeschichte. Die Folgen unserer Eltern-Kind-Beziehungen in Kindheit und Adoleszenz können einen nachhaltigen unbewussten Einfluss auf unser Liebesleben haben.

Zum Beispiel haben Sie sich vielleicht noch nie gefragt, warum Sie nicht Ihre eigene Meinung vor einem Partner vertreten können, ohne deswegen einen Wutausbruch befürchten zu müssen. Ihre automatischen Verhaltensweisen, Überzeugungen und Reaktionen haben zu Entscheidungen geführt, die nicht immer in Ihrem besten Interesse sind. Ihr Ziel muss es sein, Ihre unbewussten Probleme zu entdecken und sich ihrer bewusst zu werden, sodass sie zum Besseren verändert werden können. Dieser Prozess mag beängstigend erscheinen, er ist es aber nicht. Als Erwachsene sind Sie jetzt in der Lage, die Art und Weise, wie Sie auf Ihren Partner reagieren und sich emotional auf ihn beziehen, zu verbessern und neu zu definieren. Diese grundlegenden Veränderungen sind das Fundament jeder auf lange Dauer angelegten Liebesbeziehung.

Das erweiterte Verständnis Ihrer automatischen bzw. unbewussten Entscheidungen, Überzeugungen und Gefühlsreaktionen erlaubt Ihnen, diese zu hinterfragen und zu überprüfen. Sie sind alt und klug genug und haben genug Liebeskummer gehabt, um die Veränderungen vorzunehmen, die Sie brauchen und wollen. Wenn es Ihnen nicht zu gelingen scheint, Ihre zentralen Probleme zu erkennen, seien Sie deswegen nicht beunruhigt. Was immer Sie tun, fragen Sie nicht Ihren Expartner nach Ihren Mutter-Vater-Konflikten, weil er in der Regel die Gelegenheit nutzt, Sie zu belehren. Vergessen Sie nicht, dass jeder zumindest ein paar fortschwelende Konflikte hat, die sich in den unterschiedlichsten Kontexten bemerkbar machen, bis sie durchschaut und gelöst werden. Der wichtigste Kontext, in dem sie sich bemerkbar machen, ist die primäre Beziehung unseres erwachsenen Lebens: die Ehe oder eine eheähnliche Liebesbeziehung.

Wir wollen hier noch einmal wiederholen: Nur in der unterstützenden Atmosphäre Ihrer Liebesbeziehung werden Ihre tiefsten Wünsche, Sehnsüchte und Hoffnungen akzeptiert und erfüllt. Zugleich machen sich Ihre zentralen Probleme und fehlgeleiteten Grundüberzeugungen in dieser exklusiven Liebesbeziehung bemerkbar. Es ist außerordentlich mutig, sich der Liebe eines anderen Menschen zu öffnen, wenn die eigenen Liebeserfahrungen in der Vergangenheit von Verletzungen geprägt sind. Eine sorgfältige Lektüre der folgenden Liste kann Ihnen dabei helfen, herauszufinden, an welchem Elternteil Sie sich unbewusst und bewusst immer noch abarbeiten. Fragen Sie sich, welche Aussage am ehesten auf Sie zutrifft und Sie mit einem bestimmten Elternteil verbindet. Die Worte in den Klammern bieten Erklärungsvorschläge, warum die jeweilige Aussage auf Sie zutreffen könnte. Es handelt sich um Aussagen, die Ihr gegenwärtiges Leben betreffen und zugleich eine Verbindung zu Ihrer Familiengeschichte herstellen.

## *Aussagen zum Liebesleben*

- Sie misstrauen dem anderen Geschlecht (Entfremdung der beiden Eltern in ihrer Ehe; man hat Ihnen beigebracht, den »anderen« Elternteil zu hassen).
- Sie sind nicht »gut genug« (Narzissmus und Perfektionismus eines Elternteils oder beider Eltern).
- Ihr größter Aktivposten ist Ihr Aussehen (den Eltern war die Entwicklung Ihrer inneren Qualitäten und Ihres Selbstwertgefühls gleichgültig).
- Sie haben Angst vor Zurückweisung (Sie und Ihre Interessen waren Ihren Eltern gleichgültig; Sie haben nicht das Gefühl, dass Sie für Ihre Eltern wichtig sind).
- Die Ehe ist eine Falle (die Ehe Ihrer Eltern war unbefriedigend, es gibt ungelöste Probleme im Liebes- oder Intimleben Ihrer Eltern).
- Sie haben ein starkes Bedürfnis nach Unabhängigkeit und kein Vertrauen (die Eltern sind emotional abhängig von Ihnen und halten Sie emotional besetzt).

- Sie durchleben die Affäre Ihres Vaters oder Ihrer Mutter (Angst vor dem Verlassensein, ausgelöst durch den Elternteil, der die Ehe verlassen hat).
- Sie fühlen sich nicht liebenswert, Ihr Partner bzw. Ihre Partnerin liebt Sie nicht (mangelnde Liebe seitens der Eltern).
- Emotionale Deprivation und Bedürftigkeit (elterlicher Narzissmus; Ihre emotionalen Bedürfnisse wurden nie wahrgenommen, verstanden oder erfüllt).
- Sie brauchen einen perfekten Partner – körperlich, mental und emotional (elterlicher Narzissmus; die äußere Erscheinung ist wichtiger als die Substanz).
- Koabhängigkeit; Sie müssen die Beziehung Ihrer Eltern reparieren (elterliche Abhängigkeit von Ihnen).
- Unbehagen bei emotionaler, körperlicher und verbaler Nähe (elterlicher Perfektionismus; nichts ist je gut genug).
- Sie fühlen sich minderwertig, »unecht« oder schämen sich Ihrer selbst (elterliche Gleichgültigkeit, mangelnde emotionale Unterstützung für Sie und Ihre Interessen).
- Sie neigen zu gewalttätigen und flüchtigen Beziehungen (Sie wurden von einem Elternteil terrorisiert oder missbraucht).
- Sie haben Furcht vor der Zukunft (elterliche Instabilität und Furcht).
- Sie sind unfähig, eine sichere Zusage zur Beziehung zu machen bzw. aufrechtzuerhalten (unsicheres, instabiles und emotional unvorhersehbares elterliches Bindungsverhalten).
- Sie tolerieren körperliche, verbale oder psychische Misshandlungen (Furcht vor den Eltern und Misshandlungen bzw. Missbrauch in der Kindheit).
- Sie vermeiden Konflikte und Streit (elterlicher Narzissmus; Bedürfnis, es immer allen recht zu machen).
- Wutprobleme (elterliche Gleichgültigkeit, Vernachlässigung und körperliche Misshandlungen).
- Bindungsphobie (unvollendete Ablösung von den Eltern)

- Wunsch nach und Furcht vor eigenen Kindern (Fürsorge für die Eltern; Sie haben sich immer um das emotionale Befinden der Eltern gekümmert).

- Sie fühlen sich in Ihrer Ehe oder Beziehung allein und im Stich gelassen (unstabile emotionale Elternbindung und Mangel an emotionaler Ablösung von den Eltern).

- Sie wählen den »falschen« Mann bzw. die »falsche« Frau (mangelnde Wertschätzung Ihrer Person seitens Ihrer Eltern).

- Sie fürchten sich vor Männern oder Frauen (Ihre Eltern halten Sie emotional besetzt, sodass Sie keinen emotionalen Raum für sich selbst haben).

- Wut auf Ihren Vater (bei Frauen: emotional und körperlich distanzierter Vater).

- Sie empfinden Wut und Aggressionen gegenüber anderen (bei Männern: Ablehnung und Gleichgültigkeit seitens Ihres Vaters).

- Sie leben mit emotional abwesenden oder unerreichbaren Partnern zusammen (elterliche Vernachlässigung, elterliche Depression).

- Sie misshandeln Ihren Partner bzw. Ihre Partnerin verbal und verhalten sich unangemessen aggressiv (Sie sind traumatisiert von den Familienspannungen in Ihrer Kindheit).

- Männer wollen nur Sex; Frauen wollen nur Geld und Statussymbole (elterliche Depression und Mangel an Selbstwertgefühl).

- Sie sind emotional unflexibel und Veränderungen gegenüber unaufgeschlossen (elterliche Tadelsucht Ihnen gegenüber).

- Alkohol- oder Drogenmissbrauch und Suchtverhalten (elterliche Instabilität und inkonsistente Liebe oder Sicherheit).

- Mangel an Sexualität in Ihrer Liebesbeziehung (elterliche Repression ihrer Sexualität).

- Gier, Selbstsucht und ausbeuterisches Verhalten (elterliche Vorenthaltung von Liebe und Unterstützung).

- Sie müssen perfekt sein, um geliebt werden zu können (elterliche Tadelsucht).

Diese Liste hat nicht zum Ziel, dass Sie Ihren Eltern nun Ihre Beziehungsprobleme zum Vorwurf machen. Ihre Eltern sind nicht Teil Ihrer Heilung oder der Lösung Ihrer Probleme, um gesündere und funktionierende Beziehungen zu entwickeln. Sie selbst sind die Lösung, es ist Ihre bewusste Entscheidung, den richtigen Partner oder die richtige Partnerin zu wählen und die Art von Liebesbeziehung aufzubauen, die Sie ersehnen und verdienen. Die vertiefte Einsicht in die blinden Flecken Ihrer Eltern-Kind-Beziehung und in deren immer noch wirksamen Einfluss hilft Ihnen, langfristige Veränderungen vorzunehmen.

Viele der Aussagen in der Liste gehen auf die Kindheit zurück. Es handelt sich um Wünsche, die Ihr Verhalten und Ihre Gefühle zu Ihrem Expartner gelenkt haben. Diese alten unbewussten emotionalen Reaktionen und verzerrten Grundüberzeugungen, die auf der Spannung zwischen Ihnen und Ihren Eltern basieren, lassen sich überarbeiten und umgestalten. Wir werden uns diesem Problem im nächsten Kapitel ausführlich widmen, aber zunächst müssen wir herausfinden, welche spezifischen Probleme in Ihrer heutigen Liebesbeziehung zu schädlichen Kurzschlüssen führen.

Wenn Sie die Liste gelesen und über Ihre Kindheit, Adoleszenz und Ihr Leben als Erwachsene/r nachgedacht haben, stellen Sie sich bitte die folgenden Fragen: Die Beziehung zu welchem Ihrer Eltern ist für Sie mit der größten Belastung, Enttäuschung und mit den meisten Konflikten verbunden? Wie haben Sie Ihre Frustration mit diesem Elternteil bewältigt? Sehen Sie emotionale Verbindungen zwischen Ihrem Elternkonflikt und den Gefühlen, Unsicherheiten und Konflikten in Ihrer gegenwärtigen Liebesbeziehung und Partnerwahl? Können Sie erkennen, dass Ihre Gefühle aus diesem Konflikt mit Ihrer Mutter oder Ihrem Vater die Art und Weise bestimmen, wie Sie sich heute Ihrem Liebespartner gegenüber verhalten und mit ihm umgehen? Es ist wichtig, hier festzuhalten, dass viele Erwachsene ein bleibendes

Ressentiment gegenüber dem Elternteil haben, der während ihrer Kindheit die Familie verließ. Wenn ein Elternteil aus dem Leben eines Kindes verschwindet, ist das meist traumatisierend, und die langfristigen Auswirkungen lassen sich oft erst später im Leben abschätzen. Die betroffenen Erwachsenen haben möglicherweise wenig oder gar keinen Kontakt mehr zu ihren getrennt lebenden Eltern, doch die seelischen Folgen des Verlassenwerdens sind nicht auf die Kindheit begrenzt.

Aber dieses Buch hat nicht den Ehestatus Ihrer Eltern zum Gegenstand. Es handelt vielmehr von Ihrer emotionalen Bindung an Ihre Eltern. Dazu gehört jede Kombination gemischter Familien oder adoptierter Eltern (d. h. Erwachsene, die in Ihrer Kindheit und Jugend eine wichtige Funktion hatten). Stellen Sie zusätzlich folgende Fragen: Welche Probleme in der Liste beschreiben am genauesten Ihre ehemalige oder gegenwärtige Liebesbeziehung? Sehen Sie irgendeinen Zusammenhang zwischen Ihren Verhaltensweisen, Unsicherheiten, Enttäuschungen, Ängsten und Ihrer Eltern-Kind-Beziehung? Ihre gegenwärtigen emotionalen Probleme rühren meist von einem Trauma oder ungelösten Konflikten in Ihrer Kindheit her. Wir wollen die oben aufgeführten Probleme und Erklärungsversuche nun auf Ihr gegenwärtiges Leben und Ihre Liebesbeziehungen übertragen. Die Fragen und Aussagen, die unten folgen, sollen Ihnen helfen, etwaige Konflikte mit Ihren Eltern zu lösen und damit Ihr unbewusstes Verhaltensmuster in Liebesbeziehungen zu verändern. Wenn Sie vorhaben, wieder in die »Welt der Beziehungen« einzutreten, was ist Ihre Hauptunsicherheit? Wer von Ihren Eltern hat Ihrer Ansicht nach Ihr Beziehungsleben am stärksten vorgeprägt? Warum war der Einfluss des anderen Elternteils auf Ihre Liebesbeziehungen nicht so stark? Versuchen Sie, die erste spontane Antwort, die Ihnen in den Sinn kommt, unverändert zu lassen, nachdem Sie die folgenden Aussagen oder unvollständigen Sätze gelesen haben. Diese

Übung gibt Ihnen die Möglichkeit, zu erkennen, wie Sie sich bestimmten Problemen gegenüber, die Sie normalerweise gar nicht in Erwägung ziehen würden, tatsächlich fühlen oder was Sie über sie denken.

### Ergänzen Sie die Sätze

Ergänzen Sie die folgenden Sätze und versuchen Sie nicht, das, was Ihnen als Antwort spontan einfällt, zu überarbeiten. Es geht um den Neuaufbau Ihres Liebeslebens. Wie gesagt: Korrigieren Sie nicht, und verzichten Sie auch darauf, sich eine zweite Antwort zu überlegen. Zentral ist, dass Sie zu Ihren wirklichen Gefühlen, Werten, Überzeugungen, Wünschen und Hoffnungen vordringen. Die Liste hat unter anderem zum Ziel, Ihre emotionale, mentale und psychologische Einsicht so zu erweitern, dass Sie es zulassen, auf eine andere, neue Weise geliebt zu werden. Das beginnt damit, dass Sie erkennen, wie Liebe in Ihrem Leben funktioniert. Es kann sehr merkwürdig, unangenehm und ungewohnt sein, sich diesen Fragen und Aussagen zu stellen. Aber es ist notwendig, aus Ihrer emotionalen Komfortzone herauszutreten und alte psychische Barrieren zu überwinden, wenn Sie neue und tiefere Einsichten gewinnen wollen.

Wie würde Ihre Ehe oder Liebesbeziehung aussehen, wenn Sie weniger (oder mehr) ........................................................... wären?

Wie würde es sich anfühlen, ........................................... zu sein?

Das eine, was ich meinem Partner/meiner Partnerin nie erzählt habe, ist:

........................................... .

Was würden Sie tun oder wie würden Sie sich verhalten, wenn Sie vollkommenes Vertrauen in Ihren Partner/Ihre Partnerin hätten?

Was ist für mich das am meisten _____ in einer Beziehung?

Wenn Sie wieder eine Ehe oder eine Liebesbeziehung mit jemandem eingehen könnten, dann mit _____.

Wer war Ihr/e wichtigste/r Liebespartner/in _____, und weiß er/sie es?

Was ist Ihr größtes/Ihr größter/Ihre größte _____ in einer Beziehung?

Ich verhalte mich wie mein/e _____, wenn ich wütend werde.

Man hat mir mein ganzes Leben lang gesagt, dass ich _____.

Mein/e _____ hat mir gesagt, ich dürfte in einer Ehe nie _____!

Ich hasse es, wenn _____.

Liebe ist für mich _____.

Ich wünschte, mein/e _____ wüsste _____.

195

Ich bedauere, dass ich mit meinem/meiner Ex ............................................................

............................................................................................................................ .

Meine Mutter war ............................................................................................ .

Mein Vater war ................................................................................................ .

Die Ehe meiner Eltern war .............................................................................. .

Alle haben mir vor der Hochzeit gesagt, ........................................................ .

Während der Scheidung hatte ich insgeheim das Gefühl, ..............................

............................................................................................................................ .

Ich glaube, Männer und Frauen ...................................................................... .

Streit und ständige Konflikte führen bei mir dazu, dass ich ..........................

............................................................................................................................ .

Ich hoffe, meine Kinder wissen Folgendes über mich: ..................................

............................................................................................................................ .

Ich hoffe, meine Kinder wissen das über meinen/meine Ex: ........................

............................................................................................................................ .

Wenn ich traurig werde über ......................., dann ....................................... .

In einer Liebesbeziehung suche ich ............................................................... .

In einer Liebesbeziehung will ich selbst ........................................................ .

Ich habe mich für meine/n Expartner/in entschieden, weil ................................................. .

Ich wünschte, ich hätte mit meinem/meiner Ex ................................................. .

Wenn ich mich das nächste Mal verliebe, dann werde ich ................................................. .

Ich habe Angst vor einer neuen Liebesbeziehung, weil ................................................. .

Ich kann meine/n Ex nicht loslassen, weil ................................................. .

Ich habe meine/n Ex losgelassen und wünsche ................................................. .

Ich hätte gern Sex mit ................................................. .

Wenn ich Sex mit meinem/meiner Ex hätte, ................................................. .

Mein sexueller Traum ist ................................................. .

Ich glaube, Intimität und Sex ................................................. .

Die sexuelle Beziehung meiner Eltern war ................................................. .

Wenn mir jemand sagt, er/sie liebe mich, dann ................................................. .

Ich glaube, meine Zukunft ................................................. .

Meine größte Angst ist ................................................. .

Keine der Antworten bezüglich Ihrer unbewussten Wünsche nach Liebe ist unwichtig. Das Erkennen des Elternersatzes, den Sie geheiratet haben, und Ihrer ungelösten Gefühle, Überzeugungen und Erwartungen an Beziehungen enthält einen bedeutsamen Fundus an Informationen. All diese Fragen und Aussagen führen zu Ihren unbewussten, unerforschten und verborgenen Wünschen, die Tag für Tag Ihre wichtigen Entscheidungen lenken. Je mehr Sie Ihre wahren Gefühle verstehen und sich trauen, sie zu akzeptieren, desto mehr Optionen stehen Ihnen in der Zukunft offen. Wir können Hunderte von Stunden darüber nachdenken, wie wir dieses oder jenes Verhalten ungeschehen machen können, aber wichtiger ist, dass Sie Ihre Energie investieren, um die darunterliegenden Motivationen für das Verhalten zu erkennen. Die Veränderung ist der leichteste Teil dieses erkenntnisorientierten Prozesses. Ihr Verstehen der inneren Zusammenhänge ist die größere Herausforderung. Von da ab wird es einfacher.

## Die Ehe Ihrer Eltern

Ähnlich wie bei einer Reise in einem fremden Land oder bei Ferien an einem abgelegenen Ort müssen Sie bestimmte wichtige Orte aufsuchen. Einer davon ist die Ehe Ihrer Eltern. Sie befinden sich gegenwärtig auf einer sehr aufregenden, manchmal schmerzlichen und manchmal Mut erfordernden Reise in die zentrale Entwicklung Ihrer Fähigkeiten, zu lieben und geliebt zu werden. Der persönliche Gewinn, wenn Sie diesen Ort in Ihrem Leben erreichen, ist messbar, und Sie sind bereits auf Ihrem Weg. *Es ist entscheidend, dass Sie Ihre Selbstbeschuldigungen und Ihren Selbsthass aufgeben.* Es gibt keinen psychischen Lebensraum für Sie oder eine Chance für Ihre Genesung, wenn Sie sich immer noch Vorwürfe wegen vergangener Entscheidungen machen. Ihr Leben findet in der Gegenwart statt, und dieses gegenwärtige Leben erfordert Ihre ungeteilte Aufmerksamkeit und Ihre Geduld. Die Änderung Ihres Beziehungslebens, nach dem Sie sich sehnen – neben der vollständigen Bewältigung Ihrer Vergangenheit –, ist bereits in vollem Gange. Bei der Erforschung Ihres Ex-Faktors müssen Sie einen kurzen Stopp einlegen, um einen Blick auf die Ehe Ihrer Eltern zu werfen.

Was waren, als Sie aufwuchsen, die Geschichten und Familienmythen darüber, wie sich Ihre Eltern kennenlernten, über ihre Hochzeit, Flitterwochen und das erste Ehejahr? Ob Ihre Eltern sechzig Jahre lang verheiratet, siebenmal geschieden waren oder eine Gewohnheitsehe führten, es gibt Geschichten, die diese und andere Gegebenheiten erzählen. Sie mögen es glauben oder nicht, diese Geschichten und Traditionen haben Einfluss auf Ihren gegenwärtigen Beziehungsstatus. Sie haben von Ihren Eltern und aus deren Verhalten mehr über Liebesbeziehungen gelernt, als Ihnen bewusst ist. Unabhängig davon, wie die Ehe Ihrer Eltern war oder ist – positiv, tragisch, schmerzvoll, aggressiv oder liebevoll –, Sie waren bei vielem unmittelbar Zeuge. Während Sie die Interaktionen Ihrer Eltern beobachteten, haben Sie gelernt, wie Liebesbeziehungen zwischen Erwachsenen funktionieren.

Ihr Bewusstsein hat möglicherweise bestimmte traumatische oder belastende Ereignisse in der Ehe Ihrer Eltern ausgeblendet, ignoriert oder verdrängt, doch Ihr Unbewusstes hat währenddessen ganz anders agiert. Das Unbewusste ist eine Videokamera, die 24 Stunden ohne Unterbrechung läuft. Es hat Entscheidungen getroffen, um Sie vor Gefühlen der Angst, Ablehnung, Ungeliebtheit und Vernachlässigung zu schützen. Aufgrund dieses »eingebauten« psychologischen Schutzmechanismus müssen Sie tiefer graben, um Ihre zentralen Wunden an die Oberfläche bringen und heilen zu können. Der Genesungsprozess kann nicht eindimensional sein (d. h. nur unbewusst geschehen), er erfordert

Ihre bewusste und engagierte Teilnahme. Das Problem ist, dass Ihr Bewusstsein und Ihre Fähigkeit, zu denken, zu verstehen und Einsicht zu gewinnen, aktiv mit Ihrem Unbewussten (den ungelösten Problemen aus Ihrer Vergangenheit) am Genesungsprozess beteiligt sein müssen. Niemand kann sein Herz heilen und seine *sechs Gesichter der Liebe* erweitern ohne eine uneingeschränkte bewusste und unbewusste Anstrengung. Sie können Ihr Unbewusstes erreichen, indem Sie sich die Art von Fragen stellen, die wir gerade gestellt haben.

Was waren die Probleme und Konflikte in der Ehe Ihrer Eltern? Die Beziehung zwischen Ihrer Mutter und Ihrem Vater kam Ihnen vielleicht normal vor, denn Kinder wissen oft nicht, dass ständiges Schreien oder aggressives Verhalten ungewöhnlich oder dysfunktional ist. Kinder schützen ihre Eltern oft voreinander oder werden die Interessenvertreter eines Elternteils und bilden mit ihm eine Notgemeinschaft – ganz ähnlich wie Margaret, die wir am Anfang des Kapitels kennengelernt haben und die in ihrer Kindheit und Jugend die Vertraute und das emotionale Unterstützungssystem ihrer Mutter war. Die Ehe von Margarets Eltern wurde erst besser, als sie auszog und ein College besuchte. Viele Kinder spielen unwissend eine große Rolle in der Ehe ihrer Eltern – und auch bei deren Ende.

In belasteten Ehen nehmen Kinder häufig unwissentlich und automatisch an den Machtkämpfen und Konflikten ihrer Eltern teil. Diese Tatsache basiert auf einer Erhebung unter Erwachsenen, die zu dem Ergebnis kommt, dass 85 bis 90 Prozent der Ehe ihrer Eltern von Problemen, Konflikten und Fehlfunktionen geprägt sind.[4] Da heute so viele Erwachsene, die die belasteten Ehen ihrer Eltern miterlebt haben, Liebesbeziehungen eingehen, ist es nicht verwunderlich, dass sich die gleiche Dynamik bei ihnen wiederholt. Aber Sie wollen eine andere Ehe und Liebesbeziehung, als Ihre Eltern sie hatten. Damit dies gelingt, müssen Sie die zuvor erwähnte emotionale Einsicht gewinnen und die Rolle näher betrachten, die Sie in der Ehe Ihrer Eltern gespielt haben.

Wenn Sie sich Ihrer Rolle in der Ehe Ihrer Eltern bewusst werden, ist dies ein Schritt zur Genesung. Diese Rollen sind ohne Zahl, aber sie kehren oft zurück, wenn Sie sich Ihre problematischen Verhaltensweisen in Ihrer heutigen Liebesbeziehung ansehen. Solange Sie sich nicht die Notwendigkeit eines grundlegenden Wandels – infolge der Ehe Ihrer Eltern – in Ihren Beziehungen bewusst machen, werden Sie weiterhin blind unterwegs sein. Es ist für Ihr gesamtes Leben extrem problematisch, ständig die gleichen Fehler in Ihren Beziehungen zu wiederholen, ohne neue Einsichten und größere Weisheit zu entwickeln. Ihre unglücklichen Trennungen sind eine wertvolle Informationsquelle über Ihre vergangenen Liebesbeziehungen. Die Ehe Ihrer Eltern und die Rolle, die Sie darin gespielt haben, sind eine weitere wichtige Informationsquelle über Sie und Ihren Expartner.

Zu dieser erweiterten Einsicht gehört die Erkundung Ihrer Kindheit, Ihrer Geschwister, Ihrer Mutter- und Vaterbindung, wie Sie Ihr Selbstwertgefühl entwickelt haben und was für Sie das emotional Wesentliche in der Liebe ist. Wenn Sie die Ehe Ihrer Eltern besser durchschauen, dann können Sie auch besser verstehen, welche Rolle für Sie Frauen und Männer in einer Liebesbeziehung spielen. Oft werden wir Zeugen von Ereignissen, die Kinder nicht sehen, hören oder miterleben sollten. Das Wichtige ist hier, dass Sie die vielfachen Verbindungen zwischen den gegenwärtigen Veränderungen in Ihrem Liebesleben und den in die Vergangenheit zurückreichenden Problemwurzeln in Ihrer Eltern-Kind-Beziehung und der Ehe Ihrer Eltern erkennen. Das alles hängt zusammen.

Es leuchtet ein, dass jede tief greifende Beschäftigung mit Ihrem Ex-Faktor eine Untersuchung der Ehe Ihrer Eltern einschließt. Ihre erste Erfahrung von Liebe und Ehe war das, was

Sie an Interaktionen bei Ihren Eltern gesehen haben. Für viele Menschen ist die Erinnerung an die Ehe ihrer Eltern psychisch sehr belastet und schmerzvoll. Viele Ihrer eigenen Werte, Grundüberzeugungen und Konfliktlösungsfähigkeiten – aber auch Ihr Sexualverhalten, Ihr Kommunikationsstil, Ihr Umgang mit Geld, Ihr Treueverhalten – stellen sich im Kontext der Ehe Ihrer Eltern noch einmal dar. Es ist schwer zu sagen, wie groß der Einfluss Ihrer Eltern auf Ihre eigene Liebesbeziehung und auf die Rollen ist, die Sie darin spielen. Es ist wichtig, zu verstehen, welchen signifikanten unbewussten Vorbildcharakter die Ehe Ihrer Eltern für Sie hatte. Eine weitere Erhellung lohnt sich.

## Wie sah Ihre Traumehe aus?

Wenn Sie die Ehe Ihrer Eltern einem Fremden beschreiben sollten, was würden Sie sagen? War die Ehe spannungsfrei, belastet oder sogar so, dass Sie sie keinesfalls in Ihrem Leben wiederholen wollen? Was war der positivste Aspekt der Ehe Ihrer Eltern? Was haben Sie aus dieser Ehe über Beziehungen gelernt? Haben Sie sich in Ihrer Jugend je gefragt, warum Ihre Eltern streiten oder Konflikte vermeiden? Wie würden Sie die emotionale Bindung und Zuneigung Ihrer Eltern beschreiben? Wissen Sie, warum sie geheiratet haben? Wie war ihre Beziehung zu ihren eigenen Eltern?

Da so viele Kinder miterleben, wie die Ehe ihrer Eltern in immer mehr Streit und Konflikte ausartet, ist es verständlich, dass wir Ähnliches in unserer eigenen Beziehung vermeiden wollen. Es ist eine natürliche Reaktion, nicht nur die eigene Eltern-Kind-Beziehung korrigieren zu wollen, sondern die Ehe der Eltern gleich mit. Was das Vermeiden von Konflikten und das Vermindern von Beziehungsspannungen anbetrifft, was haben Sie von

Ihren Eltern gelernt? Wenn Sie für die Ehe Ihrer Eltern irgendetwas durch Zauberei hätten ändern können, was hätten Sie da getan und warum? Der Wunsch, den Sie als Kind für die Ehe Ihrer Eltern hatten, kann eine sehr starke Motivation für Ihre eigene Ehe/Beziehung werden.

## Die Änderung der Regeln für Ihr Liebesleben

Die Ehe Ihrer Eltern ist ein Teil der Erklärung, warum Sie Ihre Partner/innen ausgewählt haben. Ihre Partnerwahl zu verstehen hilft Ihnen, Ihr Augenmerk wieder auf *sich selbst* und Ihre eigene Entwicklung und Veränderung zu richten. Ihren oder Ihre Ex loszulassen ist vielleicht nur die Sache eines Augenblicks, aber es kann das ganze Leben brauchen, um die Bedeutung dieser Entscheidung vollständig zu erfassen. Viele Menschen stecken in einer bleibenden Verbitterung fest und haben ein Leben mit jemandem aufgebaut, das ihre Erwartungen nicht erfüllt. Die unbewussten Probleme Ihrer Eltern und zwischen Ihnen und Ihren Eltern zu verstehen ist ein entscheidender Schritt, um in Ihrem eigenen emotionalen Leben vorwärtszukommen. Die emotionale Einsicht in Ihre Verhaltensmuster in Liebesbeziehungen ist das übergreifende Ziel dieses Kapitels. Je mehr Sie die zahlreichen Verbindungen zwischen Ihnen, Ihren Eltern und Ihrem ehemaligen Partner verstehen, desto weniger frustriert und wütend werden Sie sein – auf sich und auf Ihren oder Ihre Ex.

Die Gründe, warum Sie sich für ein Zusammenleben mit Ihrem Ex entschieden haben, sind sehr komplex und mehr als nur eine falsche Entscheidung, die Sie als junge und naive Person getroffen haben. Ihre Wahl hatte viele unbewusste Gründe, Motive und Intentionen, die aus Ihrer Eltern-Kind-Beziehung stammen. Der andere wesentliche Faktor in Ihrer Wahl ist, was Sie von Ihren Eltern über die Rollen von Frau und Mann in einer Liebesbeziehung gelernt haben. Diese beiden Perspektiven über Ihre Erziehung und Kindheit können sehr viel Aufschluss über Ihre Liebesbeziehung, deren Anfang und Ende, geben.

**All Ihre Probleme und persönlichen Konflikte kommen zusammen, wenn Sie sich das Vermächtnis anschauen, das Ihnen durch Ihre Mutter und Ihren Vater zuteil wurde.**[5]

Die *»sechs Gesichter der Liebe«* spielen immer eine Rolle, wenn Sie Ihre Eltern-Kind-Geschichte, die Ehe Ihrer Eltern und die Probleme bewältigen, die Sie an der Realisierung eines erfüllteren Liebeslebens gehindert haben. Im nächsten Kapitel wollen wir uns die neuen Regeln für Ihr Liebesleben ansehen. Dabei geht es um neue Arten und das Zulassen von Liebe. Es geht aber nicht darum, wie Sie jemanden lieben, sondern darum, was Ihnen das Gefühl gibt, geliebt, begehrt und emotional geborgen zu sein. Diese Fragen bilden das Fundament für eine Neuentwicklung Ihres Liebeslebens und Ihrer zukünftigen Beziehungen.

# 7 DER NEUANFANG IHRES LIEBESLEBENS
## Von der Fähigkeit, sich lieben zu lassen

*Ich habe nie verstanden, warum es mich so wütend gemacht hat, wenn mein Mann mich anfassen oder umarmen wollte. Es war doch eigentlich nett, aber ich hatte einfach nicht das Gefühl, dass es wirklich aus Liebe geschah. Er verstand nie, dass ich lieber reden als berührt werden wollte. Ich weiß, dass das einer der Hauptgründe war, warum es zur Scheidung kam. Keiner von uns fühlte sich geliebt. Und doch weiß ich, dass wir es beide gut miteinander gemeint haben. Mein Ex ist ein guter Mensch.*
– Jane, 52 Jahre, Mutter von zwei Kindern, 21 Jahre lang verheiratet, seit fünf Jahren geschieden.

*Meine Frau kam nie zu mir, um mich zu umarmen oder zu berühren. Ich dachte, sie liebe mich. Ich fühlte mich wie ein Idiot, dass ich ihr sagen musste, wie sie mich lieben soll. Wir überwanden unser Kommunikationsproblem nie, ich fühlte mich einfach ungeliebt. Als wir uns scheiden ließen, erzählte mir meine Ex, Sex und körperliche Zuneigung seien ihr immer unangenehm gewesen. Sie wollte kommunizieren. Ich dachte, unser Sex sei Kommunikation.*
– Brandon, 39 Jahre, sieben Jahre verheiratet, seit zwei Jahren geschieden, neu verlobt.

### Äußerungen der Liebe – Lassen Sie sie zu

Um aus dem tiefen Tal der Verzweiflung herauszukommen und den Bruch Ihrer Beziehung zu bewältigen, müssen Sie genauer verstehen, wie die Liebe in Ihren Beziehungen funktioniert. Je mehr Sie darüber wissen, welche Bedürfnisse nach Geliebtsein, Begehrtsein und Anerkennung Sie haben, desto besser können Sie diese Gefühle in Ihrem Liebesleben heute und in der Zukunft erfahren. Es ist aber eine wertvolle und notwendige Übung, sich zu überlegen und besser zu verstehen, was Ihnen dieses Gefühl des Geliebtseins gibt. Wenn Sie sich nicht die Zeit nehmen, Ihre Fähigkeit, Liebe zu empfangen, zu erkennen, wahrzunehmen und weiterzuentwickeln, werden Ihre zukünftigen Liebesbeziehungen nur wiederum in Enttäuschung und Desillusionierung enden.

Unweigerlich werden Sie in zukünftigen Beziehungen erneut den Zyklus von Verzweiflung und Frustration durchlaufen, wenn Sie sich Ihren Anteil am Scheitern und Ihre Probleme nicht vergegenwärtigen. Der Begriff »Äußerungen der Liebe« mag vereinfachend klingen. Doch lassen Sie sich von dem Begriff oder dem machtvollen Konzept des Sichgeliebtfühlens nicht täuschen. Es ist unumgänglich für Sie, Liebe empfangen zu können, wenn Sie in der Zukunft positive, gesunde Beziehungen aufbauen wollen. Ihr Genesungsprozesses basiert großenteils darauf, dass Sie Ihre Fähigkeit, geliebt zu werden, ausbauen. Ebenso wichtig ist es, dass Sie lernen, intime Nähe einer anderen Person wieder zuzulassen. Eine Neugestaltung Ihres Lebens hat nichts damit zu tun, dass Sie sich verkriechen und in stiller Verzweiflung vor sich hinleben. Das Konzept, geliebt und respektiert zu werden und zu lieben, liegt allen Liebes-, Familien-, Sozial-, Geschäfts- oder Eltern-Kind-Beziehungen zugrunde. Die Erweiterung Ihres eigenen Beziehungspotenzials und Ihrer persönlichen Erfüllung wird immer Liebesbeziehungen und liebende Verhaltensweisen einschließen.

Warum ist es so wichtig, zu wissen und herauszufinden, was bei Ihnen bewirkt, dass Sie sich geliebt fühlen und spüren, dass Sie jemandem wichtig sind? Die kurze Antwort darauf lautet, dass die Rolle der Liebe in Ihren Beziehungen bei Ihnen selbst beginnt.

**Wenn Sie die Rolle der Liebe in Ihrem eigenen Leben nicht verstehen, ist es sehr schwierig, wenn nicht gar unmöglich, sie im Leben einer anderen Person zu verstehen.**

Rufen Sie sich für eine Minute in Erinnerung, wie es ist, sich von den wichtigen Personen in Ihrem Leben nicht geliebt, unterstützt oder verstanden zu fühlen. Wie fühlt es sich an, wenn Ihr Partner oder Ihre Partnerin Ihnen nicht die Empathie entgegenbringt, die Sie brauchen? Wenn Ihr Partner bzw. Ihre Partnerin nicht weiß oder vergisst, dass Sie nach einem emotional anstrengenden Tag eher reden müssen, als sich auf emotional distanzierte Sexhandlungen einzulassen, wie fühlt sich das an? Sie kennen die Frustration! Die Anhäufung vieler solcher Momente, in denen man sich nicht geliebt, verstanden und unterstützt fühlt, kann sich rasch in einen emotionalen Abgrund zwischen Ihnen und Ihrem Partner entwickeln. Die fortdauernde Frustration und Reaktivierung Ihrer unbewussten Kindheitsprobleme verwandeln sich bald in eine Beziehung, in der die Wut den Ton angibt.

Schnell kann sich eine friedliche, auf emotionaler Sicherheit aufbauende Liebesbindung in eine stark von Wut geprägte Beziehung verwandeln. Wenn erst einmal der emotionale Kitt zwischen einem Paar sich von Empathie, Verständnis und Liebe in Wut und Ablehnung verwandelt hat, ist es sehr schwierig, das positive emotionale Verhältnis wiederherzustellen – die Bindung. Wenn das Paar nicht in der Lage ist, von der zunehmenden Verbitterung Abstand zu nehmen, wird die Liebesbeziehung Schaden nehmen und in den meisten Fällen scheitern. Die bleibende emotionale Wunde, die entsteht, wenn man sich ungeliebt, nicht verstanden und unterstützt fühlt, ist für beide Partner verheerend. Der eine

Partner beginnt, sich ungeliebt zu fühlen, während der andere nicht weiß, was er tun soll, um das Problem zu lösen und die wachsende Entfremdung zu stoppen. Wenn man sich von seinem Partner verwundet fühlt, dann entsteht eine psychische Barriere, die sich nur schwer durchbrechen oder überwinden lässt.

Zu wissen, welche Verhaltensweisen Sie von Ihrem Partner brauchen, um sich geliebt zu fühlen, sollte Ihnen so natürlich sein wie das Atmen. Sie können nicht überleben ohne zu atmen, ebenso wenig wie ohne das Gefühl, geliebt zu werden. Doch bemerken Sie Ihre Atemnot erst, wenn Sie einen Erstickungsanfall haben. Leider kann man viele Ehen und langjährige Beziehungen als eine Art emotionales Ersticken beschreiben, weil Liebe und gegenseitiges Verständnis fehlen. Viele Beziehungen zerbrechen, weil kein emotionaler Raum für die spezifischen Liebesbedürfnisse der Personen geschaffen wurde.

**Das Liebesverhalten, das Sie in Ihrer Beziehung brauchen und sich wünschen, ist genauso wichtig wie die Person, in die Sie verliebt sind oder mit der Sie leben.**

Wenn Sie nicht wissen, was Liebe für Sie bedeutet, wie sie aussieht und sich anfühlt, ist es so gut wie unmöglich, jemanden zu finden, der Ihre Bedürfnisse befriedigt. Ihre Chance, eine erfüllende Beziehung zu entwickeln, ist dem Zufall überlassen. *Niemand will sein Liebesleben dem Zufall überlassen. Stattdessen wollen wir bedachte, kluge Entscheidungen.* Es ist nie zu spät, die eigenen Optionen zu verstehen und bessere Entscheidungen für das gegenwärtige oder zukünftige Liebesleben zu treffen.

Wir haben ausführlich über die starke Dynamik der unbewussten Partnerwahl gesprochen, die mit ungelösten Problemen unserer Eltern-Kind-Beziehung zu tun hat. Machen Sie sich keine Vorwürfe, wenn Sie immer noch zwiespältige Gefühle gegenüber Ihren Eltern oder einem Elternteil empfinden, auch wenn Sie schon seit dreißig Jahren Ihr eigenes, unabhängiges Leben führen. Ihr Genesungsprozess ist nicht an einen linearen Zeitplan geknüpft. (Meine therapeutische Erfahrung zeigt, dass die Halbwertszeit von emotionalen Problemen etwa dreißig Jahre beträgt.)

Ihr Ziel ist es, sich Ihre emotionalen und psychischen Bedürfnisse bewusster zu machen, sie vor Ihren mentalen Prozessen weniger zu verbergen – und sie Ihrem Partner bzw. Ihrer Partnerin bekannt zu machen. Diese scheinbar getrennten Begebenheiten aus Ihrer Kindheit und Ihrem Erwachsenenleben lassen sich so verknüpfen, dass eine Art Gefühlsgewebe des Geliebt-, Unterstützt- und Begehrtseins entsteht. *Ihre gesammelten Lebenserfahrungen formen Ihre Gefühle, Verhaltensweisen und Bedürfnisse, Überzeugungen und Emotionen – die wiederum bestimmen, was Ihnen das Gefühl gibt, geliebt zu werden.* Das Gefühl des Geliebtseins ist die grundlegende Voraussetzung dafür, andere zu lieben. Sie können nicht den zweiten Schritt tun – Ihren Partner oder Ihre Partnerin lieben –, ohne zuvor die Liebe in Ihrem Leben zuzulassen.

## Welche Liebe brauchen Sie?

Der praktische Aspekt der Liebe lässt sich in fünf Grundkategorien und/oder Verhaltensbereiche einteilen: *verbale Kommunikation, Körperkontakt/Sexualität, Gesten/Handlungen, Partnerschaft sowie Akzeptanz.* Wir werden uns ausführlich mit jedem dieser Bereiche beschäftigen und in Kapitel 9 zusätzlich darlegen, wie Sie Ihr neu gewonnenes persönliches Wissen nutzen und anwenden können, um sich der Liebe eines anderen Menschen zu öffnen. Wenn Sie Ihre persönlichen Vorlieben und Bedürfnisse, Ihren Verhaltensstil und das Maß Ihres Wohlgefühls bei liebevollen Handlungen

Ihres Liebespartners erkennen, dann hat das über Sie hinauswachsende Kraft. Für Ihre zukünftigen Beziehungen ist es entscheidend, dass Sie genau wissen, welche Handlungen, Gesten, Kommunikationsweisen, Berührungen und Zeichen der Zuneigung Ihnen das Gefühl geben, geliebt zu werden. Dabei dürfen Sie nie vergessen, dass alle Liebeshandlungen eine eigene Sprache sind. Aus den beiden Zitaten, die diesem Kapitel voranstehen, wird ersichtlich, dass Jane und Brandon wussten, was ihnen ein Gefühl des Geliebtseins gab – doch ihre Partner wussten es nicht. Sie waren unfähig, ihre Bedürfnisse ihren Partnern mitzuteilen. Diese Leerstelle – die Unkenntnis dessen, was sie brauchten, um sich in ihrer Ehe geliebt zu fühlen – führte schließlich zur Scheidung. Brandon und Jane haben beide das Gefühl, dass ihre Beziehung vielleicht gute Überlebenschancen gehabt hätte, wenn ihnen ihre individuellen Bedürfnisse (Liebeshandlungen) klarer gewesen wären.

Wie Liebe in einer Beziehung funktioniert, lässt sich recht gut verdeutlichen, wenn wir uns vorstellen, dass wir eine andere Sprache als unser Partner sprechen. Wenn keiner von Ihnen die Sprache des anderen versteht – die Symbole, Syntax, die kulturellen und nonverbalen Anspielungen –, werden Sie beide kaum über eine flüchtige Bekanntschaft hinauskommen. Kommunikationsbarrieren können tief greifende Enttäuschung und Wut auslösen und sind damit oft ein wesentlicher Grund für das Ende von Liebesbeziehungen. *Viele Erwachsene nehmen an, dass ihre Partner ihre »Sprache« und das Liebesverhalten verstehen, das sie brauchen.* Diese irrtümliche Annahme, Liebe funktioniere bei Ihnen genauso wie bei Ihrem Partner, ist höchst riskant. Ihr Partner bzw. Ihre Partnerin läuft Gefahr, unwissentlich eine Liebeskatastrophe in Ihrem Leben anzurichten, die keiner von Ihnen beiden will oder verdient.

Es ist außerordentlich schwierig, eine Liebesbeziehung mit einem Partner aufzubauen, wenn man nicht genau weiß, welche

Handlungen ihm oder ihr das Gefühl geben, geliebt, bewundert oder wertgeschätzt zu werden. Vielleicht machen Sie eine sehr großzügige Geste, schenken etwas oder planen eine überraschende Reise für Ihren Partner, und dann fühlen Sie sich abgewiesen, wenn er oder sie die Liebe hinter dieser Geste anscheinend nicht wahrnimmt oder empfindet. Wenn Sie beide eine verschiedene Liebessprache sprechen, ist das Maß an Intimität und Nähe dramatisch eingeschränkt und wird eine potenzielle Quelle für Konflikte. Es ist sehr einfach: Wenn Sie sich von Ihrem Partner nicht verstanden und geliebt fühlen, befindet sich Ihre Liebesbeziehung bald auf dem Abstieg.

Betrachten Sie die folgenden fünf grundlegenden Liebeshandlungen, Gesten und Gefühle, die Sie in Ihrem Leben brauchen, um sich wohlzufühlen und glücklich zu sein. Jeder Mensch braucht ein bestimmtes Maß aus jedem Bereich, aber Sie müssen herausfinden, wie wichtig die einzelnen Handlungen und Gesten für Sie sind. Der Erfolg Ihrer Liebesbeziehung hängt von Ihrer Fähigkeit ab, dem Partner Ihre Prioritäten hinsichtlich dieser Liebeshandlungen klarzumachen. Wenn Sie nicht glauben, dass jemand diese Dinge für Sie tun wird, halten Sie sofort inne und erinnern Sie sich an Ihre Eltern-Kind-Beziehung und daran, was Sie von Ihrer Mutter und Ihrem Vater am sehnlichsten wollten. Oft basieren unsere Bedürfnisse und Wünsche nach Liebe und Akzeptanz auf Dingen, die wir in unserer frühen Entwicklung (Geburt bis zehn Jahre) nicht ausreichend erhalten haben. Heute können Ihre Bedürfnisse und Wünsche durch Ihren Liebespartner erfüllt werden. Es ist richtig und notwendig, Ihrem Partner zu beschreiben, was in Ihnen das Gefühl des Geliebtseins auslöst, und ihn oder sie um die Erfüllung dieser Wünsche zu bitten. Die praktischen Beispiele und die Erklärung, wie jede dieser Liebeshandlungen funktioniert, wollen wir im Kontext einer existierenden oder früheren Liebesbeziehung betrachten.

# Was ist das wichtigste Liebesverhalten für Sie?

## *Verbale Kommunikation*

Dies ist einer der Bereiche, in dem es die größten emotionalen Missverständnisse bei Paaren gibt. Verbale Anerkennung, unterstützende Worte, Ausdruck des Mitgefühls und Gespräche sind alles Wege zur Entwicklung von Nähe und emotionaler Sicherheit. Alle Beziehungen (intime, soziale, berufliche, familiäre) brauchen ein gewisses Maß an Offenheit und direkter Kommunikation, um Vertrauen zwischen den Teilnehmern aufzubauen. Alle Formen der verbalen Kommunikation helfen, ein emotionales Band zwischen Menschen zu schaffen. Männer und Frauen, für die verbale Kommunikation das wichtigste Liebesverhalten ist, brauchen einen Partner, der diese Dynamik versteht und dieses Bedürfnis erfüllt. Für diese Menschen ist der verbale Ausdruck das »Vorspiel« für die Entwicklung von Intimität und emotionaler Nähe. Der verbale Anteil an einer Beziehung ist für viele Menschen der wichtigste Aspekt, weil er zum emotionalen Kitt der Beziehung wird. *Kommunikation gibt den Partnern gegenseitig Einblick in das, was, warum und wie sie fühlen und denken.*

Je besser wir unsere Gedanken und Gefühle gegenseitig verstehen, desto tiefer wird unsere Verbundenheit. Alle Paare müssen kommunizieren und verstehen, dass Kommunikation von unschätzbarer Bedeutung für sie ist. Was ist »genug Zeit« für Gespräche? Wann sprechen Sie gerne? Wenn Sie außer sich geraten, wie äußern Sie Ihre Erregung, Panik oder Furcht? Es ist wichtig, zu wissen, dass Sie im Reden den gesamten Umfang Ihrer Gedanken und Gefühle zum Ausdruck bringen können.

Frauen und Männer, für die verbale Kommunikation das Hauptmittel ist, um sich geliebt zu fühlen, brauchen einen Partner, der zur Kommunikation fähig und bereit ist. Dazu muss Ihr

Partner nicht so eloquent sein wie Sie, sondern er oder sie muss nur die Fähigkeit und den Wunsch haben, mit Ihnen zu reden. Möglicherweise befinden Sie sich in einer nicht aufeinander abgestimmten Partnerschaft, wenn Sie zum Beispiel verbalen Kontakt, verbale Nähe brauchen, Ihr Partner aber körperlichen Kontakt als Ausdruck von Liebe und Nähe schätzt.

Gespräche zwischen Partnern sind für die emotionale Atmosphäre jeder Beziehung von großer Bedeutung. Wenn Sie sich verbal nur wütend mit Ihrem Partner austauschen können, ist dies ein großes Problem und Hindernis für Intimität und Nähe. Bei einer bestehenden Beziehung ist vielleicht ein Therapeut vonnöten, der den Partnern hilft, gute Kommunikationsweisen zu entwickeln. Eine neutrale dritte Partei, ein Therapeut, kann Ihnen und Ihrem Partner bzw. Ihrer Partnerin helfen, das Bedürfnis nach Kommunikation zu verstehen. Um beispielsweise den Kreislauf negativer Gefühle zu durchbrechen – wenn man sich abgelehnt, vernachlässigt oder als Zielscheibe passiv-aggressiven Verhaltens fühlt –, muss man besser verstehen, welche Arten der Kommunikation einem das Gefühl des Geliebtseins vermitteln. Diese Formen sind das zwanglose Gespräch, verbale Mitteilungen der Anteilnahme, Liebe und Zuneigung, Dialoge, in denen Gefühle verarbeitet werden, intime Gespräche während körperlicher Liebe, Telefonate, E-Mails und SMS sowie regelmäßige Gespräche über Alltagsdinge. Diese Formen der Verbalisierung sind entscheidend. Durch Sprechen entsteht Nähe und damit eine tiefere emotionale Verbindung und gegenseitiges Verstehen.

### Mike und Kim – »Wir haben einfach aufgehört, miteinander zu reden«

Macht es Ihnen Spaß, den ganzen Tag über mit Ihrem Partner im Gespräch zu sein? Reden Sie gern direkt nach einem emotionalen Ereignis oder warten Sie lieber, bis Sie eine Weile darüber nachgedacht haben? Mike und Kim sind ein sehr gutes Beispiel dafür, wie diese Fragen zum Hauptkonfliktherd in einer Ehe werden können. Kommunikation kann für jedes Liebespaar zu einem klassischen Missverständnis verbaler Liebeshandlungen führen. Mike ist Doktorand an der Universität von Los Angeles, und Kim ist Vertreterin für einen großen Pharmakonzern. Kim redet den ganzen Tag mit Ärzten über Medikamente. Mike sitzt in Vorlesungen und sehnt sich nach emotionalem Austausch mit ihr. Er kam in meine Praxis, weil er Kommunikationsprobleme mit Kim hatte und sich deswegen ungeliebt fühlte. Mike und Kim waren seit über achtzehn Monaten ein Paar. Mike war eine ausgesprochen kommunikative Person, und er brauchte und suchte das Gleiche bei seiner Partnerin. Er erzählte mir folgende Geschichte:

*»Ich sage Kim, wie sehr ich sie liebe, teile ihr meine Gefühle mit und frage sie immer nach ihren eigenen. Sie sagt dann gewöhnlich, dass sie das Gleiche wie ich fühle. Sie sagt nie etwas Eigenes über unsere Beziehung oder was sie fühlt. Ich komme mir vor, als sei ich derjenige, der immer redet, und sie ist die, die immer zuhört. Kim ruft mich immer brav zurück und erwidert meine Gesten, aber ich fange an, mich darüber zu ärgern, dass sie nie von sich aus ihre Gedanken und Gefühle preisgibt. Sie liebt mich, aber sie redet zu wenig.«*

Ich fragte Mike, ob er wisse, was für Kim das wichtigste Liebesverhalten sei. Da er sich durch verbalen Austausch geliebt fühlte, glaubte er, mit Kim verhalte es sich ebenso. Als er mich in der Woche darauf aufsuchte, erklärte Mike:

*»Kim glaubt, dass sie, wenn sie mir zuhört und mit mir zusammen ist, mir damit ihre Liebe zeigt. Sie weiß, dass ich reden muss. Kim fühlt sich geliebt, wenn ich mit ihr Zeit verbringe. Wenn sie Zeit mit*

*mir verbringt, dann ist das ihre Art, mir ihre Zuneigung und Nähe zu zeigen. Es ist mir noch nie in den Sinn gekommen, dass sie eine andere Vorstellung davon hat, was es heißt, Liebe zu zeigen. Es war ein bisschen naiv von mir, zu glauben, dass Kommunikation für sie das Gleiche bedeutet wie für mich. Kim versucht wirklich, etwas mehr zu reden, aber sie fühlt sich wohler, wenn sie einfach nur bei mir sitzt und sehr wenig redet.«*

Mike und Kim konnten eine tiefere Beziehung entwickeln, weil sie ihre Liebesbedürfnisse und -wünsche besser verstehen lernten. Jeder hat nun ein größeres Verständnis für den »Stil« des anderen, und damit haben die Spannungen abgenommen.

## Körperliche und sexuelle Nähe

Wie fühlen Sie sich, wenn Sie berührt und umarmt werden? Mögen Sie es, Händchen zu halten, zu küssen und zu schmusen? Wie wichtig ist sexuelle Intimität für Sie? Wie viel sexueller Kontakt ist für Sie »genug«? Was für Emotionen empfinden Sie, nachdem Sie mit Ihrem Partner bzw. Ihrer Partnerin Sex hatten? Wenn Sie Ihrem Partner emotional nah sein möchten, wie äußern Sie das? Wie äußern Sie Ihre sinnlichen Empfindungen?

Für alle Paare ist es wichtig, sich körperlich zu berühren. Das Konzept des »Hautkontakts« basiert auf der Einsicht, dass wir alle Berührungen brauchen.[2] Wir alle brauchen ein gewisses Maß an Körperkontakt – es ist die Dosis Liebe, die wir täglich empfangen und geben. Zahlreiche Untersuchungen belegen, dass jeder ein gewisses Maß an körperlichem Kontakt braucht, um sich mit seinem Liebespartner bzw. seiner Liebespartnerin verbunden zu fühlen.[3]

Menschen blühen auf, wenn sie liebevoll berührt und in den

Armen gehalten werden. Zahlreiche psychologische Studien haben den Zusammenhang zwischen körperlicher Berührung und der geistigen und gefühlsmäßigen Entwicklung von Kleinkindern nachgewiesen.[4] Diese Studien haben wiederholt gezeigt, dass körperlicher Kontakt für unsere Gesundheit und unser seelisches Wohlbefinden unverzichtbar ist. Babys, die nicht in den Arm genommen, berührt und gestreichelt werden, entwickeln sich nicht normal und können in manchen Fällen sogar sterben. Auch am Ende des Lebens brauchen wir – so wie es die Hospizbewegung vertritt – eine liebevolle Umgebung oder Menschen, die sich uns körperlich und emotional zuwenden, um uns das Sterben zu erleichtern.[5] Diese Studien sind aufschlussreich, weil sie zeigen, dass wir Erwachsene nach liebevoller Berührung genauso bedürftig sind wie Babys und Kleinkinder. Unsere Partner sind für die Befriedigung dieses körperlichen Verlangens von entscheidender Bedeutung.

Unabhängig von unserer körperlichen Erscheinung, unseren Gewichtsproblemen, eventuellen Missbildungen oder Verletzungen, unserer Missbrauchsgeschichte und unseren bisherigen sexuellen Beziehungen: Wir alle brauchen in einem gewissen Maß Berührung und Körperkontakt. Wir müssen körperlich getröstet werden, wenn wir außer uns sind, sei es durch eine Umarmung, durch einen bestätigenden Klaps auf den Rücken oder dadurch, dass wir mit jemandem kuscheln. Zu wissen, was man an körperlichem Kontakt braucht, will und ersehnt, ist unabdingbar. Ebenso unverzichtbar ist es, dass wir verstehen, wenn unser Partner oder unsere Partnerin den Drang nach körperlichem Kontakt vielleicht nicht im gleichen Maße teilt.

**Dave und Sandra – »Sex bedeutet, dass du mich liebst!«**
Sandra kam in meine Sprechstunde, um über das ständige Verlangen ihres Mannes nach Sex zu sprechen und wie es sie frus-

trierte. Sandra, 44, und Dave, 51, hatten sich vor acht Jahren in einer Selbsthilfegruppe von Scheidungsopfern kennengelernt. Sie waren seit fünf Jahren verheiratet und erfreuten sich eines sehr gesunden, aktiven und erfüllenden Sexuallebens. Zu Beginn ihrer Ehe hatten beide das Gefühl gehabt, dass ihre Liebe hauptsächlich aus Sexualität und körperlichem Kontakt bestand. Beide hatten früher in Ehen gelebt, in denen die körperliche Anziehung nicht im Vordergrund stand und ihr sexuelles Verlangen nie vollständig befriedigt wurde. Vor zwei Jahren hatte Sandra eine Diagnose auf Brustkrebs erhalten; nach einer doppelten Brustamputation war sie nun krebsfrei.

Nach ihrer Krebsbehandlung und Brustrekonstruktion hatte Sandra einen Großteil ihres sexuellen Antriebs und Bedürfnisses nach körperlichem Kontakt verloren. Für Sandra stand jetzt der verbale Austausch als Ausdruck der Liebe im Vordergrund. Dave fühlte sich abgewiesen und wollte sich wegen ihres unzulänglichen Sexuallebens scheiden lassen. Sandra erzählte:

»Ich liebe Dave, aber er fühlt sich nur geliebt, wenn ich Sex mit ihm habe. Leider habe ich nur noch einmal die Woche Lust, und das ist nicht genug für Dave. Ich würde viel lieber reden und mich dabei emotional nah fühlen. Mein Körper und meine Brüste fühlen sich nicht mehr so an wie früher. Ich habe kein Gefühl im Oberkörper, und Sex ist einfach nicht mehr so aufregend und ich könnte problemlos ohne auskommen. Ich weiß, dass meine Ehe von unserem Sex abhängt. Wenn ich mit Dave Sex habe, dann ist alles gut, und wir können reden und unsere Probleme lösen. Ich fühle mich scheußlich, weil ich gerne hätte, dass Dave über den Sex hinausgeht und eine tiefere Beziehung mit mir entwickelt.«

Ich schlug Sandra daraufhin vor, Dave mitzubringen, um über die Auswirkungen der Krebserkrankung auf ihre Ehe zu sprechen

Sandra und Dave begannen eine Paartherapie und redeten über ihre sexuellen Probleme. Zum ersten Mal stellten sie sich der Tatsache, dass es in ihrer Ehe eine unausgesprochene Veränderung über die Art und Weise gegeben hatte, wie jeder von ihnen Liebe äußerte und empfand. Während der Therapie gestand Sandra ihre geheime Angst, dass der Krebs zurückkehren könnte; infolgedessen hatte sie kein Vertrauen mehr zu ihrem Körper und konnte ihn nicht mehr genießen. Dave erfuhr zum ersten Mal von Sandras Ängsten und dem Verlust ihrer Empfindungsfähigkeit nach der Brustoperation. Sie begann einzusehen, dass sie weder ihre sexuelle Lust noch ihr Bedürfnis nach körperlicher Nähe verloren hatte. Sie hatte ihr Krebstrauma und die Tatsache, dass sich ihr Körper verändert hatte, einfach nie überwunden. Dave erkannte, dass er Sandras emotionale Veränderung nicht verstanden hatte, weil sie für ihn unverändert attraktiv war und den Krebs besiegt hatte. Aufgrund der Therapie erwachte in Sandra erneut das Bedürfnis nach körperlicher Liebe, und Dave lernte, mehr Zeit und Energie darauf zu verwenden, mit Sandra über ihre Gefühle zu sprechen. Dadurch, dass sie über die Dinge sprachen, die beinahe ihre Scheidung verursacht hätten, kamen sie sich emotional deutlich näher. Dave und Sandra räumten in ihrer Liebe nun Gesprächen, Problemlösungen und Freundschaft einen größeren Stellenwert ein. Aufgrund dieser erweiterten Möglichkeiten, Liebe zu zeigen, wurden auch ihre Sexualität und körperliche Nähe erfüllender.

## Gesten der Zuneigung

In der Liebe gilt das alte Sprichwort: *Taten sprechen lauter als Worte*. Taten sind die Grundlage und der primäre Ausdruck jeder Liebe. Die Liebeshandlungen selbst sind so verschieden wie die Menschen, die sie vollführen. Der Ausdruck der Liebe durch Gesten der Zuneigung ist wichtig, weil Ihre Handlungen mit Ihren Worten und Gefühlen übereinstimmen müssen. Männer äußern am liebsten ihre Liebe in Handlungen und Gesten, zum Beispiel durch Geschenke.[6] Ich habe das sowohl als Therapeut wie in meinem privaten Umfeld bestätigt gefunden. Zugleich sind Männer so sozialisiert, dass sie emotional nur Wut und Frustration äußern können, keine sensiblen Gefühle wie Liebe oder Enttäuschung.[7] Es ist für die meisten Männer emotional sehr viel sicherer, Liebe in Handlungen auszudrücken statt in Worten. Kleinen Jungen wird beigebracht, nicht zu weinen, wenn sie sich wehgetan haben. Das Problem ist, dass aus diesen Jungen dann Männer werden, die nicht weinen oder ihren Frauen gegenüber keine »weichen« Gefühle zeigen können. Viele Männer fühlen sich wie verbale/emotionale Analphabeten: Es fällt ihnen schwer, ihre Liebesgefühle in Worte zu fassen. Die gleichen Männer sind möglicherweise enorm gebildet und im Beruf sehr erfolgreich; es sind vielleicht sehr gute Väter, aber sie können sich einfach nicht emotional artikulieren. Viele ihrer Ehen gehen in die Brüche, weil sie ihre Liebe nicht verbal äußern können, obwohl dies für ihre Frauen extrem wichtig ist.

Viele Frauen fühlen sich in ihren Beziehungen ungeliebt, weil ihre Partner unfähig sind, Liebe anders als in Handlungen auszudrücken. Diese Männer wissen, dass es bei dem Problem eigentlich nicht um Liebe geht. Es geht vielmehr um neue Ausdrucksweisen für Liebe, Anteilnahme, Empathie. Mein Wartezimmer ist voll von Männern, die nie gelernt haben, Liebe anders zu äußern oder zu erfahren. Hier ist es wichtig, zu wissen, dass jeder die Sprache der Liebe und das, was eine andere Person sich an Liebeshandlungen wünscht, lernen kann. Häufig ist Zuneigung nichts Körperliches, sondern verlangt verbale Unterstützung und Empathie. Dann wieder sind es Berührungen und kleine Gesten, die Ihrem Partner oder Ihrer Partnerin besonders viel bedeuten.

**Ihre vergangenen Erfahrungen sind nicht Ihre Zukunft,
und die Äußerung von Zuneigung muss
ein Teil Ihres neuen und dauerhaften Liebesverhaltens werden.**

Keine Beziehung kann ohne ein gewisses Maß an zärtlicher Zuwendung, liebevollen Gesten und positiver Zuneigung zwischen den Partnern bestehen. Die Zukunft Ihrer Liebesbeziehungen muss alle fünf Aspekte des Liebesverhaltens umfassen und darf sich nicht auf einen Aspekt verengen. Grußkarten senden und Blumen schenken, das Lieblingsgericht des Partners kochen, morgens Kaffee zubereiten, Reparaturen im Haus ausführen, zur Arbeit gehen und ein stabiles Zuhause schaffen, all das sind Liebeshandlungen, die eine Liebesbeziehung braucht. All diese Handlungen zusammen schaffen tiefes Vertrauen und emotionale Sicherheit bei der Person, die sie empfängt, weil die Handlungen mit den Worten und Gefühlen des Gebenden übereinstimmen. Männer, die mit ihren Liebesäußerungen keine Probleme haben, wissen zu jeder Zeit und Gelegenheit, wie sie ihrer Partnerin ihre Liebe zeigen können. Wenn man weiß, was einem das Gefühl gibt, geliebt zu werden, dann fällt es einem sehr viel leichter, zu verstehen, was der Partner oder die Partnerin braucht und ersehnt.

**Frank und Susan**

Frank ist ein wundervolles Beispiel für einen Mann, der sich durch Gesten geliebt fühlt und seiner Liebe durch Gesten Ausdruck verleiht. Er ist 51 Jahre alt und geschiedener Vater zweier halbwüchsiger Jungen von fünfzehn und achtzehn Jahren. Seine Freundin Susan, 39 Jahre alt, ist nie verheiratet gewesen. Sie hat sich nach drei Jahren Beziehung von ihm getrennt, weil es ihr an emotionaler Nähe und Bindung fehlte. Susan mochte Franks Söhne, die sehr respektvoll mit ihr umgingen. Sie hatte an dem Leben der Jungen Anteil gehabt, und diese wollten, dass sie ihren Vater heiratete. Da Susan selbst keine Kinder bekommen konnte, war es für sie, als seien Franks Jungen ihre eigenen. Sowohl Frank als auch seine Söhne waren von der Trennung tief erschüttert.

Frank konnte nicht nachvollziehen, warum Susan Liebe und eine emotionale Bindung fehlten. Er glaubte, er habe Susan seine Liebe, Unterstützung und Zuneigung ausgiebig gezeigt – zum Beispiel durch gemeinsame Reisen, die er plante, dadurch, dass er mit Susan ins Kino oder auf Partys ging, sich um ihr Auto kümmerte und finanziell für alles aufkam. Frank bezahlte den neuen Anstrich von Susans Haus sowie eine neue Klimaanlage. Er war sich sicher, dass sie spürte, wie sehr er ihre Gesellschaft, Intelligenz und Spontaneität schätzte. Er dachte, er zeige seine Liebe durch die Dinge, die er tat. Frank fühlte sich geliebt, weil Susan auf seine Gaben positiv reagierte und seine Fürsorge offenbar genoss. Nie kam ihm der Gedanke, Susan könnte an seiner Liebe zweifeln, weil er sich ihr gegenüber zu wenig verbal äußerte. Tatsächlich aber brauchte sie mehr Kommunikation.

In der Therapie lernte Frank, dass jeder Mensch unterschiedliche Bedürfnisse nach Dingen hat, die ihm das Gefühl geben, geliebt und umsorgt zu werden. Er wusste, dass er im verbalen Ausdruck von Liebesgefühlen nicht sonderlich begabt war. Als Besitzer mehrerer Autohäuser sprach er jeden Tag mit Angestellten, Kunden und Vertretern. Diese Gespräche fanden auf einem rein professionellen, nicht auf einem emotionalen Niveau statt. In der Therapie erklärte Susan Frank, sie brauche eher Liebesbestätigungen als liebevoll gemeinte Taten. Susan glaubte, Frank habe kein Verständnis für ihr Bedürfnis nach verbalen Liebesäußerungen. Sie fühlte sich erst geliebt, wenn Frank seine Gefühle artikulierte und Empathie zeigte.

Susan traf schließlich die Entscheidung, sich mit Frank nicht auszusöhnen, und kam nicht mehr zur Therapie. Sie glaubte, Frank sei unfähig, ihre Bedürfnisse zu verstehen oder je zu erfüllen. Frank akzeptierte, dass er sich nicht so artikulieren konnte, wie Susan es von ihm wollte und brauchte. Er wusste, dass seine Art, Liebe auszudrücken, aus Taten bestand. Susan und Frank sind noch befreundet, aber kein Liebespaar mehr. Sie hatten einfach zu inkompatible Stile, ihre Liebe zu äußern.

### Präsenz – Kompatibilität

Kompatibilität bezeichnet die »Chemie« zwischen zwei Menschen in einer Liebesbeziehung. Das Element der Kompatibilität bedeutet, dass Sie gern mit Ihrem Partner zusammen sind, gern mit ihm sprechen und Zeit verbringen, sei es einfach nur im Alltag, beim Einkaufen oder beim Sex. Dies umfasst alle Aspekte der Beziehung, vom Intimleben bis zum Hinaustragen des Mülls. Die meisten Menschen wünschen sich einen Partner, der für sie sowohl emotional als auch körperlich präsent ist, sodass sie ein gemeinsames Leben aufbauen können. Man weiß eigentlich innerhalb der ersten Minuten nach dem Kennenlernen, ob die Chemie stimmt oder nicht. Doch kann diese Chemie sich auch mit der Zeit entwickeln. Schließlich muss dieses Element der Chemie ein entscheidender Faktor in der Beziehung werden. Die unausgesprochene/ausgesprochene, unbewusste/bewusste und ungreifbare Anziehung, die von einem potenziellen Partner ausgeht, ist das erste Zeichen der Kompatibilität in der Liebesverbindung. Wenn man jemanden trifft, kennenlernt, mit ihm Zeit verbringt und für ihn da sein will, *dann ist man für diese Person präsent.* Das Element der Zusammengehörigkeit unterscheidet sich von den vier anderen Elementen, weil es zugleich spezifischer und allgemeiner ist.

Sich dem Partner zugehörig zu fühlen und mit ihm oder ihr Zeit zu verbringen ist genauso wichtig wie die vier anderen Elemente des Liebesverhaltens. Einen Partner zu haben, der zu einem kompatibel ist, bildet die Grundlage zur Entwicklung einer Liebesbeziehung.

**Zu den Elementen eines gemeinsamen Lebens gehören (ohne darauf beschränkt zu sein): ethische Grundwerte, Spiritualität, Erziehungsfragen, die Entscheidung für Kinder, Motivation, Kommunikation, Berufsziele, Geld, Sexualität sowie die Entwicklung einer tiefen emotionalen Bindung.**

All diese ungreifbaren Aspekte Ihres Lebens bilden den Hintergrund für Ihre Fähigkeit, zu lieben und geliebt zu werden. Es kann sich wie ein frischer Wind anfühlen, wenn Sie mit jemandem zusammen sind, der Sie wirklich versteht, liebt und akzeptiert. Ihre Fähigkeit, die Liebe dieser Person zu erwidern und den Charakter Ihrer Liebe zu zeigen, beginnt und endet mit Ihnen. Je mehr Sie die Werte, Wünsche, Sehnsüchte und Hoffnungen verstehen, die Sie mit Ihrem Liebesleben verbinden, desto leichter ist es, eine starke Beziehung zu entwickeln.

Viele Menschen, die sich von einer Scheidung oder Trennung erholen, streben gar keine neue Liebespartnerschaft an – oft auch ganz bewusst. Der Gedanke, sich eines Tages wieder von einem Partner trennen zu müssen, erscheint zu schmerzvoll und psychisch belastend. In allen Liebesbeziehungen spielt das Element der Kompatibilität eine wichtige Rolle. Es ist durchaus beängstigend, Herz und Seele einem anderen Menschen zu öffnen, der sich am Ende doch wieder nur als große Liebesenttäuschung erweisen könnte. Es ist sehr viel sicherer – zumindest scheint es so –, eine Liebesbeziehung mit einer Person einzugehen, die nicht in den innersten Bereich der Liebe vordringen darf – den geschützten Ort in der eigenen Seele, der anderen nicht frei zugänglich ist. Wenn Sie wollen, dass Ihr Partner für Sie präsent ist, dann müssen Sie Ihren persönlichsten Bereich kennen und bereit sein, ihn mit einer anderen Person zu teilen.

Ein Mensch, der mit Ihnen Ihr Leben und Ihre Werte teilen will, ist potenziell ein würdiger Partner, dem Sie Zutritt zu Ihrem innersten Liebesbereich erlauben können. Viele Menschen fühlen sich geliebt, geborgen und unterstützt, wenn ihre Partner mit ihnen Zeit verbringen und Energie für sie aufwenden. Zweisamkeit ist für uns alle von großer Wichtigkeit. Wir alle brauchen einen Gefährten oder eine Gefährtin, und wir alle wissen, wie das aussehen muss, damit wir uns wohlfühlen, emotional verstanden und gut aufgehoben fühlen. Oft wissen unsere Partner nicht, in welchem Maß wir ihre Nähe und emotionale Präsenz brauchen. Das Element der Zweisamkeit basiert nicht auf Ablenkung oder Unternehmungen, sondern nur darauf, zusammen zu sein und Momente des Lebens zu teilen.

**Fragen zur Zweisamkeit**

Die folgenden Fragen sollen Ihnen helfen, das Element der Gemeinsamkeit in Ihrem Leben zu festigen, zu verstetigen und besser zu verstehen. Sie müssen sich Ihrer Bedürfnisse in puncto Zweisamkeit bewusst werden, um in der Zukunft eine sichere Liebesbeziehung aufzubauen.

- Fehlt es Ihnen, nachts neben jemandem zu liegen?
- Macht es Ihnen Freude, Ihr Leben und Ihren Lebensraum mit einem Partner zu teilen?
- Fragen Sie sich je, warum Sie Ihr Gefühlsleben mit niemandem teilen?
- Sehnen Sie sich nach einem Freund, Partner, Liebhaber oder Lebensgefährten?

- Wie fühlen Sie sich, wenn Sie sich vorstellen, mit einem Lebensgefährten zusammen zu sein?
- Wie würden Sie die inneren und äußeren Eigenschaften Ihres idealen Lebensgefährten beschreiben?
- Würden Sie sich selbst als einsam bezeichnen?
- Wie würden Sie damit zurechtkommen, wenn Sie ältere Kinder und einen Lebensgefährten hätten?
- Wie wichtig ist Ihnen Zweisamkeit in einer Beziehung?
- Durch was haben Sie die Zweisamkeit mit einem Liebespartner in Ihrem Leben ersetzt?
- Wie erleben Sie Liebe, wenn Sie einen Partner haben?
- Wie zeigen Sie Ihrem Partner Ihre Liebesgefühle und -gedanken?
- Wie wichtig ist Ihnen die Anwesenheit Ihres Partners in Ihrem Leben?
- Wann vermissen Sie einen Lebens- oder Liebesgefährten am meisten?
- Wann hatten Sie zum letzten Mal einen Gefährten, mit dem Sie glücklich waren?

## Akzeptanz – Konfliktlösung

Dies ist ein weiterer missverstandener und unverhandelbarer Aspekt in allen Arten von Beziehungen, insbesondere in Liebesbeziehungen. Viele spielen die Wichtigkeit des Gefühls herunter, von ihren Partnern akzeptiert zu werden und die Herausforderungen des Lebens gemeinsam zu meistern, aber es ist unabdingbar, dass Sie emotionale Spannungen, Konflikte und Meinungsverschiedenheiten mit Ihrem Partner lösen und beilegen können. Die Fähigkeit, Missverständnisse zu tolerieren und nicht übel zu nehmen, ist für Ihre Liebesbeziehung wesentlich. Es versteht sich von selbst, dass Ihre emotionale, mentale und psychische Fähigkeit, mit Konflikten produktiv umzugehen, statt sie zu instrumentalisieren, in allen Lebensbereichen gefordert ist. *Liebespartner bedienen sich in Beziehungskonflikten meist nicht der Problemlösungsfähigkeiten, die sie in der Außenwelt anwenden.* Das liegt daran, dass viele Menschen glauben, ihre Liebesbeziehungen unterlägen anderen Regeln und verfügten über uneingeschränkte Verständnismöglichkeiten. Dieser Glaube ist falsch, er basiert auf ungelösten Eltern-Kind-Konflikten.[9]

Ein gutes Beispiel für diesen weitverbreiteten Irrtum ist Mark, der glaubte, seine Frau dürfe seine Entscheidungen zu Hause oder im Beruf nicht infrage stellen. Marks Haltung beruhte unbewusst darauf, dass seine Mutter nie etwas von dem, was er gesagt oder getan hatte, akzeptierte oder guthieß, wenn es nicht von ihr beeinflusst oder abhängig war. Er hatte seine Wut darüber, sich immer den Wünschen seiner Mutter unterordnen zu müssen, nie verarbeitet. Marks Unfähigkeit, flexibel und tolerant zu sein und abweichende Ansichten seiner Frau Nancy zu akzeptieren, endete nach achtzehnjähriger Ehe in einer bitteren Scheidung. Bevor die Ehe zerbrach, hatte Nancy eine Affäre mit Marks Geschäftspartner, der, wie sich herausstellte, über Mark ähnlich dachte wie sie. Der Ärger über Marks Sturheit war der emotionale Kitt, der die beiden verband. Mark fühlte sich von Nancy nie geliebt und akzeptiert, weil sie ihn immer infrage stellte. Nancy liebte Mark, aber sein irrationales Bedürfnis nach bedingungsloser Akzeptanz seines Verhaltens und seiner Ansichten war kein Rezept für eine erfolgreiche Liebesbeziehung.

Der Wunsch nach Akzeptanz ist einer der wichtigsten Antriebe von der Kindheit bis ins Erwachsenenleben. Wir alle wollen, dass unsere Eltern uns akzeptieren und unsere individuellen Qualitäten verstehen. Wenn wir uns nicht akzeptiert fühlen – und dadurch Probleme mit der Entwicklung unseres Selbstwertgefühls haben –, dann fällt es uns später im Leben schwer, mit Konflikten umzugehen.

> **Nur in dem Maß, wie es uns gelingt, unser Selbstwertgefühl zu entwickeln, sind wir später in der Lage, Konflikte zu lösen. Und nur in dem Maß, in dem wir uns selbst akzeptieren und lieben, können wir Konflikte aushalten und akzeptieren.**

Wenn Sie sich Ihrer selbst in Ihrer Beziehung nicht sicher sind, ist es sehr schwer, emotionalen Raum für Meinungsverschiedenheiten zuzulassen. Ihr emotionales Bedürfnis, sich geliebt und akzeptiert zu fühlen, wird zum unbewussten Motor all Ihrer Interaktionen und Entscheidungen. Ihr Verlangen nach Anerkennung und Liebe durch Ihren Partner bzw. Ihre Partnerin wird zu einer Quelle ständiger Belastung und Spannungen.

### Worüber streiten Sie wirklich?

Paare, die sich ständig streiten, versuchen unbewusst, sich gegenseitig dazu zu zwingen, einander zu akzeptieren und zu lieben. Ihr Streit wird mit der Zeit emotional so geladen und mächtig, dass der tiefe Wunsch nach Akzeptanz verloren geht und nur noch der Konflikt bleibt. *Der Grund, warum so viele zerstrittene Beziehungen in der Trennung enden, ist, dass der tatsächliche Streit darum geht, dass man sich nicht geliebt und akzeptiert fühlt.* Konflikt und Akzeptanz sind während eines Streits und in einer spannungsgeladenen Beziehung unvereinbar. Wenn Sie Konflikte in Ihrem Leben schaffen oder suchen, dann ist das vielleicht ein Versuch, Ihren Partner oder andere Menschen auf sich aufmerksam zu machen. Wenn Sie Ihr Bedürfnis nach Konflikt und Spannung durchschauen, dann hilft Ihnen dies, Ihre grundlegende Neigung nach negativer Anerkennung und Aufmerksamkeit zu lösen. Oft glauben Menschen aus ihrer tiefen Unsicherheit und Furcht, nicht wahrgenommen zu werden, an den Satz: »*Es gibt keine negative Aufmerksamkeit, jede Aufmerksamkeit ist gut.*« Es gibt aber durchaus sehr produktive und bestärkende Möglichkeiten, andere Menschen und insbesondere den Liebespartner auf sich aufmerksam zu machen.

Man kann nicht deutlich genug betonen, wie wichtig die Anerkennung Ihrer selbst und Ihres Partners und eine faire Konfliktlösung zwischen Ihnen beiden sind. Im nächsten Kapitel wollen wir unterschiedliche Liebesstile betrachten und sehen, inwiefern Konfliktlösungen (oder deren Ausbleiben) für Ihr Liebesleben entscheidend sein können. Der Versuch, eine neue Liebesbeziehung aufzubauen, ohne das eigene Bedürfnis nach Anerkennung, Geliebtwerden und Unterstützung zu akzeptieren, ist, als ob man ohne Sauerstoff auf den Mond ginge. Es ist an Ihnen, Toleranz für Meinungsverschiedenheiten zu entwickeln und eine Atmosphäre der Akzeptanz zu schaffen. Außerdem schaffen wir ein starkes emotionales Band, wenn wir unserem Partner erlauben, nicht mit uns übereinzustimmen oder uns zu widersprechen, sei es verbal oder nonverbal. Wenn wir die Andersartigkeit unseres Partners akzeptieren, können wir auf unseren Ähnlichkeiten und Unterschieden aufbauen, und das fördert natürlicherweise unsere Fähigkeit, uns geliebt zu fühlen. *Meinungsverschiedenheiten zwischen Partnern bedeuten nicht automatisch einen Mangel an Liebe, sondern eher einen Mangel an gegenseitiger Akzeptanz und Einsicht.*

Sie dürfen Ihren begrenzten Vorrat an Energie und an Liebe nicht auf Streit, Wortgefechte und Versuche verschwenden, Ihren Partner von Ihren Ansichten zu überzeugen. Akzeptanz und eine Atmosphäre gegenseitiger Bestätigung sollten in der Beziehung bereits vorhanden sein. Wenn Sie sich akzeptiert, verstanden, bewundert und nicht ständig beurteilt fühlen, dann können Sie Ihre emotionale Energie an anderer Stelle einsetzen.

Eine Liebesbeziehung zu entwickeln, in der Sie sich beide einig sind, auch uneins sein zu können, ist ein weiterer grundlegender

Akt der Liebe. Anerkennung und Verständnis bilden in der Beziehung einen Vorrat des guten Willens und der Empathie. Jeder Mensch braucht ein gesundes Maß an gutem Willen und Empathie, um eine Liebesbeziehung zum Gedeihen zu bringen. Es gibt hier kein Richtig oder Falsch oder ein unnatürliches Bedürfnis nach Anerkennung. Entscheidend ist, dass man weiß, was man von seinem Partner braucht, um sich akzeptiert, emotional sicher und geborgen zu fühlen. Ein Neuanfang Ihres Liebeslebens erfordert, dass Sie sich darüber klar werden, wie Sie mit emotionalen Spannungen umgehen und sie tolerieren können. In jeder Liebesbeziehung gibt es – unabhängig von ihren Grenzen – Konflikte, Missverständnisse und Spannungen. Die Frage ist: Wie gehen Sie mit Spannungen und Konflikten um? Wie viel emotionale Toleranz haben Sie, um mit Ihrem Partner bzw. Ihrer Partnerin in stressbelasteten Zeiten verbunden zu bleiben? Es ist wichtig, bevor Meinungsverschiedenheiten aufkommen, mit Ihrem Partner darüber zu sprechen, wie Sie beide als Paar diese beilegen wollen. Faires Streiten vermeidet eine unnötige Eskalation von Wutgefühlen. Warten Sie mit diesem Gespräch nicht, bis Sie sich beide in einer Konfliktsituation befinden. Das ist mit Sicherheit nicht die rechte Zeit, um sich mit Ihrem Stil der Konfliktlösung auseinanderzusetzen. Es hat nichts Negatives, sich im Vorfeld darüber Gedanken zu machen, was man im Fall eines Konflikts braucht.

Schließlich sollten Sie sich über einige grundlegende Beziehungsfragen und Bedürfnisse klar werden, wenn Sie eine neue Liebespartnerschaft eingehen. Was gibt Ihnen das Gefühl, akzeptiert zu werden? Kennen Sie den tieferen Grund, warum Sie mit Ihrem/Ihrer Ex gestritten haben? Was passiert, wenn es im Verhältnis zu Ihrem Partner einen Konflikt gibt? Was ist für Sie während eines Konflikts wichtig? Betrachten Sie diese Fragen und Ihre Antworten darauf als Schritte zu Ihrer Genesung und persönlichen Veränderung.

## Zusammenfassung

Diese fünf Bereiche der Liebesäußerung sind für jede Beziehung wichtig. Jedes Paar hat seine eigene Art, Zuneigung, Empathie und Sorge füreinander auszudrücken. Der größte Teil der Liebeskommunikation ist nonverbal, sogar unbewusst. Es steht zu hoffen, dass mit der Zeit mehr und mehr bewusst wird und verbal geäußert werden kann. Je besser man seinem Partner bzw. seiner Partnerin erklären kann, was man in seinem Liebesleben braucht und ersehnt, desto eher hat er oder sie die Chance, diese Wünsche zu erfüllen. Es ist ein verbreitetes Missverständnis, dass ein Gefühl der Abweisung oder des Mangels an Zuwendung zwischen Partnern eine Frage der mangelnden Zuneigung sei statt eine Barriere in der Liebeskommunikation. Es ist für Ihre Liebeszukunft unverzichtbar, dass Sie verstehen, was Ihnen das Gefühl des Geliebtseins und der Wertschätzung gibt, und dies artikulieren. Die fünf wichtigsten Elemente des menschlichen Kontakts sind Teil jeder Beziehung. Sie spielen in Ihrem Liebesleben eine konstante Rolle und sind unschätzbar bei der Entwicklung und Erweiterung Ihrer Liebesbeziehung.

Nachdem Sie dieses Kapitel nun gelesen haben: Was, würden Sie sagen, ist der für Sie entscheidende Aspekt, der Ihnen das Gefühl gibt, geliebt zu werden? Hat sich Ihre Antwort bei der Lektüre der fünf zentralen Liebesbereiche verändert, ist sie gleich geblieben oder klarer geworden? Im nächsten Kapitel geht es darum, wie diese Elemente mit verschiedenen Liebesstilen interagieren.

# 8 IHR BEZIEHUNGSSTIL
## Fünf Liebesstile – der Bau eines neuen Hauses

*Ich lasse mich immer viel zu schnell auf die Männer ein. Es endet immer damit, dass ich kurz nach dem Kennenlernen mit einem Mann ins Bett gehe und dann führt die Beziehung nirgendwohin. Ich will überhaupt nicht so schnell Sex haben, aber seit meiner Scheidung läuft es nach diesem Muster.*

– Ann, 41 Jahre, Mutter eines Kindes, neun Jahre verheiratet, seit drei Jahren geschieden.

*Wenn ich jemandem näherkomme, dann presche ich emotional und körperlich immer zu schnell vor. Ich will wirklich gerne wieder eine Ehe, aber ich habe Angst, mich zu öffnen. Meine Beziehungen nach der Scheidung verliefen alle schmerzhaft. Ich lerne anscheinend keine kennen, die ich genug mag, um wirklich eine Verbindung aufzunehmen.*

– Allen, 37, drei Jahre verheiratet, seit zwei Jahren geschieden.

## Warum wir Liebesbeziehungen brauchen

Das Bindungsverhalten jedes Menschen folgt jeweils einem anderen Muster und Stil. Jeder schafft auf seine Weise eine emotionale Verbindung zu seinem Liebespartner, und das ist sein Stil, Nähe herzustellen.[1] Niemand würde den Wert emotional gesunder und emotional stärkender Beziehungen infrage stellen. Zum Zweck unserer Diskussion hier wollen wir annehmen,

231

dass wir alle die psychologischen Vorteile von Bindungen kennen und wertschätzen. Wir konzentrieren uns darauf, wie Menschen emotionale Bindungen in ihren Liebesbeziehungen schaffen und entwickeln. Dieser Prozess lässt sich mit dem Bau eines Hauses vergleichen. Er ist ein sehr komplexes, zeitraubendes Unterfangen, das eines gewaltigen emotionalen Einsatzes bedarf. Wenn Sie je ein Haus gekauft, gebaut oder nach einer Eigentumswohnung gesucht haben, dann wissen Sie, welche Energie das kostet. Das passende Zuhause zu finden kann ein sehr mühseliger Prozess sein. Mit dem Aufbau einer Liebesbeziehung ist das nicht anders.

Wenn Sie sich Ihre bisherigen Bindungsmuster näher ansehen, wird Ihnen eine bestimmte Methode auffallen, mit der Sie versuchen, eine sichere und vertraute emotionale Bindung aufzubauen. Was sich für Sie im Bindungsprozess als sicher und vertraut darstellt, muss für einen anderen aber nicht die gleiche Bedeutung haben. Das Ziel bei der Entwicklung primärer Beziehungen ist, unsere tiefsten Bedürfnisse, Wünsche und Sehnsüchte mit einer anderen Person zu teilen. Unsere Liebesbeziehungen müssen unser tiefstes Verlangen erfüllen, sonst fühlen wir uns nicht lebendig und können uns nicht entwickeln. *Nur im Kontext dieser tiefen, sehr persönlichen und intimen Verbindung können wir unser wahres und authentisches Ich erfahren.* Wir werden nie unser tieferes Selbst kennenlernen, wenn wir unser Herz und unsere Seele nicht einem anderen gegenüber öffnen.

Es ist dieses natürliche Ziel, uns mit einem anderen Menschen zu verbinden, das uns bei der Suche und Entwicklung einer signifikanten Liebesbeziehung antreibt. *Durch die Erfahrung des Verbundenseins mit einem anderen Menschen in einer sicheren und geborgenen Beziehung können und werden wir enorm viel über uns selber lernen.* Wenn Sie Ihr Leben neu aufbauen, dann mit dem Ziel, sich selbst noch besser zu erkennen und zu erfahren. Besonders ihr innerster emotionaler Bezirk wird durch die Liebesbindung mit einer anderen Person bereichert. Emotionale Enttäuschung und tiefer Kummer können natürlich dazu führen, dass wir uns zurückziehen und unser Liebesleben einschränken (wir lassen uns auf niemanden mehr ein oder entwickeln keine Liebesbeziehung mehr). Die Angst, sich einem anderen Menschen gegenüber zu öffnen, kann sehr groß sein. Wenn wir unsere Fähigkeit für Liebe, Empathie und emotionale Sicherheit erweitern wollen, müssen wir als Erstes unseren Liebes- und Beziehungsstil erforschen.

Die Verbindung, die man mit seinem Liebespartner aufbaut, ist die Form, wie man Liebe erfährt und erwidert. Es ist entscheidend, zu bedenken, dass unsere alte vertraute Art, uns mit einem Partner zu verbinden, in der Zukunft verändert und anders erfahren werden kann. Häufig haben unsere Familiengeschichte, unsere Kindheit und unsere Individuation – der Prozess, in dem wir unsere eigene Identität unabhängig von den Eltern gebildet haben – einen großen Einfluss darauf, auf welche Art wir unsere lebenslangen Beziehungen entwickeln.

Unsere emotionale Familiengeschichte ist nicht anders als unsere medizinische Familiengeschichte. Die Informationen liegen vor, und wir können sie benutzen, um ihr für unsere zukünftigen Liebesbeziehungen eine neue Richtung zu geben. Murray Brown, Familienforscher und -therapeut, hat eine familiensystemische Theorie entwickelt, die besagt, dass unsere familiäre Herkunft sowohl unsere besten Charaktereigenschaften als auch unsere wesentlichen Mängel und Prädispositionen bestimmt.[3] *Man kann in ein fremdes Land gehen und sich so weit wie möglich von seiner Familie entfernen, aber man kann nicht vor sich selbst davonlaufen.* Statt über die Familiengeschichte und die vergangenen Liebesbeziehungen zu verzweifeln, kann man diese Informationen nutzen, um die eigene Perspektive zu verändern und eine andere Zukunft und ein neues Selbstgefühl zu etablieren.

*Fünf Liebesstile*

**Ein Blick auf die Geschichte**

Bevor wir uns den fünf Liebesstilen zuwenden, nehmen Sie sich einen Moment Zeit, um Ihre vergangenen Beziehungen zu betrachten. Sie haben das schon einmal gemacht, und unabhängig davon, wie sich Ihre Gesamterfahrung der Vergangenheit darstellt, haben Sie einen Fundus von Informationen, den Sie sich nutzbar machen können. Sie wissen mehr über Ihre alten Bindungsmuster, als Sie vielleicht glauben. Was für eine emotionale Bindung hatten Sie beispielsweise mit Ihrem Expartner oder Ihrer Expartnerin? Welche emotionale Atmosphäre umgab Ihre Beziehung? Haben Sie sich gefragt, warum Sie keine engere, emotional erfülltere Bindung aufbauen konnten? Ließ Ihre emotionale Bindung mit der Zeit nach und wurde immer distanzierter? Welche Gefühle löste das in Ihnen aus und wie sind Sie damit umgegangen? Wenn Sie daran zurückdenken, wie Sie Ihren Expartner kennenlernten und sich verliebten, erinnern Sie sich noch daran, wie Sie sich da fühlten? Hatten Sie das Gefühl, Sie hätten eine verwandte Seele gefunden und Ihre Zukunft sei grenzenlos? Wie sind Sie mit Ihren Gefühlen gegenüber Ihrem Partner umgegangen? Haben Sie sich Hals über Kopf in die Liebe gestürzt oder blieben Sie distanziert und erlaubten ihm oder ihr, sich Ihnen zu nähern? Wenn Sie geheiratet haben, wie war Ihr Hochzeitstag? Was dachten Sie in den Tagen vor Ihrer Hochzeit? Würden Sie gern erneut heiraten?

## *Der Bau des Hauses*

Wenn Sie sich an Ihre erste Begegnung mit Ihrem Expartner zurückerinnern, was sticht als Erinnerung an ihn oder sie besonders heraus? Wenn Sie sich an positive Seiten Ihres Ex erinnern, dann sollen damit keineswegs alte Wunden aufgerissen werden, sondern Sie entdecken vielleicht eine Menge persönlicher Informationen über sich selbst. Es ist wichtig, zu verstehen und zu verarbeiten, wie Sie und Ihr Expartner die gemeinsame Bindung entwickelt und aufrechterhalten haben. Ihre emotionale Bindung zu ihm oder ihr ist das Fundament (Ihr besonderer Stil), das Sie nun neu entwerfen und gestalten.

## Am Haus vorbeifahren

Wir wollen jetzt, metaphorisch gesehen, an dem alten Haus vorbeifahren, das Sie und Ihr Expartner gebaut haben. Jede Beziehung hat einen Kontext oder ein emotionales Haus mit seiner Umgebung, wo die Beziehung Tag für Tag funktioniert hat. Wenn Sie sich an das emotionale Haus erinnern, welches mentale Bild entsteht da in Ihnen? Es geht darum, diese Beziehung zu betrachten und sich daran zu erinnern, wie sie emotional, mental, sexuell, körperlich und geistig zusammengehalten wurde. Die Infrastruktur Ihrer Beziehung wurde durch Ihre emotionale Interaktion zusammengehalten. Wie dieser Prozess tagtäglich vonstatenging, entschied über die Atmosphäre der Beziehung. Wenn Sie und Ihr Ex emotional distanziert oder ambivalent waren, war die Beziehung zu Hause wahrscheinlich eher kalt und ohne eine warme, nährende Bindung. Hat sich das emotionale Band zwischen Ihnen und Ihrem Partner im Verlauf der Beziehung geändert?

Ein vollkommen anderer Fragenkomplex betrifft Ihr Sexualleben. Welche Rolle spielte der sexuelle Kontakt am Anfang Ihrer Beziehung? Wie hat sich Ihre Sexualität mit Ihrem Ex entwickelt? Welche Rolle spielte die Sexualität in Ihrer Beziehung nach der Anfangsphase? Wie positiv waren Ihre sexuelle Verbindung und

Chemie? War Ihr Sexualkontakt eine Form offener, unterstützender Kommunikation? Hatten Sie außerhalb der Beziehung Sexualkontakte? Wie häufig hatten Sie mit Ihrem Partner Sex?

Die Antworten auf diese Fragen sind wichtig, weil Sie die alten, vertrauten Muster erforschen, nach denen Sie Ihre vergangenen Liebesbeziehungen geformt haben. Unabhängig davon, wie Ihre Beziehung endete, gab es Stärken und Schwächen in der Art, wie Sie mit Ihrem Expartner verbunden waren. Ihren Liebesstil mit Ihrem Ex zu betrachten ist bedeutsam, weil Sie so von der verengenden Perspektive wegkommen, alles nur schwarz und schlecht zu sehen. Eine Untersuchung Ihres Liebesstils erlaubt Ihnen einen objektiveren Blick auf Ihre Beziehung, sodass Sie daraus lernen können und seelisch weiterkommen.

### Die Neugestaltung des Hauses

Die fünf Liebesstile sind:

1. Aneinanderkleben/intensiv/süchtig
2. Ambivalent/distanziert/kühl
3. Stark bedürftig/verzweifelt/perfektionistisch
4. Vertrauen/Misstrauen (wegstoßen und an sich ziehen)
5. Sicher/fließend/organisch

Vier dieser Stile klingen negativ, aber es sind eigentlich nur Muster, die sich mit der Zeit entwickeln können; man kann nicht sagen, sie seien »schlecht«, »falsch« oder dysfunktional. Jeder Liebesstil hat seine Stärken, und fast alle haben auch Schwächen. Ihr Ziel ist, Ihren bisherigen Liebesstil zu überprüfen und sich darüber klar zu werden, welche Art von emotionalem Haus Sie für Ihre zukünftige Liebe bauen wollen.

## Aneinanderkleben/intensiv/süchtig

»Wie siamesische Zwillinge« oder »symbiotisch« sind weitere Begriffe für die Art intensiver Liebesbindung, um die es hier geht. Bei diesem Bindungsstil kann das Paar nicht getrennt sein – weder emotional, körperlich noch mental. Es gibt keinen psychischen Raum für ein Getrenntsein. Die beiden Menschen agieren als eine emotionale Einheit. Sie telefonieren vielleicht zehnmal am Tag, schreiben einander ständig Nachrichten und sind nie über einen längeren Zeitraum ohne Kontakt. Sie verschmelzen sofort zu einer einzigen Identität, wenn sie zusammen sind. Die emotionale Bindung bedeutet das Verschmelzen beider Partner zu einer Person, und es fühlt sich für beide magisch und surreal an. Das Paar wird zu einer Einheit, die stärker, psychisch größer und mutiger ist als jeder der beiden für sich. Die Wirklichkeit, dass das Paar als Einheit stärker und stabiler wird, ist eine legitime Stärke und Wahrheit. Doch die Verschmelzung und Intensität in einer solchen Beziehung können sich zur Sucht entwickeln. Gegenseitige Abhängigkeit ist die Unterströmung dieses Bindungsstils.

Diese Liebesbindung basiert auf Kindheitsängsten davor, verlassen oder zurückgestoßen zu werden. Solche leidvollen Gefühle und tiefen psychischen Ängste werden vermieden, wenn die beiden Partner miteinander verschmelzen. Das Paar erlaubt nicht den geringsten Raum für Zweifel an der emotionalen Verbindung und gegenseitigen Hingabe der beiden Partner, um den emotionalen Kitt der exzessiven Zusammengehörigkeit wirken zu lassen. Es gibt keinen psychischen »Raum«, keine Duldung persönlicher Unterschiede.

Der Anfang einer solchen Liebesbindung ist meistens euphorisch. Der emotionale Rausch kann vier Wochen oder zwei Jahre dauern. In dieser gesamten Zeit haben beide Partner ein Hochgefühl durch die emotionale Vereinigung von Energie und das gegenseitige Getragensein. Der intensive seelische Prozess der Bindungsentwicklung ist die besondere Stärke dieses Stils. Doch werden die Menschen manchmal abhängig von der emotionalen Hochspannung und dem Gefühlsrausch, mit einer anderen Person zu verschmelzen. Die Suchtstruktur dieses Liebesstils ist ernst und sehr problematisch. Abhängigkeit erlaubt keinem der Beteiligten, sich weiterzuentwickeln und zu einem emotional funktionierenden reifen Menschen zu werden. Das Suchtverhalten zeigt sich darin, dass die Einzelpersonen hinter dem Paar verschwinden. *Gefühle, Denken und Adrenalin müssen im Gleichgewicht gehalten werden.* Das Paar muss lernen, Zeiten ohneeinander zu tolerieren, damit die Beziehung im Gleichgewicht und funktional gehalten werden kann. Sonst wird dieser Liebesstil zur Sucht und die Beziehung nimmt kein gutes Ende. *Keine Beziehung kann überleben, wenn zwei Menschen versuchen, mit einem gemeinsamen Herzen zu funktionieren.*

Es ist unbedingt erforderlich, dass das Paar über diese anfänglich überwältigende Verflechtung hinauswächst und eine weniger abhängige, emotional ausgeglichenere Verbindung entwickelt. Dieser Liebesstil toleriert keinerlei emotionale Fehler oder Lücken in der Beziehung. Fehler eines Partners werden vom anderen als Versagen interpretiert – als Mangel an Liebe und Sensibilität. In Wahrheit aber lassen sich die Intensität, das Tempo und der Adrenalinrausch in einer solchen Beziehung nicht jahrelang aufrechterhalten. Niemand ist in der Lage, über Jahre emotional verschmolzen und angebunden zu sein, ohne schließlich eine Abwehr gegen die andere Person zu entwickeln. Wie bei jedem Suchtverhalten lässt der hohe Adrenalinpegel irgendwann nach, und das Paar ist gezwungen, sich ohne Erregung oder emotionale Hochspannung kennenzulernen.

## Ambivalente/emotional distanzierte Liebe

Dieser Liebesstil befindet sich im Vergleich zur abhängigen Liebesbindung am entgegengesetzten Ende des Spektrums. Statt des atemlosen, emotional überladenen Verschmelzungsstils beinhaltet dieser Stil eine methodische, fast flüchtige Haltung zum Leben, zu Beziehungen und Emotionen. Dies ist ein Paar, in dem die Partner kaum je starke Emotionen oder Ungeschütztheit zulassen. Die beiden Personen grenzen sich deutlich gegeneinander ab. Die emotionalen Grenzen sind streng, klar markiert und unverrückbar. Statt des Adrenalinstoßes der emotionalen Verschmelzung haben wir hier einen kühlen, nüchternen Zugang zur Liebe. Das Paar lässt sich fürs Kennenlernen sehr viel Zeit. Die Kommunikation findet unregelmäßig statt und ohne besonderes Muster oder ausgeprägtes Interesse seitens des einen oder anderen Partners.

In der Beziehung herrscht auch nach längerer Zeit noch ein nüchternes Grundgefühl bei geringem Energieaufwand vor. Es besteht keine Dringlichkeit, Dinge anzustoßen. Am Anfang sind beide Partner mit dem natürlichen Tempo zufrieden, in dem sich ihre Beziehung entwickelt. Doch nach einer gewissen Zeit wird einer der Partner eine Vertiefung der Beziehung anstreben, während der andere typischerweise den Status quo erhalten will. Der Partner, der eine Vertiefung anstrebt, stellt dem anderen häufig ein Ultimatum. Diese Versuche, die Beziehung voranzubringen, führen in der Regel zu gemischten Ergebnissen.

Das Problem mit diesem Beziehungsstil ist die beharrliche Abneigung, sich stärker einzulassen oder festzulegen – etwa durch eine Eheschließung. *Viele Frauen haben eine feste Beziehung zu einem Mann, lieben ihn und verlassen ihn schließlich, weil er sich weigert, in der Beziehung einen Schritt weiterzugehen.* Dieser Beziehungsstil gilt allerdings für Frauen ebenso wie für Männer. Fast jeder Beziehungsstil in einer Liebespartnerschaft hat einen natürlichen Zeitplan, während dessen sich eine tiefe emotionale Bindung entwickelt, doch für den ambivalenten Stil erscheint dieser natürliche Zeitplan weder wichtig noch notwendig. Unausgesprochen steht dahinter die Ansicht: *Warum denn alles ändern? Es läuft doch alles prächtig!* Das Problem ist, dass jede Topfpflanze irgendwann in den Erdboden umgepflanzt werden muss. Das Gleiche gilt für Liebesbeziehungen: Liebe hat eine kontinuierliche Dynamik, und alle intimen Beziehungen brauchen eine Entwicklung. *Man kann Beziehungen mit dem Energiefluss vergleichen; er steht nie still, er bewegt sich immer.* Die Frage ist, in welche Richtung sich die Beziehung bewegt: vorwärts oder rückwärts? Für Partner in einer distanzierten Beziehung hat tiefe Verbundenheit oder ein Gefühl innerer Verpflichtung keine Priorität oder auch nur vorrangiges Interesse. Vielmehr wird die Beziehung tatsächlich als nicht so wichtig oder allumfassend angesehen. Die emotionale Verbindung und verbale Kommunikation sind sehr gedämpft, nur in schwachem Maße werden intime Geheimnisse mitgeteilt. Keiner der Partner geht emotional aus sich heraus, zeigt Intensität oder das Bedürfnis, mit dem anderen eine feste Bindung einzugehen. Die sexuelle Komponente ist minimal und nicht das Zentrum der Beziehung. Sex wird in dieser distanzierten emotionalen Verbindung als überflüssig angesehen oder bestenfalls nur als körperliche Triebabfuhr. Dies steht im Gegensatz zu den meisten Beziehungen, in denen sexuelle Chemie und Anziehung zu einer stärkeren Liebesbindung zwischen den Partnern führen.

Von Beginn an ist die Beziehung des Paares stark kopfgesteuert, überlegt und nebensächlich. Die Beziehung befindet sich im Vergleich zur beruflichen Karriere und anderen persönlichen Aktivitäten in der zweiten Reihe. Die emotionale Energie zwischen den Partnern brennt eher auf Sparflamme. Äußerungen von Begeisterung oder Gespräche über die Zukunft der Beziehung sind eher eingeschränkt. Beide Partner halten sich hinsichtlich persönlicher Probleme und Enthüllungen äußerst bedeckt. Das Potenzial der Beziehung, sich signifikant zu entwickeln, wird kaum wahrgenommen. Dies ist eine Beziehung, in der sich die Partner lieben und viele Jahre zusammen sein können, ohne die Eigenart der Beziehung je infrage zu stellen.

Obgleich die Partner gewöhnlich wissen, dass sie sich lieben, drücken sie es doch verbal kaum aus. Einer der Partner oder beide erholen sich vielleicht von einer traumatischen Scheidung oder Trennung, daher fällt es ihnen schwer, sich noch einmal emotional auf eine andere Person einzulassen. Vorsicht und Reserviertheit sind groß und werden bewusst eingesetzt. Das Paar hat eine stillschweigende Vereinbarung getroffen, Ungeschütztheit, Liebesäußerungen und sexuelle Begierde sehr klein und im Hintergrund zu halten. Der Liebesstil ist wenig experimentierfreudig und in der Tendenz für beide Partner nicht erfüllend. Es besteht ein Mangel an seelischer Zuwendung und Leidenschaft. Nur eine distanzierte und emotional reservierte Bindung hält die Beziehung zusammen.

### Stark bedürftig/verzweifelt/perfektionistisch

Diese Verbindung entsteht aus einem Gefühl des Mangels. In ihr sind emotionale Entzugserscheinungen ein seit Langem bestehendes Persönlichkeitsmuster beider Partner. Jeder von ihnen fühlt sich unzulänglich und nicht wert, akzeptiert und geliebt zu werden. *Die Liebesbindung basiert auf der Furcht, nicht gut genug zu sein, oder auf dem Mangel an Zutrauen, dass man je geliebt werden könnte.* Diese auf Scham beruhenden Überzeugungen – man fühlt sich beschädigt oder mit Fehlern und Mängeln behaftet – sind nicht immer schon sichtbar, wenn sich das Paar kennenlernt, doch während des Prozesses der Annäherung übernehmen die untergründigen emotionalen Selbstzweifel die Kontrolle. Keiner der Partner möchte, dass der andere von seinen qualvollen Gefühlen weiß, sodass beide ihre unbewältigte Scham voreinander verbergen. Die Partner teilen den irrationalen Glauben, wenn der andere nur ihren wahren Kern und Charakter herausfände, würde er ihn oder sie für einen Schwindler, Versager oder eine »Nullnummer« halten.

Wir alle kennen irreale Ängste und irrationale Selbstbilder, doch in dieser Art von Beziehung leiden die Partner in einem sehr hohen Maß an Scham und überwältigenden Minderwertigkeitsgefühlen. Sie wollen so rasch wie möglich in eine Beziehung kommen – emotional, mental, körperlich und sexuell. Je schneller die emotionale Bindung hergestellt werden kann, desto eher lässt sich die Furcht davor, als Hochstapler durchschaut zu werden, beschwichtigen – doch nur vorübergehend. Dieser Beziehungsstil krankt daran, dass die zentralen Probleme der Scham und Unsicherheit mit der neuen Liebesbeziehung keineswegs überwunden sind. Vielmehr beginnt die innere irrationale Spannung zutage zu treten, da die beiden Partner viel Zeit aufwenden, um mit übertriebenen Aktionen und Zeichen der Zuneigung ihre Ängste zu unterdrücken. Die Liebesgefühle sind durchaus echt, aber nicht in dem Grad und Umfang, in dem sie geäußert und kommuniziert werden. Beide Partner fürchten ständig, dass ihr »Geheimnis« herauskommt und sie enttarnt und gedemütigt werden, weil sie anders sind, als sie sich ursprünglich dargestellt haben. Das Maß an emotionaler Energie, das dafür aufgewendet wird, ist schließlich größer als dasjenige, das in die Entwicklung der Liebesbeziehung investiert wird. Das Verbergen der Furcht und Scham verhindert eine sichere Liebesbindung des Paares.

Diese Paare haben das Potenzial, sehr positive Beziehungen zu entwickeln, wenn die ungelösten Gefühle von Scham, Unzulänglichkeit und Unsicherheit in der Vergangenheit zurückgelassen werden können. Doch dies zu erreichen ist sehr schwierig, da die emotionale Bindung von der Notwendigkeit überschattet wird, das nach außen hin dargestellte Selbst nichts weniger als vollkommen erscheinen zu lassen.[4] Beide Partner wollen keinesfalls zulassen, dass ihr geheimes Selbst entdeckt oder vom anderen ganz gesehen wird. Wenn es doch geschieht, bricht der entdeckte Partner gewöhnlich die Beziehung oder wertet den anderen radikal ab. Wenn die Illusion der »Vollkommenheit« beim anderen Partner verloren geht, dann führt das zum Ende der Liebesbeziehung. Es muss auf alle Fälle vermieden werden, dass die verborgenen, besonders heiklen und sensiblen Persönlichkeitsanteile der Person entdeckt werden. Wenn das Muster der emotionalen Abwertung – bei dem es sich um einen Verteidigungsmechanismus gegen das Ohnmachtsgefühl handelt – und emotionale Misshandlung (d. h. verbale Erniedrigung, Wut, feindselige Kommunikation, passiv-aggressives Verhalten) in die Beziehung einkehren, entwickeln beide Partner Zorn und Aggressionen gegeneinander. Das Muster der verbalen Übergriffe beginnt oft damit, dass ein Partner die eigenen ungelösten Schamgefühle auf den anderen projiziert. Die Liebesbindung in dieser Art von Beziehung ist zugleich zerbrechlich und sehr stark.

Die emotionale Fragilität des Paares erzwingt, dass die beiden Partner alles vermeiden, was ihre Unvollkommenheit ans Tageslicht bringt. Die Beziehung wird durch die Wut und den Groll zusammengehalten, die auf den Schamgefühlen des einen Partners beruhen. Beide Partner versuchen, diese emotionalen Entgleisungen, schmerzhaften Enthüllungen und Missverständnisse zu vermeiden.

*Das strikte Bedürfnis, in der Beziehung »perfekt« zu bleiben, führt dazu, jedes auftauchende negative Gefühl sogleich auf den anderen Partner zu projizieren.* Der Kreislauf von Abwertung, Überbewertung und Deprivation wird zu einer sehr starken emotionalen Bindung. Das Paar findet sein Gleichgewicht, indem jeder die »perfekte« öffentliche Schauseite des anderen spiegelt. Wenn dieses innere Bild oder der emotionale Status der Vollkommenheit infrage gestellt wird, kämpft der andere Partner so lange, bis das Gleichgewicht wiederhergestellt ist. Die unbewusste Übereinkunft über die bedingungslose Akzeptanz der Vollkommenheit des anderen Partners gleicht den emotionalen Mangel und die Scham aus. Es wird zu einer Vollbeschäftigung und eine Bürde für die Beziehung, alle negativen Gefühle ständig verdeckt zu halten. Wenn das Gewicht der persönlichen Scham, emotionalen Deprivation, des Selbsthasses und der persönlichen Unsicherheit zu groß wird, kommt es häufig zur Trennung des Paares, oder das Problem wird ausgeklammert. Die unausgesprochene Übereinkunft der Vermeidung bildet eine luftdichte Bindung, eine starre Beziehung, die für Einflüsse oder für ein Feedback von außen unzugänglich ist.

### Vertrauen/Misstrauen (wegstoßen und an sich ziehen)

Um diesen Bindungsstil zu verstehen, stellen wir uns am besten eine Roulettekugel vor. Wenn man die Kugel an einem bestimmten Punkt anhält, kommt vielleicht eine gerade Zahl; die nächsten drei Mal kommen vielleicht ungerade Zahlen. Es gibt keinen verlässlichen Grund, kein logisches Muster für das Zahlenergebnis. Ähnlich ist es mit dieser Art von Bindung: An einem Tag sucht ein Partner die Nähe des anderen und schafft eine sehr starke verbale, körperliche, mentale und emotionale Nähe; am nächsten Morgen kann der gleiche Partner das exakte Gegenteil tun und sich distanziert, kühl und reserviert verhalten. Der andere Partner hat keine Ahnung, warum diese plötzliche Veränderung eingetreten ist, und die Erklärung, die dafür gegeben wird, hat nichts mit den tatsächlichen Gründen für die emotionale Distanz zu tun. Der Partner, der die Distanz herstellt, macht vielleicht irgendein zufälliges Ereignis verantwortlich oder findet eine Ausrede, doch das Muster von Annäherung und Rückzug ist ein fortgesetzter Kreislauf, der der Entwicklung einer stabilen und sicheren Liebesbindung im Wege steht.

Der Partner, der sich zurückzieht, fühlt sich mit seinem Verhalten und seinem Bedürfnis nach Schutz vor Emotionen vollkommen im Recht, ohne sich klarzumachen, was dieser ständige Wechsel zwischen Distanzierung und Wiederannäherung für den anderen Partner bedeutet. Die Unvorsehbarkeit und Irrationalität des »Wegstoßens/An-sich-Ziehens« überantwortet die emotionale Bindung allein dem Zufall. Es gibt in diesem Bindungsstil keine Sicherheit; das Distanzierungsverhalten hat nichts damit zu tun, wie sehr der Partner den anderen liebt und sich ihm verbunden fühlt. Menschen, die solche Bindungen herstellen, können nur ein bestimmtes Maß an positiven Gefühlen ertragen. Der zweite Grund für dieses Distanzierungsverhalten ist der emotionale Schutzmechanismus gegen starke Emotionen und Erfahrungen im Zusammensein mit einem Liebespartner. Die Irrationalität des widersprüchlichen Verhaltens wurzelt in frühkindlichen traumatischen Erlebnissen, die sich jetzt in Angst vor Intimität in Liebesbeziehungen ausdrücken.

Mit der Zeit wird die Beziehung zu einer diskontinuierlichen Bindung, die immer wieder unvorhersehbaren Wendungen unterliegt. Der negative Effekt dieser unbeständigen Beziehung ist, dass keiner der Partner sicher darauf vertrauen kann, dass der andere in persönlichen Krisenmomenten oder in Zeiten besonderer Schutzbedürftigkeit für ihn da ist. Das emotionale Kommen und Gehen des einen Partners verhindert, dass die tieferen persönlichen Dinge und Liebesgefühle beider Partner zum Ausdruck kommen oder erfahren werden. Das wirre, unvorhersehbare Ablösungsverhalten unterbricht ständig Wachstum und Entwicklung der Liebesbindung und Empathie. Die Distanzierung gibt dem Partner, der die Hauptlast trägt, das Gefühl, »verrückt« zu sein, weil er ein vollkommen anderes Verständnis von der Bindung und Liebesbeziehung hat. Er oder sie versteht nicht, warum der andere Partner emotionale Distanz in der Beziehung braucht und daher diese Art von Instabilität schafft.

Das Paar entwickelt und lebt eine Beziehung, die darauf basiert, dass sich der eine Partner entfernt und wieder annähert. Über eine Zeit von Monaten, Jahren und manchmal Jahrzehnten entsteht so ein Muster aus zufälligen und diskontinuierlichen Phasen der Nähe, dem ein Zyklus der Distanz zugrunde liegt. Das Problem ist, dass zu Beginn der Beziehung keine Grenzen festgelegt werden, inwieweit die Partner Nähe bzw. Distanz ertragen können – so gibt es für dieses Verhalten weder ein durchgängiges Muster noch einen konkreten Grund. Oberflächlich betrachtet basiert das Rückzugsverhalten des einen Partners auf seinem Mangel an Vertrauen. Doch tatsächlich geht es bei dem Rückzug und der Wiederannäherung nicht um Vertrauen, sondern um emotionale Verschmelzung und um die Angst, von dem anderen Partner emotional »verschlungen« zu werden. Mit der Zeit wird das Paar sich unbewusst darauf einigen, dass diese Form der Liebesbeziehung nur innerhalb einer gewissen Distanz aufrechtzuerhalten ist.

Zum Beispiel: Während der Verliebtheitsphase wird sich der distanzbedürftige Partner in den ersten drei Monaten auf eine emotionale Bindung einlassen, um sich dann plötzlich eine Woche lang nicht mehr zu melden. Wenn er dann wieder auftaucht, ist ihm völlig unverständlich, weshalb sein Verhalten der anderen Person Kummer gemacht hat. Die nächsten beiden Monate können reibungslos verlaufen, sodass erneut eine starke emotionale Bindung entsteht. Doch an einem Punkt, wo dem Partner die Beziehung zu intensiv, emotional zu eng oder zu überwältigend wird, unterbricht er sie willkürlich. Diese Brüche werden nie besprochen oder im Voraus mitgeteilt, sie finden einfach statt.

Der Grund für diese Distanzierung vom Partner ist die unausgesprochene Angst, emotional vereinnahmt oder verschlungen zu werden. Diese unbewussten Ängste vor der emotionalen Überwältigung basieren auf dem unvollständig geleisteten Individuationsprozess, in dem sich das Kind von seinen Eltern löst.[5] Der Betreffende wurde als Kind von Mutter oder Vater emotional, psychisch und oft auch körperlich beherrscht. Das Selbstgefühl des Erwachsenen ist nun sehr fragil und lässt nur ein gewisses Maß an Nähe zu, bevor er sich zurückzieht, um sich vor dem emotionalen Verschlungenwerden zu schützen.

Der verlassende Partner geht emotional nur so weit, wie es der andere Partner toleriert oder zulässt. Es besteht ein unausgesprochener Rahmen für Distanz und Nähe, innerhalb dessen das Paar miteinander verbunden bleiben kann. Oft dient dieses emotionale Wechselbad oder »Vertrauen vs. Misstrauen« nur dazu, die emotionale Bindung zwischen dem Paar aufrechtzuerhalten.


## Sichere/organische/verlässliche Bindung

Jeder der bisher vorgestellten Bindungsstile enthält Elemente einer stabilen, konsistenten und liebevollen Bindung. Eines der hervorstechenden Merkmale des jetzt besprochenen Stils ist, dass es keine emotionalen Unterbrechungen und ungelösten Kindheitstraumata gibt. Es besteht keine Notwendigkeit, alte Seelenprobleme auszuagieren. Beide Partner sind sich ihrer Individualität bewusst und haben den Prozess der Selbstfindung und Ablösung von ihrer Herkunftsfamilie erfolgreich abgeschlossen. Die emotionale Entwicklung beider Partner ermöglicht einen natürlichen Fortschritt in der Liebesbindung. Jedem Partner werden eigene Bedürfnisse, Wünsche und Sehnsüchte zugestanden, die er ohne Furcht vor Urteilen äußern darf. Eine Atmosphäre der Sicherheit und Geborgenheit bestimmt diese Beziehung. Die unausgesprochene Übereinkunft zwischen den Partnern ist der gegenseitige Respekt, der alle Aktivitäten, Gefühle, Erfahrungen und Emotionen bestimmt. Keiner der Partner verhält sich so, dass er den anderen absichtlich abwertet, missachtet oder herabsetzt. Auch wenn solche Dinge gelegentlich vorkommen, ergeben sie sich in der Regel aus Missverständnissen und nicht aus einem emotionalen Verteidigungsmechanismus. Wenn es eine emotionale Fehlkommunikation gibt, nutzt das Paar sie zur Vertiefung der Beziehung, nicht um Distanz und Konflikte zu schaffen.

Das Paar geht mit Konflikten um und löst sie, ohne dass daraus emotionale Altlasten entstehen und ohne dass Probleme verdrängt werden. Doch selbst unter den besten Voraussetzungen brauchen Beziehungen Mühe und Engagement, um den Prozess des Wachstums und der Bindung am Leben zu erhalten. Der Hauptunterschied ist hier, dass Paare mit diesem Bindungsstil Konflikte fair lösen und aus ihnen nicht geschwächt, sondern gestärkt hervorgehen. Es gibt keine künstlich eingezogenen Böden oder künstliche Mauern, die die Tiefe und Weite begrenzen, die diese Beziehung erreichen kann. Die Verbundenheit basiert auf gegenseitigem Respekt und Liebe. Jeder Partner in dieser Art von Beziehung hat zuvor schon einen der anderen Bindungsstile erlebt. Jeder weiß, wie wertvoll und wichtig es ist, als zwei unabhängige Individuen in einer Liebesbeziehung zu leben. Jeder hat gelernt, was der andere an Liebe und Zuwendung braucht, und gibt dies gerne. Beide wissen, dass das Gefühl, geliebt zu werden, damit beginnt, Liebe zu akzeptieren und zu geben. Das Bedürfnis, jenseits verbaler Äußerungen verstanden zu werden, ist etwas, das die Bindung in jeder Person hervorbringt und weiterentwickelt. *Der natürliche emotionale Fluss, das gegenseitige Verstehen und das sichere Wissen, dass die Beziehung ein geschützter Ort ist, vermitteln ein Gefühl der Geborgenheit.* Da es zwischen den Partnern keine Angst und keine Wut gibt, entsteht Raum für den Austausch positiver Gefühle, Empathie und liebevoller Gesten – als Norm- und nicht als Ausnahmezustand. Jeder fühlt eine tiefe innere Zugehörigkeit zum Partner, und er kann dessen Andersartigkeit tolerieren und seine menschlichen Schwächen ignorieren. Die ausgesprochene und unausgesprochene gegenseitige Anerkennung sind eine dauerhafte emotionale Verbindung, die für beide Partner zeitlich unbegrenzt und transformierend wirkt. *Ungeachtet seines familiären Hintergrunds, seiner Stiefkinder, seiner gemeinsamen Kinder und seiner Expartner/innen arbeitet das Paar daran, die Atmosphäre der gemeinsamen Liebe, die ohne Tragödien auskommt, zu fördern.* Die Verantwortung für die Kinder aus einer früheren Beziehung oder der nachhaltige Einfluss einer traumatischen Trennung machen sich in der sicheren Paarbindung nicht negativ bemerkbar. Da es kein selbstzerstörerisches Beziehungsverhalten gibt, kann sich eine sichere emotionale Bindung entwickeln und festigen. Dieser Bindungsstil wird von der Filmindustrie gern als magisch dargestellt, doch die Paare wissen, dass die Magie eine Folge des emotionalen Wachstums ist, dass man zusammen schmerzliche Probleme lösen und sich gemeinsam für die Genesung und Weiterentwicklung entscheiden muss – etwas, das wir alle anstreben und erreichen können.

## Zusammenfassung

Zur Entwicklung einer gesünderen, stärkeren und dauerhafteren Bindung gehört, dass man immer besser versteht, was jeder Partner an Akzeptanz und Liebe braucht.

**Alle Liebesbeziehungen haben das Potenzial, die uralten verdrängten Wunden des inneren Selbst und vergangener Zurückweisungen zu heilen.**

Die Überlebenden von Scheidungen und emotional erschütternden Trennungen haben alle die Möglichkeit, einen Heilungsweg aus ihrer Verzweiflung zu finden – und dieser führt durch das Erkennen ihrer Bindungsbedürfnisse und psychischen Wünsche. Das Hauptziel und der zeitlose Wert aller Liebesbeziehungen bestehen in der Schaffung einer sicheren und schützenden Atmosphäre, die zur Heilung eines Menschen und zur vollen Entfaltung seines Potenzials beiträgt. Die zeitlose Wahrheit der »heilenden« Natur einer guten Liebesbeziehung ist das stärkste Argument für eine neue Liebe und dafür, unsere Herzen anderen zu öffnen. Das Tragischste an einer Scheidung oder Trennung ist, dass sie zur Ausrede dafür werden kann, zukünftige Möglichkeiten zu einem neuen Leben mit einem neuen Lebenspartner zu ersticken. *Der Expartner wird so zu einem lebenslangen Hindernisfaktor.* Niemand, der die Erfahrung einer Liebesenttäuschung und Trennung erfahren hat, wird je den emotionalen Schmerz bestreiten, der nur von einem ehemaligen Liebespartner ausgelöst werden kann. Wie es in vielen Songs heißt: *Love hurts.* Eine Liebesbeziehung zu entwickeln ist immer mit Risiken behaftet – aber es ist zugleich jeder Mühe wert. Wir fühlen uns lebendig, wenn wir mit unserem Liebespartner verbunden sind und gemeinsam in einer unterstützenden Beziehung wachsen.

Jetzt wollen wir unser Augenmerk darauf richten, wie Sie am besten Ihre zukünftigen Liebesinteressen verfolgen und gesündere Beziehungen erreichen können.

# TEIL 3

# WIE MAN DEN »EX-FAKTOR« VERÄNDERT

*Was hinter uns liegt und was vor uns liegt, das sind nur Kleinigkeiten im Vergleich zu dem, was in uns liegt.*
– Ralph Waldo Emerson

# 9 PARTNERSUCHE UND DAS FINDEN EINES NEUEN LEBENSPARTNERS
## Ihre unverhandelbaren Faktoren

*Die Aussicht, mich wieder mit Männern zu treffen und mich auf sie einzulassen, ist für mich wie ein Stich mit der Gabel ins Auge – vollkommen unnatürlich. Das hat mir in meinen Zwanzigern keinen Spaß gemacht, und ich habe jetzt mit 49 wirklich keine Lust mehr dazu. Doch glaube ich an Beziehungen und hätte gern einen Partner, um ein neues Leben mit ihm aufzubauen. Ich finde es schön, verheiratet zu sein, nur nicht mit meinem Exmann. Ich bin seit vier Jahren geschieden. Ich muss jetzt aufhören, mich zu verstecken, und anfangen, die richtigen Männer kennenzulernen.*

– Laura, 49 Jahre, achtzehn Jahre verheiratet, seit vier Jahren geschieden.

*Nachdem meine Freundin mich wegen meines besten Freundes verlassen hat, habe ich entdeckt, dass ich nie daran geglaubt hatte, ich könnte je die Frau haben, die ich wirklich will. Nachdem Melissa gegangen war, erkannte ich, dass wir im Grunde kein gutes Paar gewesen waren, aber ich wollte sie nicht verlieren, obwohl wir nur zu 70 Prozent zusammenpassten. Jetzt will ich eine Beziehung, die zu 90 Prozent zusammenpasst und nur 10 Prozent Meinungsverschiedenheiten hat.*

– Brent, 35 Jahre, seit fünf Jahren in einer Liebesbeziehung.

# Drei Geschichten über Liebe und Partnersuche

## *Die BH-Geschichte*

Mein Klient Mike, 52 Jahre alt, versuchte nach einer außerordentlich traumatisierenden Scheidung, emotional, mental und beziehungsmäßig wieder auf die Beine zu kommen, obwohl seine Exfrau ihn des sexuellen Kindesmissbrauchs beschuldigte. Die Beschuldigungen erwiesen sich später als unbegründet – seine Exfrau hatte gehofft, auf diese Weise eine höhere finanzielle Unterstützung für sich und die Kinder herausholen zu können. Mike vergab ihr das rachsüchtige Verhalten, und das Gericht sprach ihm das Sorgerecht für seinen siebenjährigen Sohn und seine zehnjährige Tochter zu. Dieser Prozess dauerte etwa drei Jahre und verschlang mehr als 200.000 Dollar. Mike wusste, dass er in seinem Leben vorwärtskommen musste, und begann sich mit Frauen zu verabreden, nachdem seine Kinder (der Sohn nun zwölf, die Tochter vierzehn Jahre alt) sich stabilisiert hatten. Beide Kinder wollten, dass er jemanden kennenlernte und wieder »etwas vom Leben hatte«. Mike fühlte sich innerlich, familiär und sozial gedrängt, eine Partnerin zu suchen und die Scheidung hinter sich zu lassen. Er wusste, dass die Entwicklung einer Liebesbeziehung Teil des Genesungsprozesses von seinem Ex-Faktor war.

Mike erzählte mir folgende Geschichte über einen peinlichen Vorfall mit seinem Sohn:

*Ich habe vor drei Monaten diese tolle Frau in dem Gebäude kennengelernt, wo ich arbeite. Nachdem wir uns auf einen Kaffee getroffen hatten, was über drei Stunden dauerte, und mehrere sehr lange Telefonate geführt hatten, verabredeten wir uns zum Abendessen. Wir gingen essen und redeten stundenlang. Das verbale und emotionale Vorspiel war unglaublich. Als wir nach Hause fuhren, griff sie sich unters Kleid, zog sich ihren BH aus und gab ihn mir. Ich nahm ihn und warf ihn auf den Rücksitz und sagte ihr, ich würde ihn behalten. Wir hatten keinen Sex, weil wir uns erst noch besser kennenlernen wollten. Wir lachten, und sie warnte mich, am nächsten Morgen bloß den BH nicht zu vergessen, wenn ich die Kinder im Auto hatte.*

*Tja, ich habe ihn vergessen.*

*Am nächsten Tag nach dem Baseballtraining fanden mein Sohn und zwei seiner Teamkollegen einen schwarzseidenen Büstenhalter auf dem Rücksitz. Als sie ausstiegen, sagte mein Sohn zu mir: »Papa, das ist echt widerlich. Wem gehört der BH?« Ich starrte geradeaus – an einen peinlicheren Moment konnte ich mich gar nicht erinnern – und wäre am liebsten aus dem Auto gesprungen. Ich erzählte meinem Sohn eine Lüge, der Frau, mit der ich mich getroffen hätte, sei der BH aus ihrer Sporttasche gefallen. Mein Sohn sah mich zweifelnd an und sagte: »Okay.« Ich erklärte, ihm fielen doch auch Sachen aus seiner Sporttasche, und der Frau sei eben der BH rausgefallen. Ich fühlte, wie ich innerlich vor Scham zerging, als ich ihm diese entsetzlich plumpe Lügengeschichte erzählte.*

*Am nächsten Tag im Lebensmittelladen trafen mein Sohn und ich auf eine verflossene Freundin, mit der ich vor mehreren Jahren mal zusammen gewesen war. Mein Sohn hatte sie nie kennengelernt, weil sie damals heiraten und Kinder haben wollte. Ich hatte bereits zwei eigene Kinder und war zu der Zeit noch nicht bereit für eine Ehe. Aber abgesehen davon war Andrea eine sehr schöne Frau. Wir redeten ein paar Minuten miteinander, und als wir dann auseinandergingen, fragte mich mein Sohn: »Papa, ist es ihr BH?« Ich sagte Nein, und dann fragte er mich über die Frau aus, mit der ich am Valentinstag verabredet gewesen war. An diesem Punkt hätte ich den BH am liebsten verbrannt und so getan, als wäre das Ganze nie geschehen. Ich konnte es nicht fassen, dass mein Sohn unbedingt herausfinden wollte, wem der BH gehörte.*

*Ich erklärte meinem Sohn in der Gemüseabteilung des Ladens, dass ich vielleicht noch viele Frauen kennenlernen und ihm eines Tages eine vorstellen würde, die eine ganz besondere Frau und eine mögliche Heiratskandidatin sei. Mein Sohn sah mich und sagte: »Okay, Papa – aber wem gehört der BH?« Ich sagte, das spiele keine Rolle. Wir fuhren nach Hause, und er sagte seiner Schwester, der BH gehöre niemandem.*

## Der Baseballtrainer

Laura, die ich am Anfang des Kapitels zitiert habe, lernte vor zwei Jahren auf einer Party für frisch geschiedene Väter und Mütter einen sehr netten Mann kennen. Zu dieser Zeit fühlte sie sich aber noch nicht bereit, sich auf ihn einzulassen, obwohl ihn alle für eine perfekte Wahl hielten. Laura war geschieden und Mutter von zwei Jungen, vierzehn und neun Jahre alt, und sie wollte ihr Liebesleben von ihren Söhnen getrennt halten. Zwei Jahre später, als Verabredungen mit Männern ihr immer noch ein Gräuel waren, meldete sie ihren jüngeren Sohn Luke im Baseballverein an. Luke wurde einem Trainer namens Ed zugeteilt. Laura dachte sich nichts dabei, bis sie Luke zu seinem ersten Training brachte.

Laura erzählte mir:

*Ich fuhr zum Baseballplatz und sah diesen athletischen Mann, gut aussehend, etwas über vierzig, der dort den Catcher spielte, und ich fuhr mein Auto fast in den Zaun. Ich konnte es nicht fassen, das war genau der Mann, den ich vor zwei Jahren kennengelernt hatte und der nach der Party etwa ein Jahr lang mit einer Freundin von mir zusammen gewesen war. Ich ließ Luke aussteigen, blieb selbst im Auto und fuhr dann wie eine Verrückte nach Hause. Ich rief sofort Nancy an, meine Freundin, die Ed kannte, und fragte sie, ob er zurzeit in festen Händen sei. Sie sagte, dass ihre Freundin mit ihm Schluss gemacht habe, weil für eine langfristige Beziehung die Chemie nicht gestimmt habe. Nancy meinte, ich solle mich nicht mit ihm treffen. Ich wollte wissen, warum. Sie glaubte, dass wir nicht gut zusammenpassen würden, weil er zu langweilig für mich sei. Na ja, ich habe das ganze Frühjahr zwanghaft an ihn gedacht und versucht, mich nicht wie ein Highschoolmädchen zu benehmen, die sich in den Sportstar der Schule verknallt hat. Ich wartete nach den Spielen, um mich nach meinem Sohn zu erkundigen, und konnte es nicht abwarten, Ed zu sehen.*

*Ohne mein Wissen lud mein Sohn, der wohl Amor spielen wollte, nach dem Spiel am letzten Samstag seinen Trainer Ed zu uns nach Hause ein, um an seiner Wurftechnik zu arbeiten. Ed kam um drei Uhr am Nachmittag und ging erst wieder um zwei Uhr nachts. Das war, nachdem wir eine Flasche Wein geleert hatten. Wir knutschten nicht rum oder so. Ed gestand mir, dass er meinen Sohn absichtlich in seine Mannschaft geholt habe, sodass wir uns sehen und kennenlernen konnten. Ich war völlig sprachlos, denn er war der einzige Mann, den ich seit meiner Scheidung interessant gefunden hatte. Dann benahm ich mich ein bisschen idiotisch und fragte ihn, ob wir uns zu einem »erwachsenen Rendezvous« treffen wollten – ein Abendessen im Restaurant – irgendwann in der nächsten oder übernächsten Woche. Seit meinen Tagen im College habe ich keinen Mann mehr zu einem Rendezvous eingeladen. Ich habe Ed zwei Jahre lang gemieden. Ich habe mich elend gefühlt, weil er der einzige Mann ist, mit dem ich mich treffen und den ich kennenlernen will. Ich wusste gleich, als wir uns kennenlernten, dass es eine starke emotionale und körperliche Anziehung zwischen uns gibt. Die Chemie zwischen uns stimmte, und ich wollte ihn kennenlernen. Er hat zwei Söhne und es fühlt sich alles sehr natürlich und gut an.*

*Ich fragte meinen Sohn am nächsten Tag, warum er seinen Trainer zu uns eingeladen hatte, ohne mich vorher zu fragen. Luke sagte: »Mama, begreif's doch mal, jeder weiß, dass du ihn magst, und ich wollte, dass er mal unser Haus sieht.« Ich musste beinahe weinen, weil ich immer gedacht hatte, meine Kinder hätten keine Ahnung von meinen Gefühlen und Schwierigkeiten, eine alleinerziehende Mutter zu sein. Ich traute mich dann nicht, Luke zu fragen, ob er noch andere Vorschläge für mein Leben hätte.*

## Das Rose-Bowl-Spiel

Diese Geschichte spielte am Neujahrstag, nach dem *Rose-Bowl-Spiel*, als die Zuschauer das Stadion verließen. (Der *Rose Bowl* ist ein jährlich ausgetragenes, sehr prestigeträchtiges Spiel im College-Football, das in der Regel am 1. Januar stattfindet; Anm. d. Übers.) Es ist nötig, kurz die Umstände zu erzählen, die hier zum Moment der Wahrheit führten. Julie, 34 Jahre alt, war sieben Monate zuvor für ein langes Wochenende zu einer Hochzeit in Boston eingeladen worden. Sie lernte dort viele Leute aus Los Angeles kennen und fühlte einen starken Drang, mit Thomas zu sprechen, dem Freund ihrer besten Freundin. Stattdessen vermied sie, ihn auch nur anzusehen oder in seiner Nähe zu stehen, so überwältigend wirkte seine Anziehung auf sie. Julie wollte nicht das »böse Mädchen« sein – das ihrer Freundin den Freund »ausspannt«.

Das Wochenende kam und ging, doch Thomas ging Julie nicht mehr aus dem Kopf. Kurz nach der Hochzeit fand sie sogar heraus, dass er und ihre beste Freundin Diana Schluss gemacht hatten. Sie hatte das Interesse an Thomas verloren und interessierte sich jetzt für einen anderen Mann. Als Julie das hörte, tat ihr Herz einen Sprung, denn sie wusste, dass sie Thomas finden und mit ihm sprechen wollte. Julie redete mit Diana nie über ihre Absichten und ihr mögliches Liebesinteresse an Thomas.

Einige Monate später erhielt Julie ihre Chance, als sie abends mit ein paar Freundinnen unterwegs war und zufällig Thomas mit seinen Freunden traf. Die beiden Gruppen gingen zusammen in eine Bar. Julie und Thomas blieben die ganze Nacht hindurch auf, redeten und lernten sich kennen. In den nächsten drei Monaten verbrachten sie immer mehr Zeit miteinander. Julie wollte Diana nichts davon sagen, weil sie fürchtete, es würde ihre Freundschaft belasten.

Die Weihnachtsfeiertage kamen, und Thomas und Julie wollten sich ausschließlich zu zweit treffen. Die ganze Zeit belastete es Julie, dass sie eine Liebesbeziehung hinter Dianas Rücken einging.

Julie erzählte:

*Thomas und ich gingen Hand in Hand aus dem Rose-Bowl-Spiel und trafen zufällig auf Diana mit ihrem neuen Freund. Diana wurde bleich, und ihre Augen verrieten, dass es für sie ein echter Schock war. Ich wäre am liebsten auf der Stelle gestorben. Diana musterte uns beide, zeigte mit dem Finger auf Thomas und sagte dann: »Von dir habe ich das erwartet, aber nie von dir, Julie. Du bist eine meiner engsten Freundinnen. Wie konntest du das tun?« Ich brachte kein Wort heraus. Ich habe mich noch nie so entsetzlich gefühlt. Nach dieser schrecklichen Begegnung verließen wir das Stadion, und Diana rief mich gleich darauf an und sagte, ich solle mich nie wieder blicken lassen und ich sei die größte Schlampe in der ganzen Stadt. Seither haben wir kein Wort mehr gewechselt. Ich habe Diana oft angerufen, aber sie ruft nie zurück. Ich wollte einen Konflikt vermeiden und habe es dadurch zehnmal schlimmer gemacht, als es herauskam. Ich liebe Thomas, aber ich wünschte, ich hätte nicht solche Angst vor Diana gehabt.*

Thomas und Julie verlobten sich sechs Monate später und heirateten am nächsten Silvesterabend. Diana und Julie haben nicht mehr miteinander gesprochen, obwohl sie viele gemeinsame Freunde haben. Julie schrieb Diana einen Brief aus den Flitterwochen, in dem sie sich dafür entschuldigte, dass sie ihr nicht anvertraut hatte, wie anziehend sie Thomas fand.

## Fortschritte – Ihre Wünsche und Sehnsüchte

Die drei obigen Geschichten handeln von den natürlichen Problemen, einen passenden Partner zu finden und eine Liebespartnerschaft zu begründen. In allen Fällen hatten die Personen vor der ersten Verabredung emotionale Enttäuschungen hinter sich und mussten Widerstände überwinden, um eine Beziehung anzubahnen. Keiner von den Menschen, die in meine Therapie kommen oder die ich aus meinem Lebensumfeld kenne, hat 100-prozentiges Vertrauen in seine Fähigkeit, jemanden zu treffen und eine gleichgesinnte Seele an sich zu binden, mit der sich eine erfüllte Liebesbeziehung aufbauen lässt. Wer sich nicht unsicher fühlt, wenn er sein Herz und Leben einem neuen Partner öffnen soll, der ist nicht ernsthaft an einer Liebesbeziehung interessiert und nicht wirklich auf der Suche. Er oder sie tut zwar etwas, aber das hat nichts mit der Heilung früherer Beziehungsprobleme zu tun. Eine Liebesbeziehung zu entwickeln, ist einer der tiefsten, anspruchsvollsten und bereicherndsten Prozesse im eigenen Leben. Natürlich wissen wir alle, dass die Kontaktaufnahme und das Treffen mit potenziellen Partnern sehr kompliziert sein können. Niemandes Leben verläuft in einem Vakuum, und einen neuen Menschen in das eigene Leben einzuführen bringt viele Unwägbarkeiten mit sich. *Das Problem besteht nicht darin, zwei Leben zusammenzubringen, sondern es liegt in den Stolpersteinen auf dem Weg dahin.* Je mehr Einsicht Sie in Ihre Liebesbedürfnisse gewonnen haben, desto einfacher ist der Umgang mit der neuen Partnerschaft. Die drei obigen Geschichten handeln alle von Liebesbeziehungen, die ein Potenzial zu Wachstum und Entwicklung haben, unabhängig von den negativen Erfahrungen, die die Personen in der Vergangenheit gemacht haben.

Unweigerlich fühlt man sich im Entwicklungsprozess einer Liebesbeziehung einerseits unglaublich verwundbar und unsicher, andererseits aber auch geliebt und gestärkt – alles zur gleichen Zeit. *Wie wir wiederholt gesagt haben: Wir alle brauchen das Gefühl, verstanden, geliebt und bewundert zu werden.* Diese natürliche tiefe Sehnsucht ist die Motivation, unsere Ängste zu überwinden und dieses wunderbare Privileg und Geschenk zu genießen. Sich geliebt und verstanden zu fühlen ist eine der befreiendsten Kräfte in unserem Leben. Wenn Sie das nicht wüssten, würden Sie dieses Buch nicht lesen.

Ob Sie aus einer hoch strittigen Scheidung kommen, ob Sie unter Liebeskummer, Enttäuschungen oder einem schmerzhaften Bruch der Beziehung leiden, oder gerade beginnen, sich ernsthaft für eine Lebenspartnerschaft zu interessieren: Der Prozess kann emotional überwältigend, deprimierend und aufregend sein. Niemand will sich von jemandem zurückgewiesen fühlen, den er oder sie attraktiv findet. Mark und Laura in den obigen Geschichten mussten ihren emotionalen Widerstand auflösen, um sich für die Möglichkeit einer Liebesbeziehung öffnen zu können. Julie musste sich selbst vergeben, dass sie mit ihrer Freundin nicht richtig umgegangen war. Alle drei spiegeln die Kämpfe in ihrer Lebenssituation wider, ob geschieden oder nie verheiratet, ob mit oder ohne Kinder.

Die Paare in den drei Geschichten entwickelten exklusive Liebesbeziehungen, die zur Ehe führten, doch keine der Beziehungen folgte dem üblichen Muster: Kennenlernen, Rendezvous, regelmäßige Begegnungen und Entwicklung einer dauerhaften Liebesbeziehung. Bei jeder verliefen die Annäherung und Entwicklung der Liebesbindung anders. Eine gemeinsame Variable bei allen dreien war, dass sich die beteiligten Personen sehr genau bewusst waren, wie gut sie zusammenpassten, welchen individuellen Kommunikationsstil sie hatten und welche Art von Beziehung sie anstrebten und brauchten. Sie wussten zugleich, welche Handlungen, Gesten und welche Form des emotionalen Kontakts ihnen das Gefühl gaben, geliebt zu werden. Mike kämpfte gegen ein chronisches Gefühl der nachhaltigen Beschädigung und konnte es nicht ertragen, wenn sich jemand ihm oder seinem Verhalten gegenüber verbal aggressiv äußerte. Laura glaubte, sie würde alleine sterben, und ertrug keine emotionalen oder sexuellen Zufallskontakte. Julie war überzeugt, dass sie nie einen Mann oder Kinder haben würde, und brauchte jemanden, für den Ehe und Familie einen ähnlich hohen Stellenwert hatten wie für sie. Alle drei hatten ihre Bedürfnisse nach einer sicheren, unterstützenden und stabilen Beziehung verstanden.

Dieser natürliche Antrieb gab ihnen den Mut, sich persönlich so weiterzuentwickeln, dass sie sich aufs Neue für einen Partner entscheiden konnten. Keiner der drei ließ zu, dass Alter, vorhergegangene Beziehungskatastrophen, Enttäuschungen mit Partnern, schmerzhafte Trennungen oder Verzweiflung ihre neue Beziehung oder Partnerwahl beeinflussten. Sie hatten die negativen Altlasten aus vergangenen Trennungen verarbeitet, ihre Grundüberzeugungen über Beziehungen aufgrund des Heilungsprozesses erweitert und verstanden, welche Rolle sie bei dem Ende der Liebesbeziehung gespielt hatten und warum diese Beziehungen enden mussten.

Es ist wichtig, sich klarzumachen, dass so gut wie alle Beziehungen, ungeachtet des Schmerzes, den ihr Ende auslösen mag, als Bausteine für Ihr Leben und Ihre Liebesfähigkeit wertvoll sind. Wenn Sie in einer traumatischen Trennungsphase stecken, fällt es schwer, sich diese Wahrheit in Erinnerung zu rufen. Es ist wichtig, Ihre Beziehungsgeschichte einer gründlichen Prüfung zu unterziehen, um destruktiven Verhaltensmustern und negativen Selbsteinschätzungen sowie von der Vergangenheit geprägten Selbstwertgefühlen auf den Grund zu gehen.

## Ihre Liste – Ihr Seelenpartner bzw. Ihre Seelenpartnerin

*Wo ist die verwandte Seele für mich?* Das ist die richtige Frage, die Sie sich hinsichtlich Ihrer zukünftigen Liebe stellen müssen. Die Antwort auf diese jedem vertraute Frage wurzelt in der schwierigeren Frage: *Was gibt mir das Gefühl, geliebt, bewundert und unterstützt zu werden?* Niemand kann diese Frage für Sie beantworten, und Sie sollten dies auch niemand anderem erlauben. Viele wohlmeinende gegenwärtige Partner, ehemalige Liebespartner, Familienangehörige, Freunde und Onlinepartnervermittlungen versuchen Ihnen zu sagen, wie die Liebe in Ihrem Leben auszusehen habe. Doch in Wahrheit kennen nur Sie die Antwort auf diese wichtige Frage. Wenn Sie sich nicht erinnern können, was Ihnen das Gefühl des Geliebtseins gibt, gehen Sie Kapitel 7 noch einmal durch und denken über folgende Fragen nach:

- Was heißt es für Sie, sich »geliebt zu fühlen«?
- Wie funktioniert das in Ihrem Alltagsleben?
- Haben Sie Ihrem Partner/Ihrer Partnerin je gesagt, welche kleinen Dinge Ihnen das Gefühl geben, geliebt und geschätzt zu werden?
- Was ist das eine, das Sie immer glücklich macht, wenn Sie in einer Beziehung sind?
- Was gibt es, das Sie immer zum Lächeln bringt?
- Küssen Sie Ihren Partner/Ihre Partnerin gern oder haben Sie anderen körperlichen Kontakt, bevor Sie morgens das Bett verlassen?
- Erwarten Sie, dass Ihr/e Partner/in weiß, wie schwer es Ihnen fällt, unumgängliche Gespräche mit Ihrem/Ihrer Ex zu führen (z. B. über Erziehungsfragen)?

- Heißt für Sie, sich geliebt zu fühlen, zum Beispiel, dass Ihr/e Partner/in Sie in den Arm nimmt, bevor Sie zu einem Termin mit Ihren »Ex«-Schwiegereltern gehen (Zeichen der Zuneigung und Verständnis für Ihre Beziehungsvergangenheit)? Bedeutet, sich geliebt zu fühlen, dass Ihr/e Partner/in einmal in der Woche mit Ihnen Ihre Lieblingsfernsehsendung anschaut (Nähe)?

Ihr Bedürfnis nach Liebe, Unterstützung und Bewunderung hat sich seit Ihrer Kindheit entwickelt und ist der wesentliche Schlüssel für die Erfüllung in Ihrer gegenwärtigen und zukünftigen Liebesbeziehung. Wenn Sie sich geliebt fühlen, dann fühlen Sie sich verstanden, geschätzt und emotional unterstützt. All die Verhaltensweisen, Gefühle und Gesten eines Partners helfen, Ihnen eine innere Unterstützung zu geben, die Ihr Leben tief verändert. Das Gefühl, geliebt zu werden, ist das Fundament, das Ihnen hilft, alles das zu erreichen, was Sie sich im Leben vornehmen. Kinder, die sich geliebt fühlen, gedeihen emotional und haben schulischen Erfolg, weil sie ihre Fähigkeiten und Wünsche selbstbewusst einschätzen.[1] Erwachsene sind nicht anders, auch wenn wir uns vielleicht nie wirklich getraut haben, uns von unseren Liebespartnern geliebt zu fühlen.

Laut einer weitverbreiteten psychologischen Theorie haben wir alle unsere eigene Vorstellung davon, wann wir uns geliebt, bewundert und unterstützt fühlen. Das Problem ist, dass jeder sein eigenes Set von Gefühlen hat, das sowohl dem Geber wie dem Empfänger unbekannt ist. Ihre Einsicht in Ihre eigenen Gefühle und Wünsche sagt sehr viel über Ihren Seelenpartner aus. Ihre persönlichen Ansprüche an einen Liebespartner lassen sich in der Regel auf vier oder fünf Kerneigenschaften eingrenzen, die sich wiederum rasch auf vierzig oder fünfzig unverhandelbare Eigenschaften erweitern ließen. Für die meisten Menschen ist die Liste ihrer grundlegenden

Bedürfnisse in einer Beziehung weder erschöpfend lang noch kompliziert, aber dennoch kann sie sowohl von Ihnen wie von Ihrem Liebespartner missverstanden werden. Viele Beziehungen enden vorzeitig, weil es – auf beiden Seiten – nicht genügend Verständnis für die unbefriedigten emotionalen Bedürfnisse gibt. Der Aufbau eines neuen Lebens beginnt damit, dass Sie ein volleres und tieferes Verständnis Ihrer emotionalen Bedürfnisse, Wünsche und Sehnsüchte entwickeln. *Um Ihren Seelengefährten bzw. Ihre Seelengefährtin finden zu können, müssen Sie zunächst wissen, was Sie brauchen, um sich geliebt, bewundert und tiefinnerlich unterstützt zu fühlen.* Im Grunde besteht Ihre Liste aus einer Kombination folgender fünf Eigenschaften, die von Ihnen erweitert und besser verstanden werden können. Sowie Sie wissen, was Ihnen das Gefühl des Geliebtseins gibt, wird die Entwicklung einer Liebesbeziehung zu einer klaren und aufregenden Sache. Manche Ihrer alten Muster, die aus der emotionalen Verbindung mit dem falschen Partner resultierten, lassen sich jetzt leichter durchschauen und überwinden, denn jetzt wissen Sie, dass das Gefühl, geliebt zu werden, wichtiger ist als die tatsächliche Liebe. Wie Sie sich geliebt fühlen, ist rein individuell, es lässt sich auf keinen Partner übertragen, es gilt nur für Sie. Wenn Eisessen für Sie wichtig ist, dann müssen Sie mit Ihrem Liebespartner Eis essen. Ihre neuen Einsichten werden sich in Ihren Liebesbeziehungen spiegeln, und diese werden umso erfüllender und befriedigender sein. Diese Verbindungen setzen Kraft frei und bilden die Substanz und Struktur Ihres ganzen Lebens.

---

Eine Liste dessen, was Ihnen das Gefühl des Geliebtseins gibt, enthält:

**Zuneigung** – emotionales Verständnis, Augenkontakt, Küsse, Schutz geben (körperlich und emotional), Empathie, körperliche Berührung (Umarmungen,

Hände halten, Rücken streicheln) und liebevolle Anerkennung. Diese Verhaltensweisen sind eher nonverbal und führen zu emotionaler Nähe und dem Gefühl, geliebt zu werden. Das kann der unausgesprochene Kitt zwischen Ihnen und Ihrem Liebespartner bzw. Ihrer Liebespartnerin sein.

**Kommunikation** – wie Sie über sensible Themen, Ängste, Wünsche und Sehnsüchte (emotionale und sexuelle) sprechen. Wie viel ist zu viel oder zu wenig Gespräch? Wann oder wie sprechen Sie am liebsten (morgens, abends, von Angesicht zu Angesicht, per Telefon, E-Mail, Handy, schriftlich)? Worüber sprechen Sie am liebsten? Woher wissen Sie, wann Ihnen jemand wirklich zuhört?

**Sexualität** – wodurch fühlen Sie sich mit Ihrem Partner/Ihrer Partnerin sexuell verbunden? Was erwarten Sie emotional, mental und körperlich von Ihrem Liebespartner/Ihrer Liebespartnerin? Wie wichtig ist die »sexuelle Chemie« für Sie? Wann und wie oft würden Sie am liebsten Zeit mit Ihrem Partner/Ihrer Partnerin verbringen?

**Kompatibilität** – Ihre persönlichen Werte und was Ihnen wirklich wichtig ist in den folgenden Bereichen: Sexualität/Häufigkeit; emotionaler Ausdruck; Spiritualität/Glaubens- bzw. Grundüberzeugungen zu Gott und Welt; körperliche Erscheinung/Attraktivität; finanzielle Dinge; intellektuelle Interessen/Bildung; Freizeitaktivitäten; Hobbys/Sport; Familienziele (Kinder, Stiefkinder, Erziehungsfragen, Eltern, Verwandtschaft).

**Stress/Konfliktlösung** – was Sie von Ihrem Partner/Ihrer Partnerin brauchen, wenn Sie erregt, gestresst oder besorgt sind. Vergeben Sie leicht oder überhaupt, wenn Sie verletzt oder missverstanden wurden? Sprechen Sie Dinge gerne aus oder neigen Sie dazu, Konflikten und schwierigen Problemen aus dem Weg zu gehen?

Gehen Sie diese Liste noch einmal durch und prüfen Sie, wie wichtig diese fünf Bereiche für Sie auf einer Skala von 0 bis 10 sind, wobei 0 für »nicht wichtig« und 10 für »unabdingbar« steht. Folgen Sie Ihrem Bauchgefühl und schreiben Sie eine Ziffer neben jede Kategorie.

Es ist außerordentlich wichtig für Sie, diese Liste genau zu überdenken, damit Sie verstehen, wie Liebe in Ihrem Leben funktioniert. Haben Sie dies verstanden, sind Sie von Ihren Trennungen genesen, und können jetzt Ihr Liebesleben aus einer sehr viel weiteren Perspektive angehen. Wir wollen die fünf Bereiche unserer Liste detailliert betrachten, sodass Sie Ihre eigene Liste von unverhandelbaren und unabdingbaren Erfordernissen an eine Liebesbeziehung aufstellen können.

## Ihre unverhandelbaren Bedürfnisse

Zuneigung haben wir als Erstes genannt, weil sie in Liebesbeziehungen oft das am wenigsten verstandene Element ist. Viele Frauen klagen beispielsweise darüber, dass ihre Partner nicht liebevoll, zärtlich und fürsorglich genug seien. Andererseits halten ihre Partner ihr Verhalten für vollkommen angemessen, weil sie nie miteinander darüber gesprochen haben, was »liebevoll und zärtlich« für jeden von ihnen bedeutet. Viele Männer klagen darüber, dass sie es nicht mögen, sich in der Öffentlichkeit zu küssen, zu umarmen, Händchen zu halten oder den Rücken zu streicheln. Sie mögen liebevolle Gesten im Privaten und nur zu bestimmten Zeiten. Viele Partnerinnen glauben dann, sie verhielten sich falsch, weil ihre lieb gemeinten Zärtlichkeiten als lästig empfunden werden. *Zuneigung lässt sich als die Gesamtheit »sanfter« nonverbaler Gesten bezeichnen, mit denen sich ein Paar Liebe, Unterstützung und Anerkennung mitteilt.* Diese Gesten und Verhaltensweisen geben ein

Gefühl, vom Partner geschätzt und geliebt zu werden, für ihn etwas Besonderes zu sein. Wir alle blühen emotional auf, wenn wir das bestimmte Maß an körperlichem und emotionalem Kontakt haben, das wir ersehnen. Daraus entsteht eine sichere Bindung zwischen uns und unserem Partner bzw. unserer Partnerin.

Das Problem bei Paaren mit weit auseinanderliegendem Lebensmittelpunkt ist, dass sich die Partner nicht jeden Tag berühren und sehen können. Der bloße Akt des Kussgebens und -empfangens, bevor man das Haus verlässt, ist eine liebevolle Geste, die vielleicht noch nicht einmal bewusst wahrgenommen wird, bis sie ausbleibt. Zuneigung ist eine Kombination aus Lächeln, unterstützenden Blicken, positiver Körpersprache und Berührungen, die zwischen den Partnern in einer Liebesbeziehung ausgetauscht werden. Natürlich sind Gespräche und Kommunikation in einer Beziehung von überragender Bedeutung, aber eine solide Beziehung kann sich auch in der Stille entfalten, wenn die Partner lesen oder Sudoku lösen und wissen, dass der andere für sie oder ihn da ist.

## Wünsche nach Zuneigung

Überlegen Sie, was die folgenden Dinge in Ihrer Liebesbeziehung für Sie bedeuten, wie Sie sie empfinden und wünschen:

- Mögen Sie Umarmungen, Händchenhalten und Rückenstreicheln?
- Mögen Sie das Zeigen von Zuneigung in der Öffentlichkeit oder lieber nur im Privaten?
- Wie wichtig ist Augenkontakt für Sie?
- Wie wichtig ist es für Sie, einen Anruf, eine E-Mail oder eine Textnachricht zu erhalten, worin Ihr/e Partner/in zeigt, dass er/sie an Sie denkt?
- Mögen Sie unerwartete Geschenke von Ihrem Partner/Ihrer Partnerin?
- Mögen Sie körperliche Nähe, Anschmiegsamkeit und Kuscheln?

- Gehen Sie gerne neben Ihrem Partner/Ihrer Partnerin?
- Haben Sie es gern, wenn Ihr Körper berührt wird (ohne sexuelle Absicht)?
- Werden Sie gern von Ihrem Partner/Ihrer Partnerin verabschiedet oder begrüßt, wenn Sie das Haus verlassen oder nach Hause kommen?
- Mögen Sie es zum Beispiel, wenn Ihr/e Partner/in Ihnen eine Tasse Kaffee oder Tee serviert, Ihnen Ihr Lieblingsparfüm kauft, Ihnen einen Cocktail vor dem Essen mixt, Ihre Kinder zum Essen einlädt oder Sie nach einem kleinen Missverständnis anruft?

## *Wünsche nach Kommunikation*

Überlegen Sie sich, wie Ihr positives Gefühl für die Beziehung durch Ihre Kommunikation gestärkt wird:

- Lieben Sie es, mit Ihrem Partner/Ihrer Partnerin alles zu besprechen: Persönliches, Berufliches, Familiäres und Intimes?
- Wann ist es für Sie am wichtigsten, sich mit Ihrem Partner/Ihrer Partnerin verbal auszutauschen – tagsüber oder abends?
- Was teilen Sie Ihrem Partner/Ihrer Partnerin aus Furcht lieber nicht mit?
- Wie teilen Sie mit, dass Sie auf Ihren Partner/Ihre Partnerin wütend sind (z. B. durch Schreien, Verstummen, Vermeiden)?
- Können Sie Ihren Partner/Ihre Partnerin bitten, Ihre Bedürfnisse zu befriedigen – sexuell, emotional und hinsichtlich liebevoller Zuneigung?
- Wie wichtig ist es für Sie, Ihre Gefühle auszusprechen, wenn Sie wütend, bedrückt, besorgt oder freudig erregt sind?
- Welchen Kommunikationstypus hatten Sie in Ihrer vergangenen Beziehung kaum, den Sie sich aber für eine zukünftige Beziehung wünschen (z. B. uneingeschränkte Offenlegung Ihrer Gedanken, Äußerung einer spezifischen Furcht oder Ihrer ehrlichen, ungeschönten Antwort, unabhängig von der Reaktion Ihres Partners)?

- Wenn Sie emotional erregt sind, wie sollte Ihr Partner/Ihre Partnerin mit Ihnen kommunizieren?
- Wie schwierig war die Kommunikation zwischen Ihnen und Ihrem Partner/Ihrer Partnerin in der Vergangenheit, wenn es um emotional belastende Themen oder Probleme ging?

## Wünsche nach Intimität/Sexualität

Überlegen Sie, was Ihre wirklichen Wünsche, Sehnsüchte und Hoffnungen für eine emotionale Intimität und Liebesbindung sind:
- Welche Verhaltensweisen, Gesten und Gespräche geben Ihnen das Gefühl, mit Ihrem Partner/Ihrer Partnerin emotional und intim verbunden zu sein?
- Wie oft haben Sie den Wunsch nach Sex?
- Macht Ihnen Sexualität bzw. sexueller Kontakt Spaß?
- Verführen Sie gerne oder werden Sie lieber verführt?
- Verbringen Sie gerne freie Zeit mit Ihrem Partner/Ihrer Partnerin?
- Unternehmen Sie gerne etwas mit Ihrem Partner/Ihrer Partnerin und anderen Paaren?
- Erfährt Ihr Partner/Ihre Partnerin aus Ihren direkten Äußerungen, was Sie von ihm/ihr sexuell brauchen und wollen?
- Gehen Sie davon aus, dass er oder sie Ihre Wünsche und Sehnsüchte nach bestimmten Handlungen und Aktivitäten versteht, wenn oder weil Sie diese direkt geäußert haben?
- Möchten Sie, dass Ihr Partner/Ihre Partnerin Dinge tut, die für Sie wichtiger sind als für ihn oder sie?
- Wie oft tun Sie Dinge, die für Ihren Partner/Ihre Partnerin wichtiger sind als für Sie selbst?

- Welche Aktivitäten, Gesten, Gespräche oder Handlungen geben Ihnen das Gefühl, mit Ihrem Partner/Ihrer Partnerin emotional verbunden zu sein?
- Wenn Sie lange mit Ihrem Partner/Ihrer Partnerin zusammen waren, haben Sie dann den Wunsch, noch länger zusammen zu sein, oder wollen Sie lieber eine Pause?

## *Wünsche nach Kompatibilität*

Überlegen Sie, welche Dinge, Werte, Aktivitäten und Grundüberzeugungen Ihnen das Gefühl geben, mit einem anderen kompatibel und emotional verbunden zu sein:

- Wie wichtig ist die körperliche Attraktivität Ihres Partners/Ihrer Partnerin für Sie?
- Hat Ihr/e Partner/in je kosmetische Operationen für sich oder Sie in Betracht gezogen? Welche Gefühle löst das in Ihnen aus?
- Wollen Sie eine Partnerschaft, in der Sie beide Sport treiben und einen körperlich aktiven Lebensstil pflegen?
- Was sind Ihre spirituellen Grundüberzeugungen und/oder religiösen Praktiken? Spielen diese für Ihre Beziehung eine Rolle?
- Wie ist Ihr Verhältnis zu Geld – geben Sie es gerne aus, sparen Sie, investieren Sie?
- Wie wichtig ist Ihnen der wirtschaftliche Status Ihres Partners/Ihrer Partnerin?
- Verstehen Sie Ihren sexuellen Appetit?
- Wie wichtig ist der sexuelle Appetit Ihres Partners/Ihrer Partnerin für Sie? Spielt es eine Rolle, ob Sie synchron sind? Wenn Sie nicht synchron sind, ist das für Sie oder Ihren Partner/Ihre Partnerin ein größeres Problem?
- Lieben Sie emotionalen Ausdruck, Zeichen der Zuneigung, Kommunikation, Freizeit und Familienzeit mit Ihrem Partner/Ihrer Partnerin?

- Wie viel Aufmerksamkeit und Zuwendung brauchen Sie, um sich geliebt zu fühlen?
- Sehen Sie sich als eine sozial offene Person oder eher als einen scheuen, zurückhaltenden Menschen? Wie passt Ihr Partner/Ihre Partnerin zu Ihrem Persönlichkeitsstil? Ist der eine von Ihnen kontaktfreudig und der andere still? Ist das für Sie beide so in Ordnung?
- Was ist für Sie die wichtigste Charaktereigenschaft eines Partners/einer Partnerin?
- Was ist für Sie das wichtigste Unverhandelbare und Unabdingbare, das Sie von einem Partner/einer Partnerin verlangen? Das kann alles sein – blenden Sie Ihre Wünsche und Bedürfnisse nicht aus.
- Wie sollte Ihr/e Partner/in seine/ihre Gefühle Ihnen gegenüber äußern?

## *Wünsche nach Stress- und Konfliktlösung*

Überlegen Sie, wie Sie und Ihr Partner/Ihre Partnerin alltägliche Probleme und Konflikte am besten lösen können:

- Was brauchen Sie von Ihrem Partner/Ihrer Partnerin, wenn Sie aufgebracht, besorgt oder ängstlich sind?
- Wenn es zwischen Ihnen und Ihrem Partner/Ihrer Partnerin eine Meinungsverschiedenheit oder einen kleineren Konflikt gibt, können Sie schnell »Schwamm drüber« sagen oder behalten Sie Ihren Groll?
- Lösen Sie gerne Konflikte oder gehen Sie schwierigen Problemen lieber aus dem Weg?
- Schreien Sie, debattieren Sie oder werden Sie sehr deutlich, wenn Sie wütend sind?
- Wie oft bereiten Ihnen die eigenen Wutäußerungen oder die Ihres Partners/ Ihrer Partnerin Angst?
- Wie sollte Ihr Partner/Ihre Partnerin mit Beziehungskonflikten umgehen?

- Wie funktionieren Ehrlichkeit und vollkommene persönliche Offenheit (z. B. persönliche Geheimnisse, schambehaftete Themen) in Ihrer Beziehung?
- Was ist eine Eigenschaft, Aktion oder Verhaltensweise, die Sie in einem Streit nicht tolerieren würden – etwas so Unakzeptables wie Unehrlichkeit?
- Wo liegt Ihre Toleranzschwelle bei emotional belasteten Streitgesprächen, Missverständnissen und Wutausbrüchen?
- Sollte Ihr/e Partner/in direkter oder passiver sein, wenn Sie wütend aufeinander sind?

Diese fünf Bereiche mit Fragen zur Selbstprüfung sollen Ihnen helfen, zu bestimmen, was Ihnen an einem Partner bzw. einer Partnerin und in einer Liebesbeziehung wirklich wichtig ist. Nach der Lektüre dieser vielen Fragen überlegen Sie noch einmal, wie Ihre nächste Liebesbeziehung für Sie aussehen sollte. In welchem der oben aufgeführten Bereiche finden Sie Ihre wichtigsten Bedürfnisse und Wünsche in einer Liebesbeziehung am besten repräsentiert? Ihre ersehnte Liebesbeziehung wird auf Ihren neuen und erweiterten Einsichten in all diese Facetten Ihres Lebens gründen. Sie müssen nicht ununterbrochen Rendezvous verabreden, um Ihren Liebespartner zu finden; vielmehr müssen Sie sich Ihrer Gefühle, emotionalen Bedürfnisse und Bindungen in der Liebe bewusst werden.

## Was ist Liebe für Sie?

Eine der wichtigsten Fragen, die Sie sich während der Lektüre dieses Buches stellen müssen, lautet: Was ist es vor allem, was Ihnen das Gefühl des Geliebtseins vermittelt? Welche Handlungen Ihres Partners bzw. Ihrer Partnerin geben Ihnen das Gefühl, geliebt zu werden? Können Sie liebevolle Gesten Ihres Partners zulassen? Glauben Sie, Sie verdienen, so geliebt zu werden, wie Sie es brauchen und wollen? Wer in Ihrer Vergangenheit hat Ihnen vorbehaltlose Liebe geschenkt? Je mehr Antworten Sie auf diese Art von Fragen haben, desto stärker kann Ihre neue Liebesbeziehung Ihren neuen Stand der Einsicht und Ihre emotionale Zufriedenheit widerspiegeln. Ihre Antworten sind der Generalschlüssel zur Öffnung Ihrer Liebeszukunft. Ihre tiefere Selbstwahrnehmung ermöglicht Ihnen, Ihre alten emotionalen, mentalen und körperlichen Beziehungshemmnisse und destruktiven Entscheidungen hinter sich zu lassen. Je besser Sie in der Lage sind, sich die Liebeshandlungen und Verhaltensweisen klarzumachen, die Ihnen in einer Liebesbeziehung das Gefühl der Erfüllung geben, desto weniger Frustration, Enttäuschung und Verzweiflung werden Sie erleben.

Fünf Bereiche sind das Fundament aller Liebesbeziehungen. Und welche Prioritäten Sie in den Bereichen setzen, gibt Ihnen wertvolle Auskunft darüber, wie und warum Sie in Ihren Liebesbeziehungen auf eine bestimmte Weise agieren und reagieren.

Die Anerkennung Ihrer unausgesprochenen und ausgesprochenen Wünsche sowie Ihre Sehnsucht nach Zuneigung und Liebe sind der Weg zu einem tieferen und erfüllteren Liebesleben. Je besser Sie Ihre Sehnsüchte, Wünsche und Bedürfnisse kommunizieren und zulassen können, desto mehr Unterstützung, Liebe und Bewunderung werden Sie erfahren. Sie haben ein Recht darauf, dass Ihre eigenen Bedürfnisse nach emotionaler Verbundenheit, Kommunikation und körperlicher Zuneigung verstanden und befriedigt werden. Sie brauchen nicht eigens zu begründen oder sich dafür zu entschuldigen, was Ihnen das Gefühl gibt, geliebt, unterstützt und bewundert zu werden. Sie sind reif, erfahren und selbstbewusst genug, um zu wissen, was für Sie in einer Beziehung funktioniert und was nicht. All diese grundlegenden menschlichen Bedürfnisse nach Liebe und Anerkennung und all die anderen Variablen bilden die Basis Ihrer zukünftigen Liebesbeziehungen. Die Erfüllung dieser natürlichen erwachsenen Bedürfnisse ist der Hauptgrund, warum eheliche und andere Beziehungen so positiv, lust- und energievoll sein können – oder aber auch belastend und leidvoll.

Es gibt keine andere Beziehung in Ihrem Leben, die einen größeren Einfluss auf Sie hat als eine dauerhafte Liebesbeziehung. All ihre vorherigen Beziehungen – mit Kindheitsfreunden, Eltern und Geschwistern, Exfreunden und Exfreundinnen und Kollegen – fließen in das Leben mit Ihrem Liebespartner ein. Wir alle sind genetisch vorbestimmt, solche Beziehungen zu entwickeln, um die Anforderungen des Erwachsenseins bestehen zu können. Die folgende Liste von Fragen soll Ihnen Anregungen geben und dabei helfen, geeignete Partner kennenzulernen, mit ihnen Kontakt aufzunehmen und stabile langfristige Beziehungen zu entwickeln.

- **Was ist das eine, wonach Sie sich emotional in Ihrer Kindheit immer gesehnt haben?** Das kann das Gefühl sein, geliebt und bewundert zu werden, oder verlässliche Aufmerksamkeit oder emotionale Unterstützung. Die Antwort auf diese Frage hilft Ihnen, zu klären, warum Sie bestimmte Liebesbeziehungen eingehen. Mit anderen Worten: Das, was Sie als Kind am meisten wollten, ist wahrscheinlich eines der wichtigsten Dinge, die Sie in Ihrem heutigen Leben suchen.
- **Was ist für Sie das Wichtigste in einer Beziehung?** Dasjenige – sei es eine Handlung, ein Gefühl, eine Grundüberzeugung oder körperliche Geste –, das Ihnen das Gefühl gibt, geliebt, geborgen und mit Ihrem Liebespartner fest verbunden zu sein. Dazu können Vertrauen, Ehrlichkeit und Sicherheit gehören. Was es auch sei, machen Sie es in jedem Fall zu einem Teil Ihrer nächsten Liebesbeziehung.

- **Was ist das eine, das Ihr Herz wieder für eine Liebesbeziehung öffnen könnte?** Sie haben sich bereits entschieden, aus Ihrem Käfig herauszukommen und eine neue Art von Liebesbeziehung in Ihrem Leben einzugehen? Jetzt ist der Zeitpunkt gekommen, das anzuwenden, was Sie über sich selbst gelernt haben, damit Sie wieder großartige Ereignisse erleben, unabhängig von Ihrer vergangenen Beziehungsgeschichte.

- **Wenn Sie sich selbst in einer Beziehung vorstellen, was für ein mentales Bild entsteht da in Ihnen?** Nehmen Sie sich einen Moment Zeit, schließen Sie die Augen und stellen sich vor, wie es wäre, einen Liebespartner bzw. eine Liebespartnerin in Ihrem Lebensalltag zu haben. Was muss sich in Ihrem Leben ändern – gefühlsmäßig, seelisch und geistig –, damit dies Wirklichkeit werden kann? Was sind die automatischen Hemmnisse, Barrieren und Entschuldigungen, die Ihnen den Weg nach vorn verbauen? Ihre Rückkehr in die Welt der Rendezvous und Liebesbeziehungen – mithilfe Ihrer neuen Einsichten, um bessere Beziehungen zu entwickeln – wird den Beweis für Ihre Genesung erbringen.

- **Wie wird der erste Monat Ihrer neuen Beziehung aussehen?** Wie würden Sie am liebsten Kontakt aufnehmen? Wann, wo und wie würden Sie damit beginnen, einen Partner bzw. eine Partnerin kennenzulernen und die Möglichkeiten einer neuen Liebesbeziehung zu erkunden? Wie viel Körperkontakt hätten Sie gerne? Wie viele Telefonanrufe und Treffen? Wie viel gemeinsam verbrachte Zeit? Seien Sie über Ihre Antworten nicht überrascht, denn Sie wissen bereits genau, wie Sie ein neues Beziehungsleben aufbauen wollen.

- **Können Sie statt über Verabredungen über Beziehungen nachdenken?** Ihr Ziel ist es nicht, eine Reihe bedeutungsloser Treffen zu haben, die es natürlich geben kann, sondern stattdessen einen tollen ersten Monat mit einem möglichen

Partner/einer möglichen Partnerin. Vergessen Sie nicht, dass Sie eine Beziehung wollen und keine Drehtür allwöchentlich neuer Verabredungen. Beziehungen brauchen Zeit, um sich zu entwickeln und zu entfalten. Wenn Sie sich verabreden, um denkbare Partner auf ihre Eignung zu überprüfen, dann ist das normal und gut. Wenn jemand sich als unsympathisch herausstellt, dann hat es offenbar keinen Sinn, sich mit ihm oder ihr öfter zu treffen. Wenn Sie jemanden finden, der Sie fasziniert, Ihr Interesse und Ihre ganze Aufmerksamkeit erregt, dann gehen Sie noch einmal die Ideen und Fragen dieses Kapitels durch. Abgesehen von der Möglichkeit, neue Menschen kennenzulernen, sind Verabredungen auch dazu nützlich, unsere Partnerwahl besser zu verstehen. Wir sollten in jedem Fall für Verabredungen, Rendezvous oder Einladungen offen sein und sie nicht ausschlagen oder zu vermeiden suchen. Menschen zu treffen kann aufregend und beschwerlich sein, aber es geht um den Bau der Zukunft und um die Erfüllung emotionaler Bedürfnisse.

- **Was wollen Sie letzten Endes in Ihrer Ehe oder Liebesbeziehung erreichen?** Überlegen Sie, wo Sie in Ihrem Liebesleben in den nächsten 24 Monaten sein wollen? Es ist nützlich, ein Ziel zu haben und zu wissen, wohin Ihre Liebesreise geht. Es ist schwierig, eine enge Beziehung zu entwickeln, wenn man nicht weiß, was man in der Zukunft erreichen will.

## Ihre Prioritätenliste

Bevor Sie einen perfekten Partner bzw. eine perfekte Partnerin finden können, müssen Sie in die Rolle Ihres eigenen besten Freundes oder Ihrer besten Freundin schlüpfen, die Ihre Partnerwahl befürworten können. Je mehr Sie Ihre spezifischen Bedürfnisse nach Liebe, Anerkennung und Unterstützung in Ihre Partnersuche integrieren können, desto glücklicher wird Ihr Liebesleben sein. Es klingt einfach, aber die Umsetzung kann durchaus mühsam sein. Niemand ist vor Frustrationen gefeit, wenn er oder sie sich auf eine Liebesbeziehung einlässt. Ihre Prioritätenliste ist allein Ihr Werk und Ihre Privatsache. Es ist keine erschöpfende Liste, denn wenn Ihnen die vier oder fünf unverhandelbaren Voraussetzungen für eine Beziehung klar sind, wollen wir uns um die weniger wichtigen Fragen kümmern. Notieren Sie Ihre Prioritätenliste auf ein Blatt Papier – fünf Anforderungen, die Sie in einer neuen Liebesbeziehung für absolut notwendig erachten.

Nun schließen Sie das Buch und lesen Sie Ihre Liste in ein paar Tagen noch einmal durch. Beobachten Sie, was in den nächsten vier oder acht Wochen hinsichtlich des anderen Geschlechts in Ihrem Leben geschieht. Ihr Ziel ist, sich nicht selbst im Wege zu stehen. Überwinden Sie Stolpersteine und Hemmnisse, verlassen Sie Ihre alten »Komfortzonen« und lassen Sie Ihr Liebesleben sich entfalten. Vergessen Sie nicht, Ihr Seelenpartner bzw. Ihre Seelenpartnerin ist eine Person, die Sie liebt, bewundert und versteht. Ihre innersten Gefühle und Sehnsüchte sind die wichtigen Informationen, die Sie brauchen, um eine neue Liebesbeziehung aufzubauen.

# 10 EIGENVERANTWORTUNG
## Ihre neuen Möglichkeiten

*Was ein Mensch wert ist, zeigt sich nicht darin, wie er sich in angenehmen und bequemen Situationen verhält, sondern wie er Herausforderungen und Probleme meistert.*
– Martin Luther King Jr.

*Wenn wir uns absichtlich an unseren Verletzungen festhalten, dann füllen wir unser Bewusstsein mit Schmerz, Konflikten und Leid. Wenn wir uns dafür entscheiden, zu verzeihen, dann wird uns augenblicklich leichter, als würde uns eine Zentnerlast abgenommen.*
– Gerald G. Jampolsky, Arzt

## Weiterkommen

Es gibt nur eines, das noch schlimmer ist als eine herzzerreißende Scheidung oder Trennung, und das ist ihre Wiederholung. Viele Menschen – manche davon mehrfach geschieden – kennen den Schmerz zur Genüge, den Scheidungen und Trennungen von Liebesbeziehungen mit sich bringen. Diese Männer und Frauen erwähnen meistens, dass es bei einem oder einer ihrer Verflossenen ganz besonders schwierig war, darüber »hinwegzukommen« und sie in der Vergangenheit zurückzulassen. Die beiden obigen Zitate zeigen uns den Weg zu Genesung und Seelenfrieden. Im nächsten Kapitel Ihres Lebens schlagen Sie die Richtung zu Ablösung und Vergebung ein und schöpfen neuen Mut, Ihr Herz wieder einem geliebten Menschen zu öffnen. Die Verzweif-

lung über Betrug, Enttäuschung, Liebesverlust und Verlassenwerden kann zu lebensverändernden Ereignissen führen (d. h.
Scheidung, Trennung, Absage der Hochzeit oder Verlobung, Probleme mit dem Sorge- und Besuchsrecht für die Kinder). Viele
Menschen türmen ihre unverarbeiteten emotionalen Probleme
und Schmerzen zu einer hohen Mauer auf, die sie nie mehr ein-
reißen können. Es ist lebensnotwendig, über den Liebesschmerz
hinauszukommen, um zu genesen und die Kontrolle über das
eigene Leben zurückzugewinnen. Es gibt im Leben kritische
Momente, in denen man sich entscheiden muss, vorwärts zu gehen und sich der Krise zu stellen oder ihr einfach bloß auszuweichen.

Wenn man sich für das Ausweichen entscheidet, so endet man
immer wieder an der gleichen Kreuzung, wo man eine Lebensent-
scheidung treffen muss. Manche Menschen laufen jahrelang vor
ihren inneren Ängsten und alten Eltern-Kind-Problemen davon,
vermeiden und verbergen sie. Aber wer seinen Problemen aus-
weicht, wird an der nächsten Weggabelung wieder mit demselben
ungelösten Problem konfrontiert. Das Leben legt uns seltsamer-
weise unsere ungelösten Probleme immer wieder vor, bis wir sie
lösen.[1] Stellen Sie sich einmal die Frage: Vor welchen Problemen,
die meinen Ex-Faktor betreffen, drücke ich mich immer wieder?
Lassen Sie sich Zeit, über die Antwort nachzudenken, denn sie
ermöglicht Ihnen einen Blick in Ihre Vergangenheit. *Wenn Sie
diese Probleme in der Gegenwart verarbeiten, dann schaffen Sie neue
Möglichkeiten für die Zukunft.*

Ihre Scheidung oder Trennung und Ihr Kummer sind voll von
Momenten echter Wahrheit und Courage in Ihrem Leben (Ent-
täuschung, emotionale Achterbahnfahrten und das Ende Ihrer
Träume). Es ist eine enorme Aufgabe, sich abzulösen, zu vergeben,
Probleme zu verarbeiten, sich mit einem neuen Liebespartner zu
verbinden, das Leben neu aufzubauen, wieder zu lieben und sich

neu zu erfinden. M. Scott Pecks erfolgreiches Buch *The Road Less Traveled* (1980) fasste als Erstes allgemeinverständlich zusammen, wie wichtig es ist, den schmerzhaften Weg zu beschreiten, auf den wir alle uns begeben müssen, wenn unser Leben »zerbrochen« scheint.[2] Der Pfad, der zu der »wenig befahrenen Straße« führt, besteht aus Ihren vergangenen Seelenschmerzen und Ihrem gegenwärtigen Leid.

**Ihr ganzes Leben – Ihre zukünftigen Möglichkeiten, Familie, Karriere und Ihre Gesundheit, geistig wie körperlich – hängt davon ab, ob Sie sich weiterentwickeln, vergangene negative Erfahrungen hinter sich lassen und dem Neuen entgegengehen.**

Das Neue mag noch beängstigender als das Alte wirken, aber in Wirklichkeit ist es das nicht. Die Angst fühlt sich immer wie ein altes, vertrautes Übel an, doch in Wahrheit ist sie bloß das alte Gesicht Ihrer Verzweiflung. Ihre alten Probleme, die aus unerfüllter Liebe und Wiederholungsmustern, aus Trauer und Frustration bestehen, sind altgewohnt und emotional sehr verführerisch. Die Verführung liegt darin, die alten Muster und Erfahrungen in Ihren Liebesbegegnungen nicht zu hinterfragen. Das ungelöste Geflecht unbefriedigender Liebesbindungen, zäher Ressentiments gegen Ihren Ex, Wut und Schuldzuweisungen wegen Ihrer verkrachten Beziehung sind wiederkehrend Emotionen, die sich sicher anfühlen und Ihr Leben tagtäglich erfüllen.

Aber Vermeidung, fortbestehende Wut und Ressentiments als tägliche emotionale Entscheidung verstärken in Ihnen nur das tiefe Gefühl persönlichen Scheiterns. Der unausgesetzte Selbsthass, die überkritische Selbstverurteilung hindern Sie daran, Liebe empfangen und geben zu können und ein neues Lebenskapitel aufzuschlagen. Aus diesem Labyrinth kommen Sie nur heraus, wenn Sie sich selbst verzeihen.

»Die schönste und liebevollste Beziehung
muss mit Ihnen selbst beginnen!«[3]

Es ist jetzt Zeit, Ihre Enttäuschung, Abneigung und Wut gegenüber sich selbst und Ihrem/r Ex loszulassen. Das obige Zitat fasst die Quintessenz dieses Buchs zusammen: *Die Zukunft Ihres Liebeslebens fängt bei Ihnen selbst an.*


## Selbstverantwortung

Der Weg zur Selbstakzeptanz ist derselbe, der auch zur Selbstvergebung führt. Für beides ist es nötig, dass Sie dem zeitlosen Geheimnis vieler Religionen und philosophischer Lehren auf die Spur kommen: *Selbstverantwortung.*[4] Wenn Sie die Verantwortung für Ihre Rolle übernehmen – Ihre Hälfte der Beziehung, Ihr »verrücktes« Verhalten, Ihre Wut –, so kommen Sie am schnellsten von Ihrem/r Ex los und in Ihrem Leben einen Schritt weiter.

In vielen Städten gibt es an den Straßen sogenannte »Busspuren«. Diese Spur darf nur von Bussen und Taxis befahren werden. In Stoßzeiten ist dies die schnellste Spur; die normalen Autos, die keine anderen Passagiere befördern, stecken im Stau und müssen zusehen, wie der Verkehr auf der Busspur frei fließt. Wechseln Sie auf die »Busspur« des Lebens und laden Sie Selbstakzeptanz und Selbstverantwortung als ständige Begleiter Ihrer Reise ein. Lesen Sie sich folgende Aussagen durch. Mit Ihren lebensverändernden Einsichten können Sie den Schlüssel zu einem neuen Leben finden.

## Die Liste zur Selbstvergebung

- Ich habe mir meine/n Ex freiwillig als Partner/in ausgesucht.
- Ich bin für meine Rolle in der Beziehung vom Anfang bis zum Ende voll verantwortlich.
- Ich habe Dinge gesagt und getan, die zum Ende unserer Liebesbeziehung beigetragen haben.
- Ich akzeptiere meine Fehler, Unzulänglichkeiten und meinen Mangel an Einsicht während der Beziehung.
- Ich bin voll verantwortlich und haftbar für alles, was ich in der Wut gesagt oder getan habe.
- Ich werde mir gegenüber meinem Expartner, meiner Expartnerin oder vor den Kindern keine Wutausbrüche, übermäßigen Spannungen oder anderen erschreckenden Verhaltensweisen mehr erlauben.
- Es spielt keine Rolle, wer in der Ehe im Recht oder im Unrecht war; mein Leben liegt vor mir.
- Perfektionswut und Rechthaberei lenken von meiner eigenen Verantwortung ab und bewirken, dass ich nicht aufhöre, wütend auf meinen Expartner/meine Expartnerin zu sein.
- Ich verzeihe mir und akzeptiere, dass ich mich meinem/meiner Ex gegenüber so gut verhalten habe, wie ich es mit meinen Fähigkeiten, Verletzungen und ungelösten emotionalen Problemen konnte.
- Es ist mir wichtig, dass mein/e Ex in der Zukunft Liebe und Erfüllung findet.
- Es hat keinen Sinn, meinem/meiner Ex die Schuld für das Ende unserer Beziehung in die Schuhe zu schieben. Wir hatten beide unseren Anteil an der Beziehung, ungeachtet des Endes.

## Die Liste zur Selbstakzeptanz

- Ich möchte, dass meine Zukunft anders wird als meine Vergangenheit.
- Es gibt nur eine Meinung über mich, die zählt: meine eigene.
- Ich bin nicht perfekt, ich werde es auch nie sein.
- Das Streben nach Perfektion ist eine Ursache für Selbsthass.
- Eine meiner größten Gaben ist meine Ehrlichkeit und meine Empathie gegenüber anderen Menschen.
- Heute habe ich einen wesentlich tieferen Zugang zur Partnerwahl und zur Liebe als noch vor sechs Monaten.
- Ich kann mir verzeihen, dass meine Beziehung so geendet ist.
- Mein Leben wird immer aus einer Abfolge von Anfängen und Enden bestehen.
- Wenn ich persönlich akzeptiert werde und Erfolg habe, so liegt das daran, dass ich mutig sein kann und anderen Menschen erlaube, sie selbst zu sein.
- Harte Urteile, Kritik und Wut maskieren nur meine Angst, nicht geliebt und akzeptiert zu werden.
- Ich entwickle zunehmend Einsicht, Mitgefühl und die Fähigkeit, zu verzeihen.

## Die Liste zur Eigenverantwortung

- Mein Liebesleben beruht auf meinen freiwilligen Entscheidungen.
- Für eine Beziehung braucht man zwei Menschen, und ich gehöre zum Anfang, zur Mitte und zum Ende unserer Beziehung.
- Ich akzeptiere meine Rolle in meiner Beziehung und mein Verhalten gegenüber meinem/meiner Ex voll und ganz.
- Unsere Beziehung musste zu einem Ende kommen, damit jeder von uns sich weiterentwickeln konnte.

- Die Zeit, die unserer Beziehung zugemessen war, ist vorbei, und diese Beziehung kommt für mich nicht mehr infrage.
- Ich bin glücklich über unsere Kinder. Sie sind für mich und meine/n Ex ein großes Geschenk.
- Für meine ungelösten Probleme, seelischen Schmerzen, Wut und Enttäuschung kann mein/e Ex nichts.
- Meine seelischen Verletzungen und Schmerzen sind älter als meine Beziehung mit meinem/meiner Ex.
- Ich habe beschlossen, den Verlauf meines Liebeslebens zu ändern.
- In der Vergangenheit habe ich aus Wut Dinge gesagt und getan, die für mein heutiges und zukünftiges Leben nicht akzeptabel sind.
- Ich kenne meine emotionalen »Auslöser« und die Probleme, denen ich Kontrolle über mich einräume.
- Unglückliche Entscheidungen und Fehler sollte man als wertvolle Lehren für das Leben betrachten.
- Ich wünsche meinem/meiner Ex von ganzem Herzen alles Gute für seine/ihre Zukunft in Liebesdingen.

## Die Liebe ist voll verantwortlich für ihre Taten

Diese Listen sollen Ihnen helfen, auf jeder Autobahn, die Sie befahren wollen, auf die »Busspur« zu kommen. Es kann eine Weile dauern, bis Sie all diese Aussagen und darüber hinaus Ihre eigene Wahrheit über Ihren bzw. Ihre Ex vollständig akzeptieren und emotional verdauen können, aber Ihr persönliches Wachstum steht und fällt mit Ihrer Fähigkeit, sich selbst und Ihren Ex von Ihrer Wut und Ihren Ressentiments zu entbinden. Kümmern Sie sich nicht um die Wutprobleme und immer noch vorhandenen Ressentiments Ihres Ex Ihnen gegenüber. (Natürlich beziehe ich mich hier nicht auf Extremfälle von Gewalt – Sie müssen immer Ihrem gesunden Urteil vertrauen.) Es ist unwichtig, ob Ihre Ex Ihnen jemals die gleiche Liebenswürdigkeit und Vergebung schenkt. *Ihr Genesungsprozess hat nur mit Ihnen selber zu tun, nicht mit Ihrem Ex.* Verschwenden Sie Ihre Energie nicht länger auf Ihren Ex und die Frage, ob er einsieht, dass er ebenfalls eine Rolle bei der Trennung gespielt hat.

Ihr Genesungsprozess hat zum Ziel, dass es Ihnen gelingt, Ihr eigenes Leben wieder in die Hand zu nehmen und neu aufzubauen. Wenn es Ihnen hilft, eigene Aussagen über Selbstverantwortung, Selbstakzeptanz und Selbstvergebung aufzuschreiben, dann tun Sie es. Egal, wie Sie sich fühlen oder was Sie allen Leuten über Ihre Ehe mitteilen wollen – die Ungerechtigkeiten, das widerwärtige Verhalten Ihres Expartners –, das alles spielt keine Rolle. Der Kampf ist vorbei, Sie müssen nichts mehr beweisen und Sie benötigen auch nichts von Ihrem Expartner. Wie berechtigt auch immer Ihre Vorwürfe wegen der Misshandlungen und der mangelnden Sensibilität Ihres Ex sein mögen – es läuft alles darauf hinaus, dass Sie zwei Menschen vergeben müssen: *sich selbst und Ihrem Ex.*

Viele Menschen finden Letzteres einfacher als Ersteres. Ich möchte Sie von Herzen ermutigen, beides zu tun und niemals an Ihrer Liebesfähigkeit zu zweifeln. Ihr Leben wird unmittelbar profitieren, wenn Sie sich fest vornehmen, zu vergeben und zu versuchen, zwischen sich und Ihrem Ex Frieden herzustellen. Selbst wenn Ihr Ex sich Ihnen gegenüber weiterhin schlecht benimmt, müssen Sie dennoch die emotionale Kraft und den Selbstrespekt aufbringen, das alles hinter sich zu lassen.

Ich will nicht verschweigen, dass das feste Vorhaben, Wut, Ressentiments und Bitterkeit zu überwinden und zu vergeben, ein eher seltener Prozess ist. Wer aber versucht, mit einem verzeihenden Herzen vorwärtszugehen, wird immer dafür belohnt und mit großer Wahrscheinlichkeit in seinem weiteren Liebesleben erfolgreich sein. Die eigene Wut und Selbstgefälligkeit abzulegen ist ein sehr schwieriges Unterfangen. Tragischerweise lassen viele wohlmeinende Menschen es zu, dass diese negativen Emotionen ihre zukünftigen Beziehungen und in manchen Fällen sogar ihr gesamtes Leben bestimmen. Doch wenn Sie nicht fest vorhätten, zu genesen und die Richtung Ihres Lebenswegs zu ändern, würden Sie dieses Buch nicht lesen. Jetzt ist die Zeit gekommen, etwas zu ändern.

## Vergebung und Ablösung ermöglichen Veränderungen und eine Steigerung Ihrer Liebesfähigkeit

### *Vor Ihnen liegen Veränderungen*

Welche Liebeserfahrungen Sie in der Zukunft machen werden, hängt von Ihnen selbst ab. Sie bestimmen auch darüber, welche Liebespartner in Ihr Leben treten. Es wäre weise und würde auch allen Beteiligten zugutekommen, wenn Sie Ihren Expartner nicht auf die nächste Etappe Ihrer Lebensreise mitnähmen. Es klingt vielleicht lächerlich, aber die meisten Erwachsenen schleppen ihren Ex noch lange nach ihrer Scheidung oder Trennung mit sich herum. Man hat aber wie im Flugzeug nur beschränkte Gepäckmitnahmemöglichkeiten und Sie haben keinen Platz mehr für Ballast.

Wenn Sie das nächste Lebenskapitel aufschlagen, werden Sie höchstwahrscheinlich mit einigen wichtigen Problemen und Herausforderungen konfrontiert werden, die Sie lösen müssen.

- Der ersten Herausforderung haben Sie sich bereits gestellt: Sie haben Ihrem Partner oder ihrer Partnerin verziehen und sich von ihm oder ihr gelöst. Wenn Kinder im Spiel sind, dauert dieser Prozess lange an.
- Zum Zweiten sind Sie und Ihre Kinder ein Paket. Von Ihren Kindern können Sie sich nicht scheiden lassen – Mutter oder Vater ist man lebenslänglich. Wenn Sie einen neuen Partner/eine neue Partnerin wählen, müssen Sie vor allem die Interessen der Kinder im Auge haben.
- Drittens könnte Ihr/e Ex vielleicht jemanden kennenlernen, der Kinder hat, oder Sie könnten Ihre Kinder in die neue Beziehung mitbringen. Wenn Ihre Kinder nicht bei Ihnen sind, halten sie sich bei dem anderen Elternteil auf, der möglicherweise mit jemandem zusammenlebt, der eigene Kinder hat, sodass ein anderer Mann oder eine andere Frau ebenfalls erzieherisch auf Ihre Kinder einwirkt.
- Viertens könnte Ihre neue Beziehung mit Kindern gesegnet sein. Wollen Sie noch mehr Kinder?
- Fünftens hat Ihr neuer Lebenspartner/Ihre neue Lebenspartnerin vielleicht Kinder aus einer früheren Ehe, die nun Ihre Stiefkinder werden.

Die Veränderungen, die eine neue Ehe, Stiefkinder und all die möglichen familiären Konstellationen mit sich bringen, verlangen, dass Sie sich größte Mühe geben, Ihrem Ex gegenüber emotional neutral zu bleiben. Sie sind auf seine Kooperation oder zumindest Nichteinmischung in Ihr neues Leben angewiesen. Ihr Leben liegt vor, nicht hinter Ihnen, also schauen Sie nach vorne!

Die oben geäußerten Gedanken betreffen einige Ihrer Aufgaben und Verantwortungsbereiche in Ihrem nächsten Lebenskapitel. Je besser Sie jede Herausforderung verstehen, desto schmerzloser und undramatischer wird Ihr Leben verlaufen. Wenn Sie Ihren Ex hassen und/oder mit Ihren Kindern darüber reden, wie »schrecklich« ihre Mutter oder ihr Vater ist, macht das die Dinge für alle Beteiligten nur schlimmer – vor allem für Sie selbst. Genauso fatal ist es, vor Ihren Kindern schlecht über die Exfreundin oder den Exfreund Ihres neuen Partners zu sprechen. Dies ist eine Garantie für endlose Konflikte und Spannungen. Im weiteren Verlauf des Kapitels werden wir einige nützliche Verhaltensregeln für Eltern, Stiefeltern, Kinder, Stiefkinder, Schwiegerfamilien, neue Familienmitglieder und für Sie besprechen.

## Patchworkfamilien – Fallbeispiele

Für die Relevanz dieses Absatzes spielt es keine Rolle, ob Sie bereits Kinder haben oder nicht, denn es besteht eine 85-prozentige Chance, dass Sie in Ihrer nächsten Beziehung mit Kindern konfrontiert werden.[5] Bislang haben wir darüber gesprochen, wie man einen Lebenspartner findet, der zu der neuen emotionalen Entwicklungsstufe passt. Jetzt ist der Moment gekommen, sich mit der nächsten Herausforderung in Ihrem Leben auseinanderzusetzen. In der näheren Zukunft werden Sie Ihren engen Familienkreis aufbauen und erweitern und ihm neue Mitglieder zuführen. Diese neuen Mitglieder können Stiefkinder, neue eigene Kinder, angeheiratete Verwandte, Cousins, Geschwister und langjährige Familienfreunde sein. Ihr Familienkreis kann sich nur erweitern, wenn Sie in Ihrer zukünftigen Beziehung die Einsicht und Flexibilität entwickeln, mit dem Phänomen umzugehen, das für unsere Gegenwart spezifisch ist: der Patchworkfamilie.

Eine wesentliche Motivation, dieses Buch zu schreiben, waren für mich die zahlreichen Probleme, die aus der völlig neuen Lernkurve resultieren, die eine Patchworkfamilie mit sich bringt. Es handelt sich dabei um einen sehr heiklen Prozess, an dem nahezu jede Person Ihres gegenwärtigen und vergangenen Lebens beteiligt ist. Bevor wir darüber diskutieren, wer mit wem im neuen

**288**

Haus das Zimmer teilt, wollen wir die Wiederverheiratung besprechen. Der erste Eindruck, den Ihr neuer Partner bei Ihren Kindern hinterlässt, spielt eine große Rolle, inwieweit er oder sie von Ihren Kindern und der übrigen Familie akzeptiert wird.

## The Daniely Bunch – Die Wiederverheiratung

Wenn ich als Teenager *The Daniely Bunch* (US-amerikanische Familienserie aus den 1970er-Jahren, lief im deutschen Fernsehen unter dem Titel »Drei Mädchen und drei Jungen« bzw. »Die Danielys«; Anm. d. Übers.) schaute, fragte ich mich immer, wo die anderen Eltern waren. Ich war genauso alt wie Marcia Daniely und sah in ihr immer eine interessante und attraktive mögliche Stiefschwester. Etwa 35 Jahre später erklärten meine eigenen Kinder mir eines Tages auf dem Schulweg, dass die anderen Eltern in der Serie nie vorkamen, weil sowohl Mike als auch Rebecca Daniely verwitwet waren. Es ist eine sehr bequeme Methode, zwei vorhandene Familien zu verbinden, indem sich die Expartner in Luft auflösen, aber es ist ein recht unrealistischer Wunsch, der die Schwierigkeiten bei der Verbindung zweier Familien verdrängt. Mancher würde es vielleicht vorziehen, wenn der oder die Ex aus der Zukunft verschwände, aber das ist zum einen nicht sehr wahrscheinlich und zum anderen auch nicht gut für Sie und Ihre Kinder. Wenn Ihr Ex tatsächlich verschwände, würde das für Ihre Kinder ganz andere Probleme schaffen, sodass dieses Denkmodell nicht zu empfehlen ist.

Meine Klienten fragen mich häufig: *Wie macht man das, wieder zu heiraten und die Familien zusammenzuführen?* Wir wollen die Antwort in zwei Teile gliedern. Zunächst die Wiederverheiratung und dann die Familienzusammenführung. Das Gelingen der Letzteren hängt von dem Umgang mit Ersterer ab. In der heutigen Gesellschaft bedeutet eine Wiederverheiratung beinahe immer das Entstehen einer Patchworkfamilie. Die Zahlen aus dem ersten Kapitel belegen dies. 70 Prozent aller Familien sind in irgendeiner Form Patchworkfamilien. Erstehen und all die Kombinationsmöglichkeiten, Kinder zu haben (eheliche Kinder, unverheiratete Paare mit Kindern, Alleinerziehende), sowie Ehen, in denen ein Partner geschieden und der andere zum ersten Mal verheiratet ist, sind heute durchaus üblich, existierten aber vor 35 Jahren nur selten. Patchworkfamilien sind heute eher die Norm als die Ausnahme des Familienlebens. Einen neuen Partner kennenzulernen, sich zu verlieben und mit ihm eine neue Zukunft aufzubauen ist ein aufregender Prozess. Wenn Sie dann allerdings die verschiedenen Teile Ihres Lebens mit Ihrem neuen Partner zusammenbringen, können Konflikte, Spannungen und Missverständnisse auftreten und die Sache ins Wanken bringen. Selbst wenn Sie keine eigenen Kinder haben, liegt die Wahrscheinlichkeit bei 50 Prozent, dass Ihr neuer Partner welche hat, und daher ist es wichtig, alle damit verbundenen Probleme zu verstehen.

## Die neuen Partner

### Ihr neuer Partner

Wir wollen uns einmal die üblichsten Fehler anschauen, die Eltern machen, wenn sie den neuen Partner bzw. die neue Partnerin ihren Kindern vorstellen. Der berüchtigte Glaube *»Meine Kinder werden begeistert von dir sein«* ist ein guter Einstieg in unsere Diskussion. Diese Aussage kann völlig richtig, völlig falsch oder etwas dazwischen sein. Tatsache ist, dass Ihre Kinder vermutlich eine eigene Meinung über Ihre Scheidung, Ihr Leben danach und Ihr neues Liebesleben haben – lassen Sie sich nicht täuschen: Ihre Kinder, gleichgültig wie alt sie sind, werden stark auf die Situation reagieren. Machen Sie sich keine Illusionen, Ihre Kinder hätten weder Meinungen noch Gedanken oder Gefühle hinsichtlich Ihrer neuen Partnerwahl. Ihre Kinder wollen keine Ersatzmutter und keinen Ersatzvater; sie haben bereits zwei Eltern. Nur der geschiedene Elternteil möchte eine neue Mutter oder einen neuen Vater für die Kinder. Wenn Sie erwarten, dass Ihre Kinder, egal welchen Alters, Ihren neuen Partner bzw. Ihre neue Partnerin lieben oder ihr bzw. ihm um den Hals fallen, dann haben Sie Ihre Scheidung noch nicht verarbeitet. Wie gut die Scheidung vonstattenging, lässt mit großer Sicherheit eine Voraussage zu, wie gut der Prozess des Kennenlernens und der Akzeptanz ablaufen wird.

Sie dürfen nicht vergessen, wie wichtig es für Ihre Kinder ist, dass Sie an ihrem Leben teilnehmen. Vielleicht ist Ihnen das bislang entgangen, weil es Streit um das Sorgerecht gab oder Ihr/e Ex die Kinder gegen Sie aufgehetzt hat. *Die primäre Sorge bei jeder Wiederverheiratung und jedem anderen Lebens- und Liebesarrangement ist die Möglichkeit, dass sich die Kinder aus vorherigen Beziehungen verdrängt und übergangen fühlen.* Die Angst, Mutter oder Vater zu verlieren, spielt bei kleinen Kindern eine große Rolle, und selbst bei Teenagern und erwachsenen Kindern tritt sie noch auf. Die Gefühle Ihrer Kinder Ihrem Liebesleben und Ihrer Partnerwahl gegenüber werden mit zunehmendem Alter keineswegs weniger intensiv. Man muss das Sorge- oder Besuchsrecht noch einmal bestätigen und verstärken, und die Kinder müssen in diesbezügliche Diskussionen einbezogen werden. Sie müssen sicher sein können, dass sie ihren angestammten Platz auch in Ihrem Leben mit einem neuen Partner, einer neuen Partnerin behalten. Eine unausgesprochene Bedrohung ist bei jeder Wiederverheiratung für die Kinder vorhanden: die Angst, Sie emotional und auch physisch zu verlieren (weniger Zeit mit Ihnen), wenn Sie eine neue Familie haben. Ihre Kinder haben Angst, nur noch im Kielwasser

Ihres Lebens mitzuschwimmen. Sogar wenn sie bei Ihnen leben, ist diese Furcht bis zu einem gewissen Grad *immer* vorhanden.

Wir könnten nun bestimmte Schritte diskutieren, die man unternehmen kann, um den neuen Partner bzw. die neue Partnerin und die Kinder zusammenzubringen, aber entscheidend ist der emotionale Prozess. Es ist von größter Wichtigkeit, die Psychologie der Wiederverheiratung (den Ex-Faktor) und die Kinder zu verstehen. Wenn man nichts zu erzwingen sucht und von den Kindern nicht verlangt, dass sie genauso begeistert sind, wie man selber, dann wird das die Umstellung erleichtern. Es kann sein, dass Ihre Kinder Ihren neuen Partner oder Ihre neue Partnerin mögen, vielleicht halten sie ihn auch für einen Hornochsen oder eine blöde Kuh. *Es spielt keine Rolle, wie Ihre Kinder reagieren; wichtig ist nur, wie Sie mit ihren Reaktionen umgehen.* Alles, was Sie tun, planen und wünschen, muss von Geduld und elterlichem Verständnis dafür geprägt sein, dass die Kinder erst einmal verstehen müssen, dass ihre Familie sich erweitert. Es gibt keine Vorschriften und Empfehlungen, wann, wie und ob Ihre Kinder eine neue Flamme von Ihnen kennenlernen sollen. Ihre Hauptaufgabe ist es, die emotionale Verbindung zu Ihren Kindern aufrechtzuerhalten, während irgendwelche Veränderungen stattfinden. Sie dürfen auf keinen Fall unterschätzen, was für einen gewaltigen Einfluss Ihr neuer Partner auf das bestehende familiäre Gleichgewicht haben wird.

Es gibt ein paar Vorschläge, die Ihnen helfen können, Konflikte klein zu halten, Spannungen zu lindern und den Kindern und dem neuen Ehepartner zu helfen, diesen neuen Lebensabschnitt gemeinsam zu meistern. Sie können eine Stütze sein, wenn Sie Ihr Leben neu aufbauen und ein neues Kapitel aufschlagen. Vor allem dürfen Sie nie vergessen, dass Ihre Kinder immer etwas mit Ihnen zu tun haben werden und einfach Teil Ihrer Zukunft sind. Manchmal geraten bei all der Aufregung über die neue Familie, die Hochzeit, das neue Haus und alles andere, was mit diesem

Prozess zusammenhängt, die Geduld und das Verständnis für die Kinder und dafür, wie hart diese Veränderungen für sie sind, zu sehr aus dem Blick.

- Ihre Kinder brauchen die Sicherheit, dass sie immer einen wichtigen Platz in Ihrem Leben einnehmen werden und Ihnen unvermindert wichtig sind. Das bedeutet mehr als die Einrichtung eines Kinderzimmers, auch wenn das nicht gerade schadet. Es hat mit emotionaler Bindung und bewusster Zuwendung zu tun, mit denen Sie sie durch die großen Veränderungen begleiten, die zuerst die Scheidung und dann die neue Beziehung mit sich bringen.

- Egal, ob die Eltern zusammenleben oder getrennt sind, Kinder machen sich auf einer unbewussten Ebene immer Sorgen, sie könnten Mutter oder Vater verlieren. Diese Furcht wird besonders mächtig, wenn sich bei einem Elternteil eine neue Liebe entwickelt. Sie können durch Ihre Aufmerksamkeit und Zuwendung die Verlust- und Verlassensangst deutlich vermindern. Wenn Sie sich aus dem Leben Ihrer Kinder zurückgezogen hatten, so ist es noch nicht zu spät, sich wieder zu engagieren.

- Gestehen Sie Ihren Kindern eine eigene Reaktion und eine eigene Meinung über die neue Ehe und die Patchworkfamilie zu. Wie Sie reagieren, spielt eine größere Rolle als die Ablehnung oder Annahme der neuen Familie durch Ihre Kinder. Wenn die Kinder sich weigern, die Veränderungen zu akzeptieren, dann hat das meistens damit zu tun, dass sie einen »sicheren« Platz bei Ihnen suchen.

- Grenzen, Grenzen, Grenzen! Wir wollen gleich einmal die Frage beantworten, ob Sie emotionale, psychische und körperliche Grenzen entwickeln, behaupten und erhalten sollen: Ja. Wenn Sie wissen, wo Sie bei Ihren Kindern anfangen und aufhören, können diese eine größere Sicherheit und Geborgenheit entwickeln. Es gibt zwischen Ihnen und Ihren Kindern Themen, die vertraulich bleiben müssen. Auch Sie und Ihr neuer Partner brauchen Grenzen gegenüber den Kindern. Schließlich muss die Rolle des/der Ex in der neuen Familie eindeutig definiert werden.

Lieben heißt tätig sein.

Tätige Liebe produziert Glück.

Angst beim Tun produziert Leid.[6]

## Der neue Partner Ihres/Ihrer Ex

Wenn Ihr/e Ex wieder heiratet, kann dies alle verdrängten und ungelösten Probleme zwischen Ihnen beiden wieder zum Vorschein bringen. Es macht Ihnen noch einmal richtig klar, dass die Beziehung endgültig vorbei ist. Den Platz, den Sie früher einnahmen, hat jetzt jemand anderes inne. Selbst wenn Sie die neue Ehe Ihres/Ihrer Ex begrüßen und feiern, ändert sie doch das bestehende Gleichgewicht Ihrer Familie.

Eine weitere schwere Belastung ist die Erkenntnis, dass jetzt noch jemand anderer neben Ihnen einen beträchtlichen Einfluss auf Ihre Kinder ausüben wird. Das wird für viele getrennte Paare zum Problem. Welche Person Ihr/e Ex kennenlernt und heiratet, entzieht sich vollständig Ihrer Kontrolle und auch der Ihrer Kinder. Ihre Kinder werden unterschiedlichen Erziehungsstilen ausgesetzt und sollen auch zu einem gewissen Grad eine Bindung zum neuen Partner bzw. zur neuen Partnerin aufbauen. *Sie dürfen sich unter gar keinen Umständen kritisch oder übermäßig negativ über den neuen Partner Ihres/Ihrer Ex äußern.* Ihren Kindern geht es bedeutend besser, wenn Sie gegenüber den Veränderungen im Leben Ihres/Ihrer Ex eine möglichst neutrale Position einnehmen. Es ist wichtig, dass Sie ungeachtet aller persönlicher Vorbehalte, Gedanken und Gefühle die Rolle des positiven, unterstützenden Elternteils beibehalten. Es ist immer eine kluge, vorausschauende Entscheidung, seine Meinung für sich zu behalten. Ihre Kinder werden eine eigene Meinung zu dem neuen Partner oder der neuen Partnerin haben, ebenso, wie sie sich zu den neuen Menschen in Ihrem Leben ihre eigenen Gedanken machen. In Ihrer aller Leben wird sich etwas verändern. Lassen Sie Ihr Leben nicht von

Wut und Enttäuschung bestimmen, die Sie nur daran hindern, das Schiff Ihrer Familie sicher zu steuern.

## Die neue Familie

### Lauras Geschichte

Ich lernte Laura auf einer Schulveranstaltung kennen, an der unsere Kinder teilnahmen. Laura ist 39 Jahre alt, verheiratet und hat zwei Kinder von sieben und elf Jahren. Da sie wusste, dass ich dieses Buch schrieb, erzählte sie mir die Geschichte, wie sie als Dreizehnjährige ihren Stiefvater kennengelernt hatte.

*Ich konnte ihn auf Anhieb nicht leiden. Ich sprach vier Jahre lang kein Wort mit ihm. Ich pflegte meine Mutter in seiner Gegenwart zu fragen, ob sie nicht einen reicheren, klügeren Mann hätte heiraten können. Ich tat einfach so, als sei er gar nicht vorhanden. Ich war furchtbar zu William. Er redete auch nicht mit mir. Mein Benehmen hatte überhaupt nichts mit meinem Stiefvater zu tun. Meine Mutter hätte jeden heiraten können, ich hätte ihm das Leben schwer gemacht. Heute, 25 Jahre später, ist meine Mutter immer noch mit William verheiratet, und er ist wirklich ein netter Mann. Aber ich habe zehn Jahre gebraucht, um ihn endlich zu akzeptieren und zu mögen. Ich habe mich mächtig ins Zeug gelegt, um ihm das Leben zur Hölle zu machen. Erst nach dem College ließ ich ihn in Ruhe. Ich lernte William als Sechstklässlerin kennen, und ich war überzeugt, ich könnte sein Leben ruinieren. Es ist eigentlich erstaunlich, dass wir diese ersten zehn Jahre in der Familie überlebt haben. Ich erklärte meiner Mutter immer wieder, mein Vater sei ein viel besserer Mann als William, und ich sorgte dafür, dass er mich hören konnte. Mir tun alle Kinder mit Stiefeltern leid. Und mir tun auch die Stiefeltern leid. William hat nie etwas falsch gemacht, außer dass er in meinem Teenagerleben vorhanden war.*

## Michaels Geschichte

Michael, 36, ist Filmregisseur. Er war noch nie verheiratet, hatte aber mehrere Beziehungen hinter sich. Nach eigenem Eingeständnis fällt es ihm sehr schwer, die Verachtung, die er seiner Stiefmutter gegenüber empfindet, von seinem Verhältnis gegenüber seinen Freundinnen zu trennen. Nahe Verhältnisse zu Frauen bringen all die unverarbeiteten Probleme mit seiner Stiefmutter ans Tageslicht. Seine leibliche Mutter verschwand aus seinem Leben, als er zehn Jahre alt war. In der Scheidung bekam sein Vater das alleinige Sorgerecht zugesprochen. Seine Mutter zog von Kalifornien nach New York, und er sah sie erst wieder, nachdem er seinen Collegeabschluss gemacht hatte. Michael berichtete mir:

*Mein Vater verheiratete sich wieder, als ich dreizehn war. Das Ganze war ein Albtraum. Meine Mutter, die liebste Frau, der ich je begegnet bin, verließ nach der Scheidung Kalifornien, und ich sah sie zwölf Jahre lang überhaupt nicht. Mein Vater erlaubte mir nicht, sie zu sehen. Das tat er wegen meiner grässlichen Stiefmutter. Wirklich wahr, meine Stiefmutter war ein Teufel von Frau. Ich verbrachte die nächsten fünf Jahre meines Lebens – bis ich ins College kam – damit, Kathy (meine Stiefmutter) zu quälen. Ich bezeichnete sie als unser Dienstmädchen, unsere Haushälterin, als Hure meines Vaters, als geldgierige Schlampe. Ich kannte kein Erbarmen, weil sie mir gleich beim ersten Kennenlernen erklärt hatte, sie sei jetzt meine neue Mutter und ich hätte ihr zu gehorchen. Ich sagte, ich hätte bereits eine Mutter; sie sagte: »Nein, die ist ja weg.« Ich habe diese Ziege auf Anhieb gehasst. Inzwischen tut mir mein Vater leid. Er hat immerzu versucht, den Frieden zu bewahren. Das hat nicht funktioniert, weil ich meine Stiefmutter immer zur Weißglut trieb, bis sie explodierte. Ich hatte es ziemlich gut raus, wie ich den Haussegen torpedieren konnte. Einmal habe ich im Garten einen Tennisschläger nach ihr geworfen und sie getroffen. Sie wurde bewusstlos. Mein Vater erfuhr nie, was wirklich vorgefallen war. Alle dachten, sie sei einfach nur gestürzt. Heute reden Kathy und ich so gut wie gar nicht miteinander. Meine Gefühle aus der Highschoolzeit sind nie verschwunden. Ich kann sie immer noch nicht leiden und sie mich ebenso wenig. Es ist eine Schande. Mein Vater versucht immer noch, den Konflikt zu überbrücken, aber es hat keinen Zweck. An Feiertagen besuche ich meinen Vater, und meine Mutter sehe ich inzwischen auch regelmäßig. Wir haben unglaublich viel Energie darauf verwendet, zu streiten.*

Diese beiden Geschichten illustrieren ein Thema, das oft in Patchworkfamilien auftritt: das Setzen von Grenzen. Die Hauptverantwortung für das Zusammenwachsen der neuen Familie liegt beim leiblichen Elternteil und dem neuen Partner bzw. der neuen Partnerin. Sie müssen die bestehende Eltern-Kind-Beziehung respektieren. Anders gesagt, muss der neue Partner oder die neue Partnerin lernen zu respektieren, dass die leiblichen Eltern die wichtigste und eine bereits lang andauernde Beziehung zu den Kindern haben. William nahm Lauras provozierendes Verhalten nicht persönlich. Vielmehr setzte er alles daran, Konflikte mit ihr zu vermeiden. Sein Verhalten ermöglichte ihr, die Scheidung ihrer Eltern und die neue Ehe ihrer Mutter schließlich zu akzeptieren.

Laura und Michael wollten beide die Beziehung zu dem Elternteil, bei dem sie in der Hauptsache lebten, nicht verlieren. Laura hatte eigentlich gar nichts gegen ihren Stiefvater, sie war wütend auf ihre Mutter, die ihn ihr aufgezwungen hatte. Michael hatte dasselbe Problem, weil sein Vater ihm verbot, mit seiner leiblichen Mutter zu reden, und es zuließ, dass Kathy sich mitten in einer leidvollen Scheidung in die Familie drängte. Michael, damals noch nicht in der Pubertät, trauerte um die Beziehung zu seiner richtigen Mutter. Aus heiterem Himmel erklärte ihm eine Fremde namens Kathy, sie sei jetzt die neue Mutter in seinem Leben. Patchworksituationen wie diese kommen häufig vor, vergiften die Atmosphäre und lassen sich leicht vermeiden.

Die Entwicklung der Beziehungen zwischen Laura und William beziehungsweise Michael und Kathy zeigt, wie zurückhaltend und vorsichtig der leibliche Elternteil sich gegenüber dem Kind und dem neuen Partner bzw. der neuen Partnerin verhalten muss. Dass Kathy darauf bestand, Michaels Mutter zu ersetzen, war ein schlimmer Fehler, der noch 25 Jahre später seine schädlichen Auswirkungen spüren ließ. Dass sein Vater eine ungerechte und ungerechtfertigte Grenze setzte, indem er jeglichen Kontakt zwischen Michael und seiner Mutter unterband, machte die ohnehin spannungsvolle Situation nur noch schlimmer. Im Gegensatz dazu haben Laura und William heute eine sichere, von gegenseitigem Respekt getragene Beziehung. Die frühere Spannung ist zu etwas Verbindendem geworden. William wartete gelassen ab, bis Laura sich beruhigte und ihn schließlich akzeptierte. William hielt Lauras Mutter aus der Beziehung zu seiner Stieftochter heraus, was ein sehr kluger Schachzug war.

## Verhaltensregeln für Patchworkfamilien

Es ist Zeitverschwendung, mit großem Aufwand zu versuchen, die Kinder, die ein Partner mit in die Ehe bringt, sich gewogen zu stimmen. Kinder, Teenager und auch erwachsene Söhne und Töchter sind wie Katzen. Wenn man einfach abwartet, bis sie kommen, dann tun sie das auch, und zwar dann, wenn *sie* es wollen. Wenn man seinen Kindern gestattet, sich aus eigenem Antrieb auf die erweiterte Familie einzulassen und sie emotional zu akzeptieren, dann funktioniert das Ganze viel besser. *Sie können Ihre Kinder nicht zwingen, sich über die Veränderungen in Ihrem Leben zu freuen. Lassen Sie den Dingen ihren natürlichen Lauf.* Der Aufbau einer liebevollen Beziehung und einer neuen Familie verlangt von Ihrem neuen Partner oder Ihrer neuen Partnerin Geduld und

Vertrauen. Wenn die beteiligten Erwachsenen es gut und ehrlich meinen, werden die betroffenen Kinder schließlich auch ihre erweiterte Familie lieb gewinnen, aber man darf nie vergessen, dass dies Zeit braucht. Die unten stehende Liste von Dingen, die man tun oder lassen muss, wird Ihnen helfen, selbst zu wachsen und eine Familie aufzubauen, wie Sie sie schon immer für sich und Ihre Kinder haben wollten. Setzen Sie niemanden unter Druck, weder zeitlich noch mit Sollvorschriften. Es gibt keine Regeln, wie Ihre Kinder oder Stiefkinder sich in die neue Patchworkfamilie einzugliedern haben. Gehen Sie voran und warten Sie, bis Ihre Kinder nachkommen. Sie werden es schließlich tun.

- Kritteln Sie nicht am neuen Partner bzw. an der neuen Partnerin Ihres/Ihrer Ex herum. Ihre Kinder spüren auch unausgesprochene Gefühle und Urteile. Sie müssen nicht nur aufpassen, was Sie zu Ihren Kindern über den/die neue/n Partner/in sagen, sondern auch, was Sie fühlen. Häufig kommunizieren wir unsere Ablehnung nonverbal.
- Nehmen Sie sich regelmäßig Zeit, Ihre Kinder zu fragen, wie sie Ihrem neuen Partner bzw. Ihrer neuen Partnerin, Ihrer neuen Familie und Kindern gegenüber empfinden. Auch wenn Ihr Kind zu Anfang Wut oder Frustration äußert, können sich diese Gefühle im Lauf der Zeit ändern.
- Rechnen Sie bei der Verbindung zweier Familien mit Schwierigkeiten. Alle Familien haben ihre Probleme. Es ist wichtig, geduldig zu bleiben, wenn die Familie eine schwierige Phase durchmacht.
- Äußern Sie nie etwas Negatives über die Familie Ihres neuen Partners/Ihrer neuen Partnerin— weder gegenüber dessen/deren noch gegenüber Ihren eigenen Kindern. Sie müssen gegenüber allen Mitgliedern Ihrer neuen und alten Familie eine neutrale Position wahren.
- Vermeiden Sie unbedingt Konfrontationen mit Ihrem/r Ex vor Ihrer neuen Familie und Ihren neuen Kindern.

- Ihre Kinder brauchen Ihre Teilnahme an ihrem Leben. Wie Sie das hinbekommen, müssen Sie selbst herausfinden.
- Ihre Stiefkinder brauchen von Ihnen Unterstützung und Verständnis für ihre Schwierigkeiten mit der neuen Beziehung.
- Schwingen Sie sich nicht zur Erziehungsperson Ihrer Stiefkinder auf. Unterstützen Sie Ihren Partner/Ihre Partnerin bei der Erziehung. Es ist natürlich gleichermaßen wichtig, sich nicht von den neuen Kindern zum »Fußabstreifer« machen zu lassen. Diese Eltern-Kind-Themen müssen Sie mit Ihrem neuen Partner/Ihrer neuen Partnerin klären.
- Wenn Sie sich über Ihre Rolle nicht im Klaren sind, dann gehen Sie auf die Personen zu, statt nur zu reagieren.
- Ihre Kinder leben im Gegensatz zu Ihnen in zwei Familien. Vergessen Sie nicht, wie mühsam das ist. Zwischen zwei Wohnungen hin- und herzuziehen, ist nie einfach, egal, wie nah sie zusammenliegen.
- Vergessen Sie nicht, dass die Hälfte jedes Ihrer Kinder von Ihrem/r Ex stammt.
- Von Ihren Kindern können Sie sich nicht scheiden lassen. Umgekehrt gilt das Gleiche. Kinder können sich auch nicht von ihren Eltern scheiden lassen. Sie bleiben lebenslänglich eine Familie.
- Manchmal kann es ein großes Zeichen von Liebe sein, Nein zu sagen.
- Sie können nicht gleichzeitig Mutter bzw. Vater und bester Freund Ihrer Kinder sein.
- »Stiefeltern« oder »Stiefkind« sind rechtliche Begriffe, keine emotionalen oder familientauglichen Vokabeln.
- Haben Sie Geduld, wenn Sie zwei bestehende Familien zusammenführen.
- Sie können Ihre Stiefkinder nicht zwingen, Sie zu mögen. Seien Sie authentisch und gerecht, dann werden sie Sie eines Tages zu schätzen lernen.
- Sprechen Sie mit Ihrem/r Ehepartner/in immer darüber, was jeder von Ihnen von der neuen Familie erwartet und wünscht. Unerfüllte oder unrealistische Erwartungen können sich zu Konfliktherden zwischen allen Familienmitgliedern auswachsen.

## Zusammenfassung

Dieses Buch soll Ihnen zeigen, wie wichtig es ist, sich weiterzuentwickeln und das »Kriegsbeil« zu begraben. Einen neuen Partner oder eine neue Partnerin kennenzulernen und eine neue Familie aufzubauen ist eine wertvolle, bedeutsame und heilende Erfahrung. All die Diskussionen, Wachstumsmöglichkeiten, emotionalen Prozesse und persönlichen Auflistungen Ihres emotionalen und psychischen Zustands zielen nur auf eines ab: *Ablösung und Selbstvergebung.*

Paare, die noch einmal drei bis fünf Jahre lang streiten und versuchen, sich mithilfe des Zwists zu trennen (d. h. gerichtliche Scheidungsmodalitäten, Prozesse, Streit ums Sorgerecht), schieben das Unvermeidliche hinaus. In Ihrem Leben gibt es nur solche Beziehungsblockaden, die Sie selbst errichten. Sie können über die Tragödien, Enttäuschungen, zerbrochenen Träume und leeren Versprechungen Ihrer früheren Beziehung hinauswachsen. Die Zukunft liegt offen vor Ihnen. Wenn Sie glauben, es sei Zeitverschwendung, sich um die Heilung Ihres malträtierten Herzens zu kümmern, dann lesen Sie Kapitel 1 und dieses Kapitel noch einmal. Mein Wartezimmer ist voll von geschiedenen Paaren – Jahre nach ihrer Trennung oder Scheidung –, die über Geld, Sorgerecht, Immobilien, Familienfeste und nicht verarbeitete Wut streiten. *Der Krieg kann so lange dauern, wie Sie wollen.* Sie müssen sich einfach nur fragen: *Habe ich mit meinem/meiner Ex genug gestritten?* Die Antwort entscheidet über die weitere Richtung Ihres Lebens. Sie haben die Wahl: Sie können sich entweder weiter selbst beschädigen oder sich für Ihre Genesung entscheiden. Sie können sich für eine neue Liebe entscheiden oder für immer enttäuscht und traurig bleiben. Ich möchte Ihnen ein klassisches Zitat ans Herz legen, das ich kürzlich im Radio hörte.

*Man ist nicht als Sieger geboren und nicht als Verlierer. Man ist, zu was man sich selber macht.*

– Lou Holtz

Ich stimme Lou Holtz und seiner Lebensphilosophie, dass wir die Möglichkeit haben, sinnvolle Entscheidungen zu treffen, vollständig zu. Die letzten relevanten Fragen, die Sie sich jetzt noch stellen sollten, lauten:

*Was habe ich unternommen, um mir wieder ein Liebesleben zu ermöglichen?*
*Wie will ich mich selbst sehen?*
*Vor was versuche ich mich zu drücken?*
*Wovor fürchte ich mich am meisten in Liebesbeziehungen?*

Ihre Zukunft mag heute ziemlich trostlos aussehen, aber das wird sich ändern. Sie müssen einfach nur konsequent daran arbeiten, Ihren Ex-Faktor zu lösen und die Veränderungen vorzunehmen, die für eine andere Lebensrichtung notwendig sind. Folgen Sie weiter dem Weg der Einsicht und der inneren Klärung Ihrer Hoffnungen, Sehnsüchte und Träume. Diese zentralen Gefühle werden Ihnen immer die richtige Richtung weisen; sie sind ein hervorragender Kompass für Ihre Reise in die Zukunft.

# 11  DIE REISE IN IHR NEUES LEBEN

*Ich habe nicht geglaubt, dass ich jemals wieder heiraten würde. Das ist das Mutigste, was ich je getan habe oder tun werde. Ich wusste, dass ich Steffen heiraten muss. Wenn ich es nicht getan hätte, wäre mein Leben leer und hohl. Ich habe keine Angst mehr vor der Ehe.*
– Anne, 33 Jahre, zum zweiten Mal verheiratet.

*Die Vorstellung, dass in meinem Leben die Sonne wieder scheinen würde, war mir während meiner Scheidung abhandengekommen. Ich dachte, der Schmerz würde nie wieder aufhören. Mein Herz fühlte sich leblos an wie ein Klumpen Lehm. Als ich meine Scheidung einigermaßen verdaut hatte, lernte ich Nancy kennen. Ich kann immer noch nicht glauben, dass ich den Mut hatte, sie zu heiraten. Aber sechs Jahre danach sind wir noch enger miteinander verbunden als zu Beginn unserer Ehe.*
– Tom, 56 Jahre, Vater zweier erwachsener Kinder, zum zweiten Mal verheiratet.

## Veränderung ist nachhaltig

Unser gesamtes Leben wird im Kontext unserer Liebesbeziehungen geprägt, entblößt, beeinflusst, verändert, von unten nach oben gekehrt und geheilt. Liebesbeziehungen sind die Feuerprobe für jeden Aspekt unseres erwachsenen Lebens. Es gibt keine andere Form des Beziehungslebens, die diesen Grad an emotionaler Spannung (im Positiven wie im Negativen), an innerer Energie und Kraft hat, unser Leben zu formen. Nichts sonst in

Ihrem Leben – außer ein Kind – kann Ihnen solche Schmerzen verursachen und gleichzeitig die größte Erfüllung an Liebe und Anerkennung geben. Ihre Familie hat Ihre Persönlichkeit von der Kindheit bis in die Adoleszenz geformt. Ihre Liebesbeziehungen sind die Fortsetzung Ihres lebenslangen Wachstumsprozesses, Ihrer Entwicklung und Veränderung. Ihr Leben befindet sich immer im Wandel, Sie werfen ab, was alt und nutzlos geworden ist, und ergreifen das Neue und Bessere. Es ist ein kontinuierlicher Prozess, an dem wir alle teilnehmen, ob wir wollen oder nicht.

Wir vergessen gerne, dass der Prozess der Liebe niemals statisch ist – sie befindet sich in steter Entwicklung. Unabhängig von Ihrer spirituellen, religiösen oder psychologischen Einstellung gilt die Wahrheit, dass Veränderung eine Konstante ist. Eine der fundamentalen Wahrheiten der empirischen Naturwissenschaften lautet, dass Veränderung ein konstanter Faktor und eine stete Kraft in unserem Universum ist.[1] Aus genau diesem Grunde ist es tragisch, wenn wir zulassen, dass unsere Enttäuschung und Verzweiflung über eine Trennung zum unüberwindlichen Hindernis für unser gegenwärtiges und zukünftiges Glück werden. Emotionale Wunden, Kindheitstraumata, ungelöste Eltern-Kind-Konflikte, rachsüchtige Expartner oder Expartnerinnen, Probleme der gemeinsamen Elternschaft, Stiefkinder und neue Partner sind das Rohmaterial für unsere Weiterentwicklung. Scheidungen, Trennungen und neue Beziehungen sind alles Teile der fortlaufenden Veränderungen in unserem Leben. Diese hochbrisanten Erfahrungen werden zu Lerninstrumenten. Aus diesem Grund allein haben unsere Liebesbeziehungen, Ehen und Liebespartner/innen entscheidenden Anteil an unseren zukünftigen Veränderungserfahrungen.

Mehr Einsicht zu gewinnen und Ihre eigene persönliche Hölle zu bewältigen, um an einen friedlicheren Ort zu gelangen, ist eine lohnende Aufgabe. Wenn eine Beziehung endet, ist es verständlich, dass wir zunächst defensiv reagieren. Oft werden wir wütend, abwehrend, rachsüchtig und aggressiv. Bildhaft lässt sich sagen, dass wir durch unseren ehemaligen Partner unseren Hinterkopf verloren haben und unsere tiefsten Wunden offen zutage liegen. Wir wählen bewusst und unbewusst die Menschen in unserem Leben aus, die uns verstehen, lieben, verletzen, verwunden und heilen. Leider nehmen wir die notwendigen und entscheidenden Veränderungen in unserem Leben oft erst vor, wenn Schmerz und Leid das uns erträgliche Maß überschreiten. *In diesem Leben ist der Schmerz der größte Motivator für Veränderung und für das Streben nach Glück und Erfüllung.* Wenn Sie allen emotionalen Schmerz in Ihrem Leben verdrängt, gemieden oder ignoriert hätten, würden Sie nie eine Veränderung erwägen oder persönliche Einsicht und seelisches Wachstum erreichen. Es ist schlicht unmöglich, jeden Schmerz und jede Unannehmlichkeit in unserem Leben zu vermeiden. Emotionaler Schmerz ist der Hebel, der uns zur Veränderung bringt. Dennoch werden die beharrlichen ungelösten Probleme Ihrer Vergangenheit, die »emotionalen Altlasten«, immer wieder einen Weg in Ihre gegenwärtigen Liebesbeziehungen finden. Wenn die alten und bekannten Probleme der Angst und Wut auftauchen, wenn alte Gefühle des Verlassen- und Misshandeltseins sich zurückmelden, ist es Zeit, sie zu lösen und weiter vorwärts zu gehen.

*Dem Teil kann es nur gut gehen, wenn es dem Ganzen gut geht.*
– Platon

Platon war einer der größten Philosophen der Menschheitsgeschichte. Er wusste, dass wir unsere emotionalen Wunden heilen müssen, bevor wir vollkommen geheilt sein können. Platon lebte vor Tausenden von Jahren, doch ist diese Wahrheit heute noch genauso gültig wie zu seiner Zeit. Ihre Scheidung oder Trennung ist eine wertvolle Gelegenheit für Sie, Veränderungen vorzunehmen, die Ihnen ermöglichen, eine tiefere Liebe, stärkere Bindung und erfülltere Beziehung zu entwickeln. Wenn Sie sich entscheiden, Ihr inneres Selbst zu heilen und neu auszurichten, werden sich diese Veränderungen in Ihrer Liebesbeziehung spiegeln.[2] Ihr Leben insgesamt kann nicht funktionieren und gesunden, wenn nicht die Summe seiner Teile geheilt und wiederhergestellt sind.

Zwei Teile Ihres Lebens, die Sie aktiv heilen und wiederherstellen können, sind Ihr Liebesleben und Ihr persönliches Glaubenssystem. Die »sechs Gesichter der Liebe«, die wir in Kapitel 5 eingehend besprochen haben und die zugleich die sechs Strategien für ein neues Leben nach der Trennung ausmachen, gehören zu den wichtigsten Bausteinen, die Ihnen helfen, Ihre tragische Trennung und das daraus resultierende Gefühl des Betrogenseins hinter sich zu lassen. Diese sechs Aspekte der Selbstliebe werden Sie in die Lage versetzen, Ihre Perspektive zu wechseln und Ihr Herz für eine neue Liebesbeziehung zu öffnen.

*Der bedeutendste Faktor für Wachstum und Veränderungen ist etwas viel Fundamentaleres als jede Technik: die Wandlung des Herzens.*
– John Welwood, Autor

Alle Veränderungen in Ihrem Liebesleben kommen aus Ihrem Inneren. Die Neugestaltung einer Liebesbeziehung – ein symbolisches neues Zuhause – hängt von Ihrer Fähigkeit ab, die notwendigen Veränderungen vorzunehmen. Die Dinge, die Sie in Ihrem Leben ersehnen, können sich alle aus Ihrer Fähigkeit ergeben, ein paar Dinge anders zu machen und sie vollständiger zu verstehen. Die folgende Liste der »sechs Gesichter der Liebe« soll Ihnen helfen, Ihr Herz, Ihren Zugang zur Liebe und Ihr Glaubenssystem bezüglich Ihres Liebeslebens zu verändern. *Innere Veränderungen sind die mächtigsten Veränderungen, die eine Frau oder ein Mann je in ihrem erwachsenen Leben vornehmen können. Eine Wandlung des Herzens kommt einer Veränderung des Kontrollzentrums Ihres ganzen Lebens gleich: Ihres Glaubenssystems.* Gleichgültig wie traurig, deprimiert oder verzweifelt Sie sein mögen, eine Veränderung Ihres Herzens und Ihres Lebensweges ist immer möglich und eine lohnende Mühe, die die Zeiten überdauert. Wenn Sie sich die wesentlichen Schritte der Veränderung vergegenwärtigen, bedenken Sie Folgendes:

## Die 6 Strategien für ein neues Leben nach der Trennung:

1. *Glauben Sie daran, dass Sie mehr verdienen.* Ihre Liebesbeziehungen beginnen und enden mit Ihren unbewussten Grundüberzeugungen und Entscheidungen. Ein großes Verständnis Ihrer vergangenen Eltern-Kind-Beziehung und ähnlich gelagerter Kindheitsprobleme ist der Schlüssel dafür, dass Ihre verborgenen Wünsche ans Tageslicht treten und Wirklichkeit werden können. Sich Ihrer tiefen Wünsche und Sehnsüchte bewusst zu werden ist ein entscheidender Schritt, das Leben herbeizuführen, das Sie wollen und verdienen.

2. *Erweitern Sie Ihre emotionale »Komfortzone«.* Sie können jemandem erlauben, eine Beziehung/Bindung zu Ihnen zu entwickeln, und Sie können das Gleiche tun. Wenn Sie Ihre emotionalen Bindungen sicherer und flexibler gestalten, erweitern Sie damit Ihre Komfortzone. Je mehr Sie Ihr Bedürfnis nach Liebeshandlungen und -gesten verstehen, desto mehr Nähe können Sie zulassen.

3. *Bauen Sie erneut Vertrauen auf.* Das beginnt damit, dass Sie Vertrauen zu sich selbst und Ihren auf besseren Einsichten basierenden Entscheidungen haben. Wenn Sie Ihre alten Liebesmuster durchschauen, können Sie darauf vertrauen, andere und bessere Entscheidungen zu treffen. Einem neuen Partner bzw. einer neuen Partnerin zu vertrauen beginnt mit der Entwick-

lung einer sicheren und stabilen emotionalen Bindung und Beziehung. Das ist insbesondere dann eine Herausforderung, wenn Sie in der Vergangenheit durch eine Affäre oder chronische Untreue betrogen worden sind.

4. *Hören Sie mit den Schuldzuweisungen auf.* Sie alleine sind für Ihre Vergangenheit, Gegenwart und Zukunft verantwortlich. Ihre Expartner sind nicht der Grund dafür, dass Sie Ihre Opferrolle fortsetzen, statt sich aktiv um Ihre Gegenwart und Zukunft zu kümmern. Ihre ungelösten Probleme hinsichtlich der Liebe gehen Ihrem/Ihrer Ex voraus, und Sie müssen sich damit konfrontieren. Ihre Beziehungsgeschichte gehört Ihnen und nur Ihnen. Ihr/Ihre Ex mag darin vielleicht der wichtigste Mitspieler (gewesen) sein, aber Sie sind der Chef des Teams. Sie bestimmen, welch großen oder kleinen Einfluss Ihre vergangenen Beziehungen weiterhin auf Ihr Leben haben. Mit Schuldzuweisungen weichen Sie nur Ihrer eigenen Verantwortung für Ihre Ehe oder Liebesbeziehung aus.

5. *Keine selbstzerstörerischen Entscheidungen mehr.* Ihre Fähigkeit zur Liebe beginnt mit neuen Entscheidungen zu Ihrer Liebesbeziehung und emotionaler Verbindung. Sie wissen, welche Art von Persönlichkeit, Einstellung und Beziehungsverhalten für Ihre Zukunft gut und nicht gut ist. Selbstakzeptanz, Selbstvergebung und persönliche Verantwortung sind die Elemente, die für eine Veränderung der alten selbstzerstörerischen Verhaltensmuster notwendig sind.

6. *Lassen Sie Ihren Ex los.* Ihr Leben entwickelt sich in dem Moment ohne Behinderungen, Angst und Spannungen weiter, wenn Sie Ihren emotionalen Haken von Ihrem Expartner gelöst haben. Nur Sie können sich von Ihrem Schmerz, Ihrer Depression und Verzweiflung befreien. Diese Phase ist notwendiger Bestandteil jeder der fünf anderen, um wieder aktiv Ihr Leben in die Hand zu nehmen. Eine fixe Beschäftigung mit dem Expartner ist oft nur ein bequemer Weg, in seinem eigenen Leben keinen Schritt nach vorn zu tun. Ihr Leben muss nicht aufhören, sich weiterzuentwickeln, nur weil sich Ihr Liebesstatus geändert hat oder abrupt beendet wurde.

Durch die praktische Umsetzung dieser »*sechs Gesichter der Liebe*« gestalten Sie Ihr Liebesleben neu und heilen Ihren Ex-Faktor. Es gibt eine psychologische Binsenweisheit: *Nichts kann das Handeln ersetzen.* Einsicht, Verständnis und das Überdenken Ihrer bisherigen Partnerentscheidungen sind wichtig, aber nur, wenn sie zu neuem Handeln führen. Ihr Liebesleben hat mit dem Bau eines neues Lebens zu tun und damit, dass Sie aktiv werden. *Ihre Zukunft hängt von Ihrer Fähigkeit ab, aktiv zu werden und neue Schritte zu unternehmen und sich dabei über Ihre Motivationen und Intentionen im Klaren zu sein.* Ihre neue Perspektive kommt vor allem in der Art und Weise zum Tragen, wie Sie sich einen neuen Partner auswählen, sich ihm annähern und wie Sie eine neue Liebesbeziehung aufbauen.

Eine der Möglichkeiten, Ihre Sicht der Liebe zu verändern, ist die Erweiterung Ihrer Fähigkeit und Toleranz, sich lieben zu lassen. Viele Erwachsene klagen bei mir darüber, dass sie sich mit der liebevollen Zuneigung und Empathie ihrer neuen Partner und mit den Ansprüchen an eine sichere emotionale Bindung überaus unwohl fühlen. Diese neuen liebevollen Gesten fühlen sich für viele Erwachsene, die von ihrem Ex-Faktor genesen, sehr fremd und unvertraut an. Die Entwicklung eines breiteren Spektrums für die Akzeptanz eines neuen Partners ist nie auf die Vergangenheit oder auf chronische Fehlentscheidungen beschränkt. Unabhängig von Ihrer sexuellen Orientierung gilt: *Liebe ist Liebe, Beziehungen sind Beziehungen, und jeder steht vor den gleichen Herausforderungen.* Lassen Sie sich keinesfalls von zufälligen sozialen Vorbehalten daran hindern, Ihre Liebesabsichten und Wünsche zu verfolgen. Wenn Sie von Ihrem neuen Partner oder Ihrer neuen Partnerin Empathie und Mitgefühl akzeptieren können, ist das ein Zeichen dafür, dass sich Ihre Liebesfähigkeit erweitert. Wenn Sie ein anderes Ergebnis für Ihr Liebesleben als bisher erreichen wollen, dann können Sie sich den Luxus nicht mehr leisten, eine angemessene Person, die Ihnen gegenüber Liebe signalisiert, abzuweisen. Es ist wichtig, dass wir uns unsere gegenwärtigen und zukünftigen Entscheidungen nicht von unserer Vergangenheit diktieren lassen.

Sie sollten sich dessen bewusst bleiben, dass die Neugestaltung Ihres Lebens von Ihnen verlangt, über Ihre alte Komfortzone und Ihren alten Bindungsstil hinauszugehen. *Sie müssen Ihre Wut loslassen, um die notwendigen praktischen Schritte einleiten zu können, die zur Erneuerung Ihres Lebens führen.* Wir haben bereits festgestellt, dass der erste Schritt zum Bau Ihres neuen Hauses mit der Fähigkeit beginn, es zu sehen, zu glauben und geschehen zu lassen. Die alten Gefühle von Scham, Wut, Verlassenheit und Angst, dass Sie nicht liebenswert seien, lassen sich ebenfalls verändern. Ihre Ängste davor, verletzt zu werden, machen Sie nur zum Gefangenen eines emotional isolierten und einsamen Lebens.

*Um wahrhaft zu verstehen, müssen alle Menschen bereit sein, psychisch zu sterben, um zu leben.*
– George Morales, ein persönlicher Freund

## Die Nahtoderfahrung

Den tatsächlichen Prozess Ihrer Veränderung haben wir in Kapitel 1 besprochen und untersucht. Das ist die Grundlage Ihrer Genesung vom Ex-Faktor. Menschen, die eine Trennung durchleben, wissen, dass sich so gut wie nichts mit diesen Verzweiflungsgefühlen vergleichen lässt. Das Leben scheint stehen zu bleiben, während man sich im Krieg mit der Person befindet, neben der man jede Nacht geschlafen hat. *Der Weg von der Liebe über die Trennung bis zu einem neuen Leben kann sich wie eine Reise über eine Million Kilometer anfühlen.* Das Problem ist, dass Sie vielleicht auf dem ersten Kilometer das Gefühl haben, Sie würden mit bloßen Knien über die Straße der Verzweiflung rutschen. Ihr Leben sieht vielleicht aus, als ob mitten in Ihrem emotionalen Zuhause eine Bombe detoniert wäre. Was die Sache noch schlimmer macht, ist: Sie haben nie geglaubt, dass so etwas je geschehen könnte, aber es ist geschehen. Niemand ist je – emotional oder mental – auf all die Veränderungen und Herausforderungen vorbereitet, die mit einer Scheidung oder Trennung einhergehen.

Die fünf Phasen der Genesung haben Sie auf den Weg Ihrer persönlichen Revolution geführt. Zu diesen Phasen und Erfahrungen, in denen die Stücke des Lebens wieder zusammengefügt werden, gehören sämtliche Aspekte der Liebe, Bindung, Heilung, persönlichen Verantwortung, Patchworkfamilien, Selbstakzeptanz und Empathie. Es ist ein komplizierter Prozess, Ihrem Leben eine neue Struktur zu geben, aber jede Ihrer Mühen wert. All die verschiedenen Elemente Ihres inneren Lebens, Ihre Eltern-Kind-Beziehung, die Ehe Ihrer Eltern, Ihr vorheriges Liebesleben, Ihre Kinder und die tausend anderen Faktoren, aus denen sich Ihr Leben zusammensetzt, sind mit Ihrem Ex-Faktor verbunden. Es gibt nichts in Ihrem gegenwärtigen Leben, das nicht von Ihrem lebensverändernden Umbau und Wandel betroffen ist.

Die fünf Phasen können alle gleichzeitig durchlaufen werden oder aber nacheinander. Die Phasen können sich nach dem Ende der Beziehung noch Jahre hinziehen. Die durchschnittliche Desillusionierung nach einer Scheidung dauert in Kalifornien ungefähr drei ganze Jahre.[3] Es ist nicht ungewöhnlich, wenn noch Jahre danach Ihr Leben von Restbeständen der Wut und Enttäuschung heimgesucht wird. Ihre Heilung und Genesung sind ein kontinuierlicher Prozess. Die fünf Phasen der Genesung von einer Scheidung oder Trennung sind, wie in Kapitel 2 ausgeführt, folgende:

- *Peitschenhieb* – »Was um Himmels willen ist jetzt passiert? Mein Leben ist vorbei.«
- *Verdrängung* – »Ich hätte nie geglaubt, dass so etwas geschehen könnte. Wir können das doch noch klären, es ist nicht so ausweglos.«
- *Wut* – Diese Phase tritt gewöhnlich an die Stelle der beiden ersten, und zwar mit der Gewalt eines Wirbelsturms.
- *Ablösung* – Zu diesem Zeitpunkt hat die emotionale Spannung deutlich nachgelassen. Sie beginnen in Ihrem Leben wieder Normalität und Stabilität zu spüren. Der Kampf ist vorbei.
- *Hoffnung, Einsicht und Kreativität* – Sie fühlen sich durch Hoffnung und Liebe psychisch, mental, körperlich und emotional gestärkt.

Oft ist der erste Schritt zur Bewältigung der Scheidung und zur Heilung des seelischen Leids die Einsicht, dass es sich um einen Prozess des Sterbens und der Wiedergeburt handelt. Ihre Reise aus dem Tal der Verzweiflung ist mehr als eine Theorie oder eine nette Idee, über die man mal nachdenken kann. Ihr ganzes Leben ist eine fortwährende Serie von Toden und Wiedergeburten. Eine der raschesten Möglichkeiten, diesen enorm schweren Prozess zu meistern, ist die Befolgung der Einsicht, dass Sie sich von Ihrem emotionalen Schmerz, von Ihrem/Ihrer Ex und von Ihrem alten emotionalen Verhalten loslösen müssen. Bei Ihrer Loslösung begleiten Sie immer Gefühle der inneren Klärung und Hoffnung, während Sie gegenüber Ihrem Ex und der Gesamtheit Ihres Lebens eine neutrale, vorwurfslose Haltung einnehmen. Die Ablösung ist, bildlich gesprochen, wie das Löschen eines Feuers mit Wasser; das Feuer in Ihrer Seele wird vielleicht nicht vollständig gelöscht, aber es wird heruntergekühlt, und die inneren Spannungen und Konflikte nehmen ab. Alle Aspekte Ihres Lebens werden davon profitieren, wenn Ihre Wut, Ihr Hass oder Ihre Vorwürfe nachlassen.

## Die Sonne scheint wieder

### *Tom und Anne*

In den kurzen Zitaten zu Beginn dieses Kapitels zeigten Anne und Tom ihre Überraschung, Freude und Genugtuung, dass sie in der Lage waren, ihr Liebesleben zu reaktivieren und auf neue Füße zu stellen. Beide hatten die fünf Phasen durchlaufen und nicht daran geglaubt, dass sie je über ihre tiefe Enttäuschung hinwegkommen würden. Die meiste Zeit ihres emotionalen Wiederaufbaus verbrachten sie in der Wutphase und machten ihre Ex für alle Probleme in ihrem Leben verantwortlich. Erst als sie aufhörten, mit dem Finger auf den Ex zu zeigen, begann ihr Leben sich zu verändern und mehr die Gestalt anzunehmen, die sie sich wünschten. Anne erkannte, dass ihre Scheidung auch eine zweite Seite hatte. Wenn sie in ihrer Verbitterung verharrte, so wusste sie, würde sie den besten Mann verpassen, den sie je getroffen hatte. Es kostete Anne sehr viel Mut, Steffen zu heiraten, weil sie Angst davor hatte, noch einmal in den Zyklus der Enttäuschung und Verzweiflung zu geraten. Anne hatte daran gearbeitet, ihre Mutter-Tochter-Problematik zu überwinden und auch ihren Drang, in ihren Liebesbeziehungen immer »funktionieren« zu müssen. Steffen und Anne sind seit beinahe zwei Jahren glücklich verheiratet.

Toms Scheidung war ein erschütterndes, sein Leben tief veränderndes Ereignis. Er verlor seine Anstellung, seine Tochter blieb bei seiner Frau, und er musste darum kämpfen, dass seine Ex mit ihr nicht das Land verließ. Tom trauerte über den Verlust seines Traums von Familienglück und Geborgenheit. Er erkannte, dass der Prozess der Ehe und Liebe ganz ähnlich wie das Leben selbst einer ständigen Veränderung unterworfen ist und ständig neue Möglichkeiten für Wachstum und Erweiterung bereithält. Seit seiner Eheschließung mit Nancy hat Tom eine sichere emotionale Beziehung zu seiner Frau aufgebaut. Sie sind sich emotional sehr nah und eng miteinander verbunden. Tom wusste, wenn er sich durch alle Stadien seines Ex-Faktors durcharbeitete (siehe Kapitel 1), würde er schließlich die Oberhand gewinnen und seinem Leben eine bessere Zukunft eröffnen, als er sie sich je erträumt hatte. Die größte Schwierigkeit für Tom waren die Traurigkeit und Verzweiflung, sein Kind und seine Hoffnung auf Familienglück zu verlieren. Ironischerweise hat Tom heute ein besseres Verhältnis zu seiner Tochter, seiner Exfrau und zu sich als je zuvor.

*Die größte Revolution in unserer Generation ist die von Menschen, die durch eine Veränderung ihres Bewusstseins und ihrer inneren Einstellung die äußeren Aspekte ihres Lebens verändern.*
– Marilyn Ferguson, Psychologin

## Schluss

### *Ein permanenter Prozess*

Der wichtigste anhaltende Aspekt Ihres Ex-Faktor-Prozesses ist Ihre Fähigkeit, sich nicht mehr auf den bekannten Krieg und den alten emotionalen Streit mit Ihrem Ex einzulassen. Der Streit mag verlockend erscheinen, weil er die Chance bietet, sich mit einem großen verletzenden Paukenschlag zu revanchieren. Doch jede Art der Aggressivität ist eine *Lose-lose*-Situation für Sie. Das gilt besonders dann, wenn Sie und Ihr ehemaliger Partner gemeinsame Kinder haben. Ihre Kinder sind zu 50 Prozent von Ihrem Expartner. All unsere Erörterungen über die Loslösung von Ihrem Ex kommen unmittelbar Ihren Kindern zugute.

## Loslösung ist Selbstakzeptanz

*Ihr unablässiges Ziel* ist, dass Ihre Loslösung schließlich zur Selbstvergebung, Selbstakzeptanz, persönlichen Verantwortung und dazu führt, Ihren Ex und Ihre gesamte »Liebesgeschichte« loszulassen. Es ist immer ein Prozess der wachsenden emotionalen Einsicht, der Ihnen Schritte in eine neue Zukunft ermöglicht. Ihre Fähigkeit, sich zu öffnen und mehr Zuneigung, Liebe und Anerkennung zuzulassen, beginnt mit Ihrer Fähigkeit, sich von alten Gewohnheiten, alten Beziehungsmustern und überholten Selbsteinschätzungen zu trennen.

## Das neue Haus

Wir haben ausführlich über das symbolische Ziel gesprochen, das Haus bzw. die Beziehung Ihrer Träume zu finden, zu entwerfen und aufzubauen. Das emotionale Haus ist die Liebesbeziehung, die in Ihr Leben Einzug gehalten hat oder Einzug halten wird. Es gibt nichts in Ihrem Leben, das sich an Bedeutung mit einer unterstützenden Liebesbeziehung vergleichen kann. Die wichtigste Beziehung – außer derjenigen mit sich selbst – ist die Liebesverbindung. Ihre Eltern-Kind-Beziehung hat den Weg für Ihre Liebesbeziehungen vorgeprägt, und Sie haben es in der Hand, wie Ihr Leben sich von diesem Punkt an weiterentwickelt. Sie haben alle Möglichkeiten, mit der Einsichtsfähigkeit, dem Mut und der unverzichtbaren Erfahrung, die Sie sich in Ihrem Trauerprozess erwarben, eine Liebesbeziehung zu schaffen, die Sie sich wünschen und die Sie verdienen. *Es ist nicht der Mangel an vorhandenen Partnerinnen oder geeigneten Partnern, der Sie zurückhält – es sind Sie selbst.*

Es ist unser natürlicher Drang, nach einer liebevollen, sicheren und unterstützenden Bindung zu suchen, die uns aus dem Tal der Verzweiflung führt. *Liebe ist immer die Motivation, die uns aus der Verzweiflung herausholt und sie durch Hoffnung ersetzt.* Die Entwicklung von Hoffnung, Empathie und Liebe ist das großartigste Rezept für ein erfolgreiches und erfülltes Leben. Jetzt, da Sie über die Instrumente für eine Neugestaltung Ihres Lebens verfügen, liegt es in Ihrer Macht, die Zukunft zu verwirklichen, die Sie ersehnen und verdienen.

Ich möchte Ihnen persönlich danken, dass Sie sich die Zeit genommen haben, dieses Buch zu lesen. Ich weiß, dass es Ihr gesamtes Leben und das von jedem Menschen in Ihrer Welt verändern wird.

*Unternimm einen Kraftakt und vergib dir alles, was du in deinem Leben getan hast. Dann akzeptiere alles, was du in diesem Leben tun willst. Vergebung und Selbstakzeptanz sind die einzige Möglichkeit, wie du deine emotionalen Wunden heilen kannst.*

– Miguel Ruiz

# Nachwort des Autors

Alle Geschichten, Beispiele und »Stimmen« in diesem Buch basieren zum Teil auf mehr als fünfundvierzig Jahren persönlicher Lebenserfahrung, die ich in meiner Familie, in meinen Forschungen, in meinem Beruf und im Gesetzesvollzug sammeln durfte. Doch Namen, Orte und andere Einzelheiten habe ich abgeändert, um die Privatsphäre und Anonymität der Personen zu schützen, auf die sie sich beziehen. Daher sind alle Ähnlichkeiten zwischen den Namen und Geschichten in diesem Buch und real existierenden Personen und Familien unbeabsichtigt und rein zufällig.

# Danksagung

Ich könnte noch zwei Bücher mit all den Menschen füllen, die – in Vergangenheit und Gegenwart – zur Entstehung dieses Buches beigetragen haben. Was mir an Liebe, Schmerz und Verzweiflung bezüglich des Themas »Ex-Faktor« mitgeteilt wurde, ist erstaunlich und überwältigend. Ich habe noch nie so tief bewegende Geschichten über Ehe, Scheidung, Wiederverheiratung und Patchworkfamilien gehört – und über den Prozess der Bewältigung einer tiefen Enttäuschung, eines »gebrochenen Herzens« und des Leids, das mit dem Verlust einer Liebe verbunden ist. Ich bewundere alle Menschen, die trotz der seelischen Hindernisse den Pfad der Hoffnung gegangen sind und ihre Verzweiflung überwunden haben.

Ich möchte meiner Exfrau danken, die mir viele konstruktive Dinge beigebracht hat. Ich hatte jede einzelne Lektion nötig – ob ich es wollte oder nicht –, um mein Leben zu ändern und zu erweitern, um mitfühlender und liebevoller zu werden und mich selbst mehr zu akzeptieren. Die endlosen Lektionen, die uns das Liebesleid lehrt, sind für uns alle unschätzbar, sie verändern unser Leben.

Zugleich möchte ich Linda Greenspan Regan danken, die mir die unschätzbare Möglichkeit eröffnete, ein – so hoffe ich – hilfreiches Buch zu schreiben. Ohne ihren Zuspruch, ihre Begeisterung und Unterstützung hätte ich das nicht zuwege gebracht. Ebenso danken möchte ich Julia Wolfe, Lisa Jacobson und Dr. Barry Weichman für ihre großzügige – verbale und nonverbale – Unterstützung. Ihre Intelligenz und ihre Einsichten, ihr Zuspruch und ihre Ideen, ihre Ermutigung, im kreativen Prozess nicht nachzulassen, waren für das Gelingen entscheidend. In meinen Dank möchte ich James Myerson einschließen, der liebenswürdigerweise das Vorwort beigesteuert hat. Aufrichtig danken möchte ich Madison Wendy und Jonathan Brett für ihre Geduld mit diesem Buch und für ihr Verständnis meiner Leitidee, dass Liebe der »Motor« unseres Lebens ist.

Es ist eine lange Liste von Personen, die zum »Ex-Faktor« beigetragen haben: George Morales, Charis Ray, Kye und Kathleen Helmers, Bill und Mary Klem, Ed Vanderflet und viele andere, die ich nicht alle namentlich erwähnen kann (aber ihr wisst, wer ihr seid!) und die einen großen Einfluss auf das Gesamtprojekt hatten – und auch auf mich selbst.

# Anmerkungen

**Kapitel 1**

1. »Special Report: America by the Numbers«, *Time*, 26. 11. 2007, S. 38–44.
2. Ebd.
3. David Richo, *When the Past is Present: Healing the Emotional Wounds That Sabotage Our Relationships* (Boston: Shambhala, 2008), S. 2–7.
4. Judith S. Wallerstein und Sandra Blakeslee, *Second Chances: Men, Women, and Children a Decade after Divorce* (Boston: Houghton Mifflin, 1996), S. 3–6, 277–80.
5. Jeannette Lofas, *Family Rules: Helping Stepfamilies and Single Parents Build Happy Homes* (New York: Kensington Books, 1998), S. 13–22.

**Kapitel 2**

1. American Psychiatric Association, »Life Stressors«, in: *Diagnostic Statistical Manual of Mental Disorders*, 4. Aufl. (Washington, DC: American Psychiatric Association, 1995), S. 25–31.
2. Judith S. Wallerstein und Sandra Blakeslee, *Second Chances: Men, Women, and Children a Decade after Divorce* (Boston: Houghton Mifflin, 1996), S. 21–28.

**Kapitel 3**

1. Leslie Bennetts, »The Truth about American Marriages«, *Parade*, 21. 9. 2008, S. 3–6.
2. Harville Hendrix, *Getting the Love You Want: A Guide for Couples* (New York: Owl Books, 2001), S. 3–15.
3. American Psychiatric Association, »Personality Disorders«, in: *Diagnostic Statistical Manual Disorders*, 4. Aufl. (Washington, DC: American Psychiatric Association, 1995), S. 629–74.

**Kapitel 4**

1. Harriet Goldhor Lerner, *The Dance of Anger: A Woman's Guide to Changing the Patterns of Intimate Relationships* (New York: Harper & Row, 1986), S. 1–5.
2. Leslie Bennetts, »The Truth about American Marriages«, *Parade,* 21. 9. 2008, S. 3–6.
3. Ebd.
4. Gerald G. Jampolsky und Diane V. Cirincione, *Love Is the Answer: Creating Positive Relationships* (New York: Bantam Books, 1991), S. 3–9.
5. John E. Sarno, *The Mindbody Prescription: Healing the Body, Healing the Pain* (New York: Warner Books, 1998), S. 127–38.
6. Fred Luskin, *Forgive for Love: The Missing Ingredient for a Healthy and Lasting Relationship* (New York: HarperOne, 2008), S. 51–78.
7. Lerner, *The Dance of Anger*, S. 24–40.

**Kapitel 5**

1. Mark Bryan, *Codes of Love: How to Rethink Your Family and Remake Your Life* (New York: Pocket Books, 1999), S. 5–25.
2. M. Scott Peck, *The Road Less Traveled: A New Psychology of Love, Traditional Values and Spiritual Growth* (New York: Simon & Schuster, 1980), S. 15–18.
3. American Psychiatric Association, »Psychotic Disorders«, in: *Diagnostic Statistical Manual Disorders*, 4. Aufl. (Washington, DC: American Psychiatric Association, 1995), S. 273.
4. Miguel Ruiz, *The Mastery of Love: A Practical Guide to the Art of Relationship* (San Rafael, CA: Amber-Allen, 1999), S. 18.

**Kapitel 6**

1. Salvador Minuchin, *Families & Family Therapy* (Cambridge, MA: Harvard University Press, 1974), S. 28–52.
2. Murray Bowen, *The Family Life Cycle* (New York: Gardner, 1988), S. 18–49.
3. Stephen B. Poulter, *The Mother Factor: How Your Mother's Emotional Legacy Impacts Your Life* (Amherst, NY: Prometheus Books, 2008), S. 19–49.

4. W. Robert Beavers, *Psychotherapy and Growth: A Family Systems Perspective* (New York: Brunner/Mazel, 1977), S. 58–78.
5. Stephen B. Poulter, *The Father Factor: How Your Father's Legacy Impacts Your Career* (Amherst, NY: Prometheus Books, 2006), S. 20–39.

### Kapitel 7

1. Phillip C. McGraw, *Life Strategies: Doing What Works, Doing What Matters* (New York: Hyperion, 1999), S. 56–87.
2. M. F. Mahler, *The Psychological Birth of the Human Infant* (New York: Basic Books, 1975), S. 22–36.
3. T. Berry Brazelton, *Working & Caring* (Reading, MA, Addison-Wesley, 1992), S. 24–38.
4. Mary Ainsworth, *Effects on Infant-Mother Attachment: Attachment across the Life Cycle* (London: Routledge, 1991), S. 38–62.
5. Eve A. Wood, *There's Always Help, There's Always Hope: An Award-Winning Psychiatrist Shows You How to Heal Your Body, Mind, and Spirit* (Carlsbad, CA: Hay House, 2004), S. 167–89.
6. John Gray, *Mars and Venus in the Bedroom: A Guide to Lasting Romance and Passion* (New York: HarperCollins, 1995), S. 23–34.
7. William Pollack, *Real Boys: Rescuing Our Sons from the Myths of Boyhood* (New York: Owl Books, 1999), S. 3–19.
8. Stephen B. Poulter, *Father Your Son: Becoming the Father You've Always Wanted to Be* (New York: McGraw-Hill, 2004), S. 2–15.
9. Mark Bryan, *Codes of Love: How to Rethink Your Family and Remake Your Life* (New York: Pocket Books, 1999), S. 28–53.

### Kapitel 8

1. John Bowlby, *A Secure Base: Parent-Child Attachment and Healthy Human Development* (New York: Basic Books, 1988), S. 56–78.
2. Patricia Allen und Sandra Harmon, *Getting to »I Do«: The Secret to Doing Relationships Right* (New York: HarperCollins, 2002), S. 21–29.
3. Murray Bowen, *The Use of Family Theory in Clinical Practice* (Northvale, NJ: Jason Aronson Books, 1988), S. 122–34.
4. American Psychiatric Association, »Psychotic Disorders«, in: *Diagnostic Statistical Manual Disorders*, 4. Aufl. (Washington, DC: American Psychiatric Association, 1995), S. 629.
5. Stephen B. Poulter, *The Mother Factor*, a.a.O., S. 305–31.

### Kapitel 9

1. Samuel Slipp, *Object Relations: A Dynamic Bridge between Individual and Family Treatment* (Northvale, NJ: Jason Aronson Books, 1992), S. 24–44.

### Kapitel 10

1. Miguel Ruiz, *The Voice of Knowledge: A Practical Guide to Inner Peace* (San Rafael, CA: Amber-Allen, 2004), S. 178–80.
2. M. Scott Peck, *The Road Less Traveled: A New Psychology of Love, Traditional Values and Spiritual Growth* (New York: Simon & Schuster, 1980), S. 15–17.
3. Ebd., S. 181–84.
4. Helen Schucman, *A Course in Miracles*, 2. Aufl. (Mill Valley, CA: New Age Publishers, 1992), S. 4–6.
5. US Census Bureau, *Summary of Findings of Blended Families 2004*. Einleitung.
6. Miguel Ruiz, *The Mastery of Love: A Practical Guide to the Art of Relationship* (San Rafael, CA: Amber-Allen, 1999), S. 71.

### Kapitel 11

1. Deepak Chopra, *The Seven Spiritual Laws of Success* (San Rafael, CA: Amber-Allen, 1994). Newton's law of constant change (S. 7).
2. David Richo, *When the Past Is Present: Healing the Emotional Wounds That Sabotage Our Relationships* (Boston: Shambhala, 2008), S. 160–71.
3. *L. A. Magazine*, Januar 2008. The Los Angeles Bar association says average divorce takes three years (S. 8).